均线为王之二
暴涨形态

均线上的舞者——著

四川人民出版社

图书在版编目（CIP）数据

均线为王之二：暴涨形态/均线上的舞者著. —成都：四川人民出版社，2020.1（2025.8 重印）
ISBN 978-7-220-11613-1

Ⅰ.①均… Ⅱ.①均… Ⅲ.①股票交易－基本知识 Ⅳ.①F830.91

中国版本图书馆 CIP 数据核字（2019）第 203414 号

JUNXIAN WEI WANG ZHI ER BAOZHANG XINGTAI

均线为王之二：暴涨形态

均线上的舞者　著

策划组稿	何朝霞
责任编辑	张东升
封面设计	象上设计
版式设计	李其飞
责任校对	申婷婷
责任印制	周　奇　刘雨飞

出版发行	四川人民出版社（成都三色路 238 号）
网　　址	http://www.scpph.com
E-mail	scrmcbs@sina.com
新浪微博	@四川人民出版社
微信公众号	四川人民出版社
发行部业务电话	（028）86361653　86361656
防盗版举报电话	（028）86361661
照　　排	四川胜翔数码印务设计有限公司
印　　刷	四川华龙印务有限公司
成品尺寸	185mm×260mm
印　　张	13
字　　数	240 千
版　　次	2020 年 1 月第 1 版
印　　次	2025 年 8 月第 6 次印刷
书　　号	ISBN 978-7-220-11613-1
定　　价	49.00 元

■版权所有・侵权必究

本书若出现印装质量问题，请与我社发行部联系调换
电话：（028）86361656

序

我作为今日财经、学股网创始人兼CEO，由于工作的原因，结识了很多股市大咖，看过很多人写的有关股市方面的书，有的对股市宏观经济看得比较透彻，有的对价值投资分析得比较到位，有的对实战把握得比较好，还有的是不参与实战交易的纯理论型或讲师型。

看了张帆老师的书，通过和张老师的深度交流，我发现他能从实践出发结合理论，有系统，有干货，有结果，这让我感到非常震撼。同时他在实战中所构建的给股票均线打分的交易系统，就好像是混沌股市中的一道曙光，让我有一种豁然开朗的感觉：原来选择强势股也可以这样简单、方便、快捷！这样简单、易学、好把握的交易系统不正是普通投资者所梦寐以求的吗？

"均线为王"的交易理念主要有三条。首先，"均线是水，K线是船，船在水面上才安全"。均线代表着市场成本，只有买均线之上的股票才安全。他根据六条常用均线的角度，赋予它们不同的分数，并根据个股当日均线综合得分及个股前后几天不同均线分值变化及速度的快慢，给出该股介入的标准。其次，要选择强势股。强势股必然是敢于在建仓期拉出涨停板或大阳线的个股，买股票就要买前期出现涨停板或大阳线的个股。要注重时间成本，买在股票快速上升途中或起爆点附近，以期在最短的时间内获得最大的收益。若是介入那些建仓期没有涨停板或大阳线的个股，往往是短线变中线、中线变长线、主动变被动，这样无形中就增加了时间成本。最后，注意成交量的变化。股票上涨的动力是资金，成交量是资金的重要体现。张老师强调，主力强势建仓后会缩量回调洗盘，洗盘结束后只有5日均量线再次上穿89日均量线，并且量柱超过5日均量线的股票才有连续上涨的动力，因为每一波成交量都是资金的流动，有资金进入才会推动股价上涨。

张老师的均线100分交易系统，实际上是对强势股的选股程序进行了量化处理，并且简单到一目了然的程度。也就是说只要会100以内的加减法，根据六条均线的综合得分情况，普通投资者对股票所处的位置、强弱、优劣就会一目了然，均线100分交易系统让寻找强势股变得如此简单。而作为均线100分交易系统的受益者，我深深地感觉到能够认识张老师，并先于他人掌握均线100分交易系统的精髓真是我之大幸，我相信这也是能够学到这套交易系统的股民的大福。

我建议每个想要成功的投资者都看看这本书，一定会收获很多。

今日财经、学股网创始人　贺旭东

前　言

自从20世纪90年代，中国股市向全民开放以来，随着老八股的被人渐渐遗忘，随着股市的扩容，股票市场变得越来越庞大，变得越来越深不可测，但是一张K线图就能将它装下。尽管K线图变化无穷，但其收盘后也只呈现为三种走势：上升、横盘、下降。面对在你进场后永远可能会出现的上升、横盘、下降这三种趋势，你唯一能做的就是准备好齐全的攻防策略。

什么是形态？什么是暴涨形态？

形态是股价随时间变化所形成的单根或者多根K线的图表，它包括股价收阴线还是收阳线，十字星还是上、下影线，成交量柱的大小是山字成交量还是堆量，是梯状量还是天地量，均线多头排列还是空头排列，筹码峰是单峰密集还是多峰密集，等等，这些我们统称之为形态。

仅就股市图表形态信号而言，就有若隐若现的陷阱，密密麻麻，起伏跌宕的行情，或是引诱散户蠢蠢欲动，贸然而入，卷走散户钱财不手软；或是恐吓散户让其望而生畏，斩仓离场，劫取散户廉价筹码不商量；或是故弄玄虚，制造扑朔迷离的市场假象……真中有假，假中藏真，真真假假，虚虚实实，难分难辨，令投资者深为感叹："不识主力真面目，只缘身在股市中！"

一幅幅图表形态，宛如一个个五彩的水晶球，令散户疑惑丛生、束手无策。然而，越来越多的前辈高手们在不断地总结经验、寻找规律，意在破译主力的操盘手段，为广大中小投资者寻找一条获利之道。那么，这么多形态，哪个形态最重要呢？当然是均线形态和K线形态。因为这两种形态都涵盖了股票最重要的因素：价格。均线代表了市场平均价格，而K线代表了当日多空双方博弈的价格结果。

大军过后必留痕，一叶落而知天下秋，这是K线图带给我们的思维方式，它显著地提醒着我们，无论多大规模的市场运动都是从蛛丝马迹里发展起来的，谁能够首先较为准确地把握这些线索，谁就能避免损失，获取最大的收益。

每一个K线图都在试图尽量告诉你市场正在发生的变化，而你，唯有静下心来仔细辨别，才能听懂嘈杂市场中的韵律。我们所要做的就是顺藤摸瓜，抽丝剥茧，化无形为有形，化变数为定数，化繁乱为简单，然后按图索骥，找到我们心仪已久的那些暴涨形态。

万事万物的发展和成败，看似漫无头绪，而实质上无不受内在规律的支配，K线图也不例外。人们经过长期观察、归纳、总结，发现阳线实体越长，越有利于上涨；阴线实体越长，越有利于下跌；但连续强势上涨后，谨防盛极而衰；连续强势下跌后，可能否极泰来；上下影线同时长，说明多空双方战斗剧烈，最后持平，后市不定；十字星的出现往往是过渡信号而不是反转信号，它代表市场暂时失去了方向，等等。

笔者着重研究了那些K线组成的异动形态，看看它如何承载着金钱的流动轨迹，记录着金钱的得失过程。十年磨一剑，功夫不负有心人，终于在2019年完成了《均线为王之二：暴涨形态》。

均线为王战法是用给股票的移动平均线综合打分的方法，教广大的中小投资者及时捕捉强势股，抓住经典暴涨形态，让您一目了然、过目难忘。

第一章带您认知K线及K线的基本元素和基础知识，重点介绍了常见的大阳线、大阴线和具有指南针功能的十字星线。

第二章重点介绍了形态的基本知识及其重要性。

第三章到第十九章展示了暴涨形态的经典组合，让您一目了然，看后对主力的意图了然于胸。

一花一世界，一叶一菩提。一盘棋是人生，戏是人生，股市也是人生，一张K线图也是。这张图融会了全球无数交易者的喜、怒、哀、乐，他们辛勤获得的财富正在这里不停地被重新分配。K线图，你最好相信它，通过这张图来辨析市场参与者的猜测、意愿、对供求的理解、买卖相对实力等。

千人千性，千股千性。有人星夜赶科场就有人星夜辞官归故里。对K线图的分析都带有强烈的主观主义色彩，这导致每个人修完同样的课程后，由于每个人的性格、悟性、经验、市场认知、风险把控能力、对收益的考虑以及周围环境对他的影响，还有他所交易的品种以及市场特性、资金规模等各有不同，那么所采取的方法也就千差万别，收获的成效和结果也会大相径庭。

作者在此祝福阅读"均线为王"系列丛书的读者们日进斗金，股市长红，账户长红！

目 录

第一章	认知K线	001
第二章	认识形态	007
第三章	认知护城河	010
第四章	集合竞价抓涨停	025
第五章	一线天	033
第六章	地狱天堂	044
第七章	天衣无缝（上）	053
第八章	天衣无缝（下）	061
第九章	否极泰来	072
第十章	龙抬头	087
第十一章	金凤还巢	095
第十二章	龙凤呈祥	109
第十三章	双剑合璧	119
第十四章	投石问路	130
第十五章	左右开弓	141
第十六章	众星捧月	155
第十七章	空中加油	165
第十八章	五福临门	177
第十九章	反败为胜	186
后记		196

认知K线

第一章 DIYIZHANG

一、K线意义

K线图起源于日本德川幕府时代，日本米市的商人用其来记录米市的开市价、收市价、当日最高价及当日最低价，所以又称为米线图。由于其形态和蜡烛有点相似，也叫"蜡烛图"。一般来说，阳烛代表当日上涨，阴烛代表下跌。（当然也有假阴、假阳）它能将每一个交易时间周期的开盘价与收盘价以实体的阴阳表示出来，并将该交易时间周期中曾出现的最高价、最低价分别以上影线和下影线形式直观地反映出来。从而使人们一目了然地了解每一个交易时间周期的涨跌，帮助人们对下一个交易时间周期的行情做出预估。

一根K线记录的是交易在固定交易时间周期内价格变动情况，如日K线记录的是一个交易日的价格变动情况。将日K线按时间顺序排列在一起，就组成了交易价格的历史变动情况，叫作日K线图。日K线将一个交易日内买卖双方力量的增减与转变过程及实战结果用图形表示出来。

（一）看阴阳颜色

单根K线分阴阳线，由开盘价、收盘价、最高价、最低价这四个要素构成，下面以国内沪深A股为例作解释。

交易时间：沪深A股的交易时间段为9:30—11:30，13:00—15:00。

开盘价格：先通过9:15—9:30集合竞价产生9:30的开盘价，开盘价格是一只个股当日开市后所成交的第一笔交易的价格。开盘价格确定了个股的开市价格，简称开盘价。

收盘价格：收盘价格与开盘价格正好相反，它确定了个股的收市价格，简称收盘价。沪深两市在收盘价计算方法上，存在着一定的区别：沪市以每个交易日最后1分钟内的所有交易的加权平均价计算得出；深市的收盘价则是通过最后3分钟内的竞价方式产生。阳线代表收盘价大于开盘价，阴线代表收盘价小于开盘价。

最高价与最低价：这两个概念较好理解，最高价就是指个股当日交易中的单价最高的一笔成交价格；最低价则指个股当日交易中的单价最低的一笔成交价格。看下图1-1更好理解。

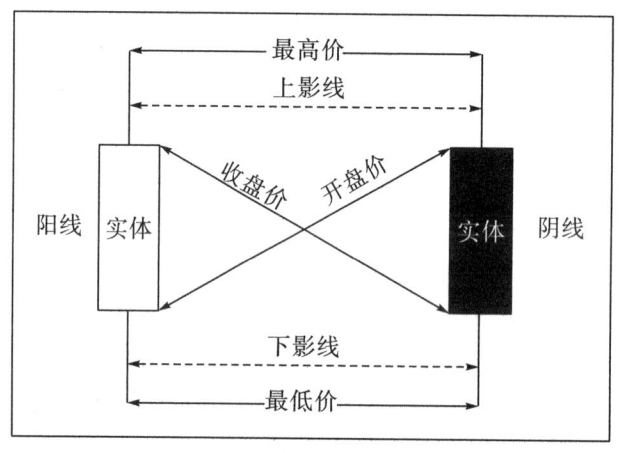

图1-1

通过单根K线中所反映出来的阴阳形态及这四个价位，我们就可以对个股当日的波动情况有一个较为清楚的了解。例如：如一只个股收于一根大阳线，则表明此股当日开盘后出现了大幅上涨，其涨幅较大；反之，如收于一根大阴线，则表明此股当日开盘后出现了大幅下跌，其跌幅较大。

什么是推动股票市场上涨下跌的原因？简单说就是多方与空方的力量对比。而K线的走势就是多空双方力量的直接体现。下面我们就来讨论下如何用K线看多空双方的力量。

卖方或空方：最高价－收盘价。任何时段，卖方的力量代表价格每日的最高价与收盘价的差距。

买方或多方：收盘价－最低价。买方的力量代表收盘价与最低价之间的差距。

同样，最高价－收盘价＝空方力量，收盘价－最低价＝多方力量。

每根K线事实上都是多空之间较量的结果，而在每天交易结束后，所展示的K线四要素，最高价、最低价、开盘价、收盘价，都真实地反映了当天该股的交易状况。但是同一根K线在不同位置、不同背景之下，其反映的市场含义或趋势有可能不同，需要辩证地具体分析。开盘价代表买卖双方在开盘期间的均衡点。收盘价则代表整段交易期间结束时的均衡价位，即多空平衡点。最高价代表了多方驱动行情上涨的最高水准。最低价代表了空方打压的极限位置，即多方拒绝价格进一步下挫的价位。股价在中间上涨与下跌过程，则是多空双方的博弈阶段。

对于单根K线图，我们通过观察开盘价、最高价、最低价、收盘价就可以知道：多空双方谁在主导行情，他们在做什么，多空双方在交易期间驱动均衡点的互动关系。这就是K线要告诉我们的市场信息。

（二）看实体大小

实体大小代表内在动力，实体越大，上涨或下跌的趋势越是明显，反之趋势则不明显。以阳线为例，其实体就是收盘高于开盘的那部分，阳线实体越大说明上涨的动力越足。同理，阴线实体越大，下跌动力也越足。（具体位置决定性质，不可一概而论）

（三）看影线长短

影线代表转折信号，向一个方向的影线越长，越不利于股价向这个方向变动，即上影线越长，越不利于股价上涨，下影线越长，越不利于股价下跌。（具体位置决定性质，不可一概而论）

总而言之，K线图不仅是一门科学，而且是一种行为艺术和投资哲学的实践，它本质上是市场群体心理因素的集中反映。你可以掌握它的性，但无法把握它的度，它给每个人留下了很多主观的判断，使那些试图量化它的分析家们最终陷入迷途。

二、重要K线解析

股市中的K线形形色色，各种组合更是数不胜数，就像酒田战法有七十多种K线组合。因为人的精力有限，所以我们学习也不能眉毛胡子一把抓，弱水三千，只能取一瓢饮。股市中，重点研究这么几种重要K线就完全可以让你游刃有余。正所谓"不怕千招会，就怕一招灵"。

（一）十字星线

当开盘价与收盘价处于相同价位的时候，K线图上表现为十字形态，有时也把开盘价、收盘价相差不大且上下影线较长的K线视为十字。单纯十字形态，反映出市场犹豫不决，多空双方达到暂时平衡，往往预示着股价可能会出现转势，因此称之为神奇十字。上下影线都长，即大十字，表示多空两方势均力敌，后市需观察；上影线长，下影线短，表示开盘后上涨但收盘却被打回平盘，空头较强势；下影线长，上影线短，表示先跌后涨，买方较强势。具体可分为两种：蓄能星线和反转星线。

1. 蓄能星线。十字星的形成过程，实际上是多空力量的激烈博弈。开盘以后，多空拉锯，上攻以后遇阻力回落，下探以后遇支撑反弹，尾盘收在开盘价或者离开盘价很近的地方。市场上看多和看空的人数或者资金力量各占一半，有人高位抛盘，也有人低位接盘。所以不能说十字星就是反转形态，因为最终的收盘价是在开盘价的位置上的，也就是经过了一天的较量，大家打了一个平手而已，既然是平手，又怎么能去判断谁强谁弱呢？十字星的出现一般配合着较大的成交量，是多空一天激烈厮杀的结果。所以十字星在本质意义上，只能说明市场到这个位置有了分歧，但不是说一定会反转。（具体案例见第十六章）

2. 反转星线。反转十字星的出现确实代表着行情发生反转的临近，但是是否为反转十字星，我们要配合其他技术指标来判断。看空的反转十字星，一定是发生在高位，之前有过较大幅度的拉升，甚至发生在一些关键的压力位上。看多的反转十字星，一定是发生在低位，一般是之前有过较大的下跌，甚至发生在一些关键的支撑点上。

（二）大阳线

一般而言，大阳线意味着多头势如破竹，后市看涨。阳线实体越长，上涨力量越强，反之，上涨力量越弱。实际上，大阳线之所以具备指明趋势的意义，是因为大阳线开盘价与收盘价相差太大，且日内分时波动以大涨小回的方式将空方完全压制，其强烈上涨的态势，对投资者的心理造成很大的影响。这种心理影响包括两点，做空者见大势已去很可能加入多头阵营，而原本看空并未买入者在强烈的上涨行情下也大胆买进。这就是股市里人们所说的"一根大阳线，千军万马来相见"，因为空头往往会叛变，反手做多。但实际上，我们需要根据股价的位置来判断，具体分以下几点：

1. 如果股价刚开始上涨时出现大阳线，则表明股票有加速上扬的意味，投资者可买入。

2. 如果大阳线出现在股价上涨途中，则表明可能继续上涨，投资者可继续做多。

3. 如果大阳线出现在股价连续上涨过程中，则表明是股价快速赶顶，投资者需要警惕顶部的出现。

4. 如果在连续下跌过程中出现大阳线，表明出现技术性反弹，投资者可以分析盘面，不接下跌途中的飞刀，待飞刀落地。

一般而言，在上升趋势的初期或中期，特别是突破关键技术压力位的时候，出现大阳线表示多头开始发动攻击，股价后市继续上涨的可能性很大。但是如果股价已经高高在上，出现大阳线则预示着做多动能日渐耗尽，也有可能是多头在故意大幅拉高股价，造成强势上攻的假象，吸引中小投资者注意，诱惑投资者接盘。如果在高位巨量收出大阳线，这种大阳线成为诱多陷阱的可能性就更大，投资者应区别对待。

在实战中，中小投资者如果想准确识别大阳线是上涨信号还是陷阱，需要重点关注几点。

1. 认清股价位置，准确识别大趋势。

2. **分析成交量**。一般来讲，如果大阳线的出现配合着成交量的放大，那么基本不用怀疑会上涨。然而，如果成交量缩减，那么可能是主力刻意拉高诱惑投资者介入接盘。需要注意的是，股市中存在着一些高度控盘的股票，不需要多大量就可以随意拉升股票，这种会出现量升价跌的迹象。

3. **后市走势的确认**。如果大阳线后立刻被一根大阴线把股价打回原形，意味着大阳线是陷阱的概率比较高，投资者需要及时止损，离场观望。如果后市股价站稳在大阳线的收盘价之上，这说明此时多头势力强大，有较强支撑，投资者可放心持有。

（三）大阴线

大阴线是指单日跌幅大于5%的K线。当天几乎以最高价开盘，最低价收盘，它表示多方在空方打击下节节败退，毫无招架之力，空方以绝对优势取胜。大阴线的下跌力度大小与实体长短成正比，即阴线的实体越长，下跌力度越大。

1. 顶部大阴线。这是主力资金出货的结果，通常发生在大盘或个股涨势的末期，同时不一定伴随着成交量的放大，换言之，下跌是不需要成交量配合的。

当顶部大阴线出现之后应该立即清仓，因为尽管主力出货不是一蹴而就的，一路压低出货也是大概率事件，但投资者最好不要对所谓的反抽抱有幻想，因为它可能发生也可能不发生，是否发生完全取决于主力的意志。如果均线系统已经由多头排列扭转为空头排列，甚至再出现一根突破大阴线，此时一定要坚决离场。

2. 上涨中继大阴线。这是主力资金暴力洗盘的结果，通常发生在大盘或个股的上涨期，同时不一定伴随着成交量的放大，大部分是缩量的，因为主力已经高度控盘，当上涨中继大阴线出现之后要高度警觉，假如次日不跌反涨，或者连续几天止跌企稳，收出极度缩量K线，那么该股离上涨就不远了。

3. 底部大阴线。通常发生在大盘或个股的上涨期，同时不一定伴随着成交量的放大，大部分是缩量的，因为大部分交易者已经无心恋战，不再买卖了，空方已是强弩之末。

认识形态

第二章
DIERZHANG

万事皆有因，果在因中得，说明万事万物都有因果关系，股市同样也有因果关系，也有逻辑，试想如果没有搞懂股市的逻辑，巴菲特怎么能靠炒股成为世界首富？章建平、欢乐海岸、乔帮主、赵老哥等大鳄又如何成名？只不过各人的投资逻辑不同而已。他们如果不是掌握了股市的规律和逻辑，怎么能由小做大，实现财富自由？

股票形态分析是一种直接从历史价格图表上去分辨股价变动趋势的分析方法。无论主力如何变换手法，最终都得体现在 K 线形态上，正所谓"大军过后必留痕"。股票形态分析是技术分析体系中的基础，其他技术分析也包括各种图形分析，区别只是在于这些图形的取样已不再是原始的价格数据，而是经过处理的以至指标化的价格数据，因此，其他技术分析是形态分析的变形、复杂化和理性化形式，形态分析的一些基本方法也往往被用于其他技术分析。

股票形态分析基于以下几种假设：

1. 股票是具有典型统计特性的事物，它的运行有规律可循。
2. 历史走势特别是近期走势对后来形态具有直接的影响。
3. 股票的上涨是交易能量累积的结果，其中主动性买盘中大单交易的影响具有决定性意义。反之，股票的下跌也是量能释放的结果，其中主动性卖盘中大单具有决定性的影响。

4. 具有一定规模的上涨和下跌都是主力促成的。

5. 多数股票中都有主力存在。只是它们的性质不同，强弱不同，"善恶"程度不同，表现方式不同。K线图是主力性质及其意图的最真实反映。因为现有的股票信息除了K线外都可以低成本造假，而K线是实实在在用金钱堆起来的。也就是说K线造假是所有股票虚假信息中成本最高的一种。形态高于一切，这是一个基于形态理论进行投资的人必须牢固树立的理念。

股票形态就像一个大笼子，它把股票的一切信息进行合成，最终显示为一幅图画。不论是公司的经营状况还是主力的意图最终都会无一遗漏地反映在这幅神奇的图上。

这种说法是基于以下推断：

1. 正确的股票信息会被正确的投资人所利用。正确的信息会引导股票形态向一个正确的方向运行，而错误的信息虽然可以暂时打乱股票价格的轨迹，但正确的信息会对股票的形态进行修正。"正确的人"就是那些占有了正确信息和正确利用了正确信息的投资者。他们分为两类，一类是原发性占有者，也就是直接取得了正确信息的公司核心成员、重要的投资主力机构或者人物。另一类是能正确分析形态，跟上了形态节奏的散户。

2. 背离公司基本面的形态走势一定是主力造成的。我们知道，散户是高度分散的，似一盘散沙，是没有凝聚力和战斗力的。背离公司基本面的形态要么是主力有意所为，他们不理公司业绩，随意进行打压或拉升；要么是主力根本没有发现这只个股的价值，形成因个股形态控制人缺位而造成的"真空"，任其价格随波逐流。而这一切最终又会真真实实地反映在K线图上，这就是我们经常说的当涨不涨、当跌不跌。

3. 形态分析是中小投资者分析股票成本最低的一种方法。要是掌握了形态分析方法，打开电脑，你就能对一只股票的基本情况、未来趋势做出判断，其成本基本为零。

4. 所有股票信息中，形态的形成是成本最高的一种。股票的K线是用钱堆出来的，不论是正常的走势还是所谓的"骗线"，都是实实在在用金钱做出来的，这远比制造一份财务报表、发布一个公告的成本要高。

因此，从各个方面进行比较，形态分析方法是一种成本最低、可信度最高、最方便的股票分析方法。它是中小投资者在股市立足的必修功课。

股票的形态是有其必然性和可用于实际操作的。这是因为：

1. 股价是受主力影响的。主力的操作方法有很多种，但进货—拉升—出货是铁律，少了任何一个环节，这个操作就没有完成。进货有进货形态，拉升有拉升形态，出货有出货形态，这三个环节最终会清楚地摆上K线图。主力的操作手法的区别在于时间的长短，拉升的幅度和出货的方法。但有一条，他们都是为了赚钱。

2. 后期形态必然是先期形态的结果。万事万物都有因果关系，股票当然也不例外，可以说，具有统计特性的股票在这一点上有充分体现。没有前面的积累，哪有后面的拉升，同样，没有前期的抛售，哪有后期的急跌。从这一点说，形态分析理论其实与波浪理论、均线理论、箱体理论等很多经典的股票理论是暗合的。

3. 股价是有底和顶的。股价的底和顶分为大底、大顶和小底、小顶。正如波浪理论所描述的数波段，其实就是底顶分析，但它有一个弱点，就是你不知道从哪里数起，不知道在哪里结束，也就是不知道哪个是第一波，哪个是最后一波，这就导致波浪理论不能普及，不能为大众所掌握。有些分析师往往用其神秘的一面，说得头头是道，但他们还是一错再错，原因就是他们自己也不知道从哪里数起，恐怕这个理论的原发者也有些失算，否则在所有论述中为什么不把这一点进行结论性的表述而给分析师留下这么大的猜测空间？但是我们看到，股价总是一波一波地运行，大底套着小底往前走，不论你能否把握它，它就这么不以人的意志为转移地运行着。股票形态分析理论成功地解决了这一问题，它不仅可以用定性的方法指出股票底顶，而且探索建立了简便易行的数学模型，可以快捷且高成功率地计算股票的中短期底顶价格，虽然其原理有待进一步论证，其精确率也有待进一步检验，但在当前没有一个更好的理论和模型的情况下，做到这一点也确实不易。

4. 股票形态是可以分析和利用的。分析研究股票形态，最终目的只有一个，就是利用它赚钱。"均线为王"的暴涨形态实质上就是找出股票形态运行规律并加以利用，从而以最小的风险获得最大的收益。当您成了一个掌握了股票形态理论精髓又得到实战洗礼的一个形态高手时，您就会驰骋股场，屡战屡胜。

笔者根据多年实战操盘经验，将股票的形态归纳、总结并予以量化，形成均线为王战法。该战法所述形态不同于市面上流行的头肩顶、头肩底、三角形等，非常抽象，让散户看了一头雾水、无从下手。均线为王暴涨形态简单、易学、实用、高效，在大趋势、大形态的基础上给中小投资者提供一个简单的量化实操办法。

股票是什么？用"二四六八"完全可以表达清楚，即两种K线（红绿两种颜色）、四门功课（止盈、止损、压力、支撑）、六条均线（5日均线、10日均线、20日均线、60日均线、120日均线、250日均线）、八成获利（80%的人获利）就足够了，不用故作高深，故弄玄虚。

笔者通过对A股形态的多年研究，化变数为定数，从纷乱复杂的股票个性提炼出强势股票的形态共性，力争达到简单、易学、实用、高效的学习效果。

认知护城河

第三章 DISANZHANG

以史为鉴：护城河有自救功能。不仅能防范敌人的火攻，还能满足城里用水的需要，又是防洪排涝的重要水利工程，有的靠近江河还能承担运输功能。挖护城河的泥土，可以烧砖填土修复城墙，如此一来连运费都省了，大大节省了修城墙的成本。可见护城河是一个城市的保护神。

城市需要护城河，股市需不需要护城河来保护股票的安全呢？答案当然是肯定的。那股票有没有护城河保护又是如何界定的呢？有护城河的股票是一眼就能观察到的，即便您是新股民，只要会看颜色，把交易页面设置好，等护城河出现就可以放心大胆地买入，持股待涨。

《论语·卫灵公》中"子贡问为仁，子曰：'工欲善其事，必先利其器。居是邦也，事其大夫之贤者，友其士之仁者。'"翻译成白话文：子贡问怎样修养仁德。孔子说：工匠要做好工作，必须先磨快工具。住在一个国家，要侍奉大夫中的贤人，与士人中的仁人交朋友。

一、寻找护城河的工具

一套好的工具和看盘软件就能帮助股民构筑护城河，比如移动平均线作为一种我们常用的看盘指标，有支撑和压力、有助涨和助跌的作用，那我们直接拿来用就好了。

首先我们将交易页面做一定的设置改动，普通的中小投资者用的都是开户的证券公司提供的免费的通达信交易软件，有这个软件足够用了，没有必要去市场上买那些付费的交易软件。

具体步骤如下：

1. 找到交易页面的左上方的"工具"。如图 3-1 所示。

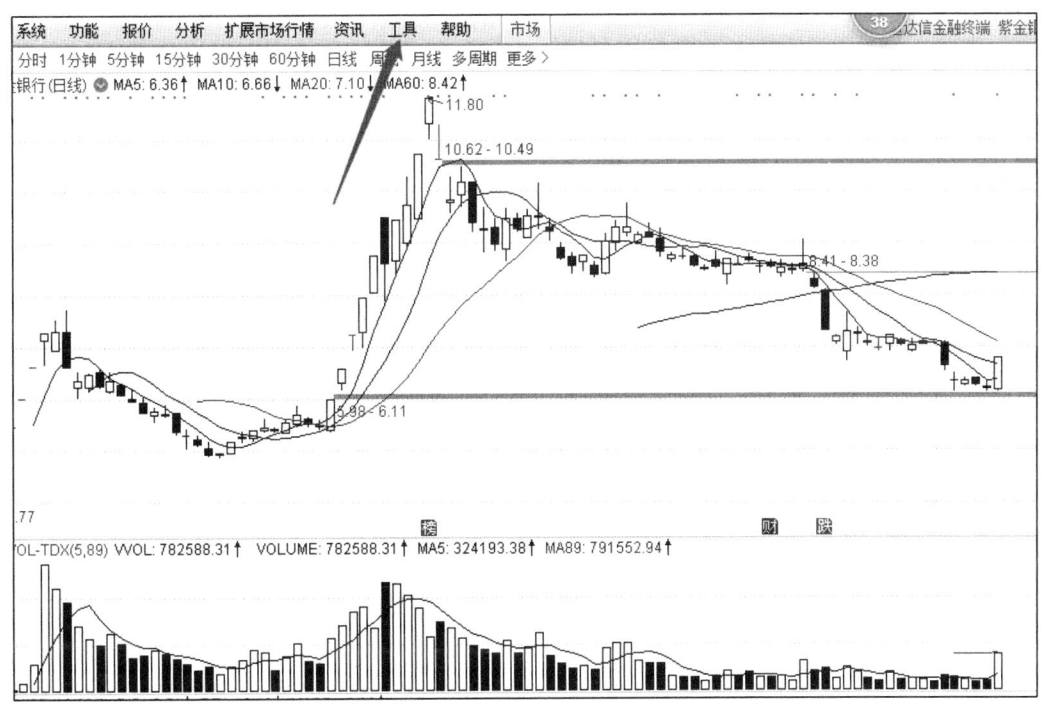

图 3-1

2. 左键点"工具"，出现一列对话框，点击倒数第二项"系统设置"后，左键点开"设置3"，将"分析图中指标值显示涨跌箭头"一栏前面的方框打上钩，然后点右下角"确定"。如图 3-2 所示。

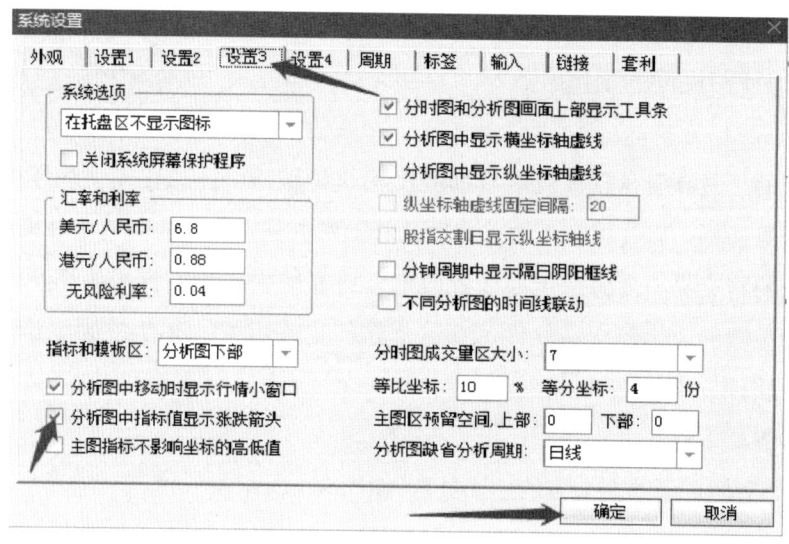

图 3-2

3. 同样再点开"设置4"。将"设置4"对话框右侧"显示未回补跳空缺口,个数"参数改成4,"锁定分析图中的初始K线数"参数改成120,"锁定定制版面中初始K线数"参数改成120。分别将前面的方框打一个钩,然后点"确定"就可以了。如图3-3所示。

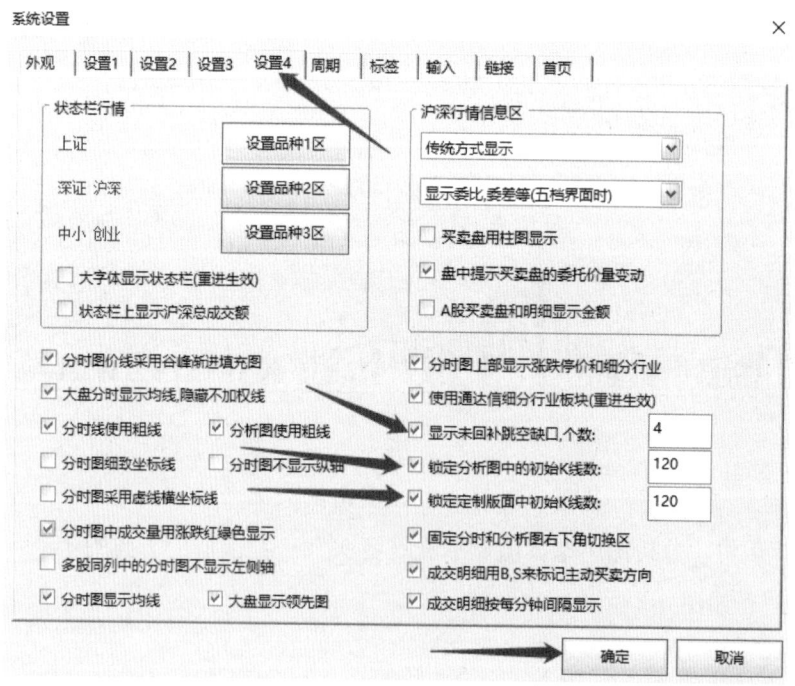

图 3-3

最后我们看到的均线交易页面，如图 3-4 所示，2019 年 5 月 10 日，光力科技（股票代码 300480）主力开盘便跳空高开，直接一字封死涨停板。盘中 13:07 有大卖单砸开涨停板，留下了短短的下影线，没有触及昨天涨停板的收盘价，于是留下了一条宽宽的跳空缺口，这个向上的跳空缺口我们就把它称为"护城河"。

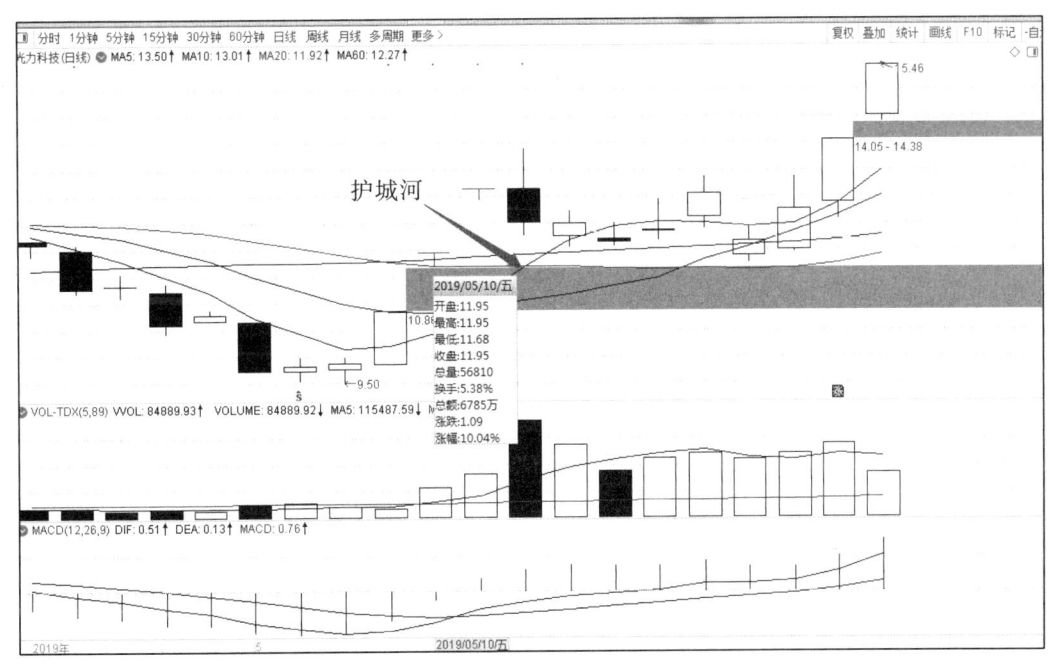

图 3-4　光力科技（股票代码 300480）

完成了以上几个步骤，一套完整的可以让你轻松看盘的系统就一目了然了，有人想问为什么这么设置，因为我们的均线为王战法之均线 100 分先有评分，后判优劣。还有为什么设置 120 日 K 线，因为 120 日内的股票走势是处于什么位置，是上涨、横盘还是下跌就一目了然了，无论中长线主力还是短线主力在 120 个交易日之内都会留下蛛丝马迹，以便于我们跟踪。

二、发现有护城河的股票

怎样发现有护城河的股票呢？打开我们的 K 线图，主图就会出现灰色的很宽的向上或者向下真空带，这个真空带就是跳空缺口，就有着护城河的作用。

图形特征：跳空缺口分为两种，一种是向上跳空缺口，一种是向下跳空缺口。跳空缺口是短线操盘的重要参考指标。

如图 3-5 所示两根 K 线之间出现了真空地带，没有人交易，于是就形成跳空缺口，说明多方实力强劲，抢筹意愿明显，迫不及待。反之就是空方实力强劲，如图 3-6 所示想迅速离场，贱卖出货。

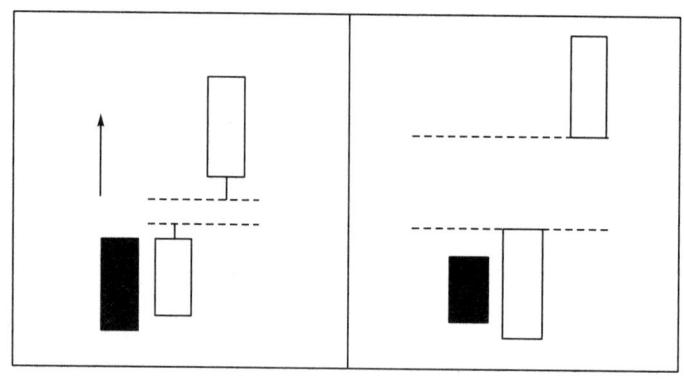

图 3-5　向上的跳空缺口

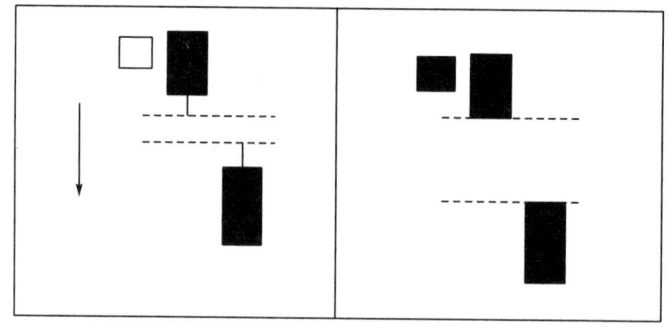

图 3-6　向下的跳空缺口

（一）向上跳空缺口

在股市技术图形分析中，缺口占有相当重要的地位。向上的跳空缺口发生在不同阶段时，它的技术含义也完全不一样，在股价突破阻力开始上升时出现的缺口，对日后上升具有决定性的影响，因此人们把它形象地称为向上突破缺口，突破即势如破竹，足见多方展开的攻势很强大。

一般而言，形成突破缺口时都伴有较大的成交量，这时成交量越大，说明日后股价上升的潜力越大。向上突破缺口形成后，如果几天内不被封闭，说明多方抢占空方阵地已获成功，股价将会形成一路攀升的走势。缺口空当越大，说明多方上攻的信号越强。

在股价上升时，出现的第二个缺口是向上持续缺口，第三个缺口是向上竭尽缺口，一旦向上竭尽缺口被封闭，就会引发一轮跌势。

（二）向下跳空缺口

向下跳空说明市况已发生逆转，原来的升势已经结束，接下来就是一轮跌势，而这个跌势才刚刚开始，下跌的空间还很大，因此投资者见到向下跳空缺口要及时做空，尽量做到退出观望为宜。向下跳空缺口再次出现，说明做空力量仍很强，股价还将继续下跌。这时投资者仍要保持做空思维，继续持币观望。

值得注意的是，向下竭尽缺口的出现，说明市场已面临最后一跌，空方力量将穷尽。在空方力量不济时，多方肯定会趁机反击，而向下竭尽缺口的出现，为多方日后的反击提供了极佳的机会。缺口越大，说明多方上攻的信号越强。

市场逻辑：缺口，往往是主力资金或先知先觉的投资者在次日坚决买进或坚决抛出所形成的。因为开盘的价格比上一个交易日的最高价高出许多，或比上一个交易日的最低价低开许多，从而使K线出现中断。缺口，往往是大规模资金集中做多或大规模资金集中做空所造成的。主力资金通常为了迅速脱离底部而做出跳空缺口，使前一日割肉的投资者无法买回，或快速打压股价，远离头部区域，使高位接盘的投资者深度被套而不忍割肉。再者，往往会在重要的阻力位或支撑位附近出现缺口，有时做向上的跳空缺口可以迅速摆脱前期的阻力位，使抛压减轻，或迅速向下做突破缺口，打穿支撑位，使认为有支撑的投资者措手不及而来不及做出正确的判断和操作。

交易策略：遇到第一个向上跳空缺口及时跟进，遇到第一个向下的跳空缺口，及时止损，如果开盘半小时还没有回补缺口，就要迅速离场观望。第二天只要低开大于4%，直接割肉出局，不要抱有幻想，一般主力想拉升的股票不会低开这么多，除非开盘即把缺口补上并且低开高走，同时分时天地人三线顺好（分时天地人三线为天线——白色即时价线、人线——黄色分时均价线、地线——豆绿色大盘线）。

实战案例一 如图3-7所示，*ST盈方（股票代码000670）2018年7月9日，9:30分直接跳空低开，与前一天形成一个宽宽的"敌方"护城河。同样第二天又如法炮制，直接一字跌停。7月11日和7月25日，多方曾试图攻破敌方的第一道护城河，结果败阵而归。股价又一路下跌，多方溃不成军（见图3-8）。

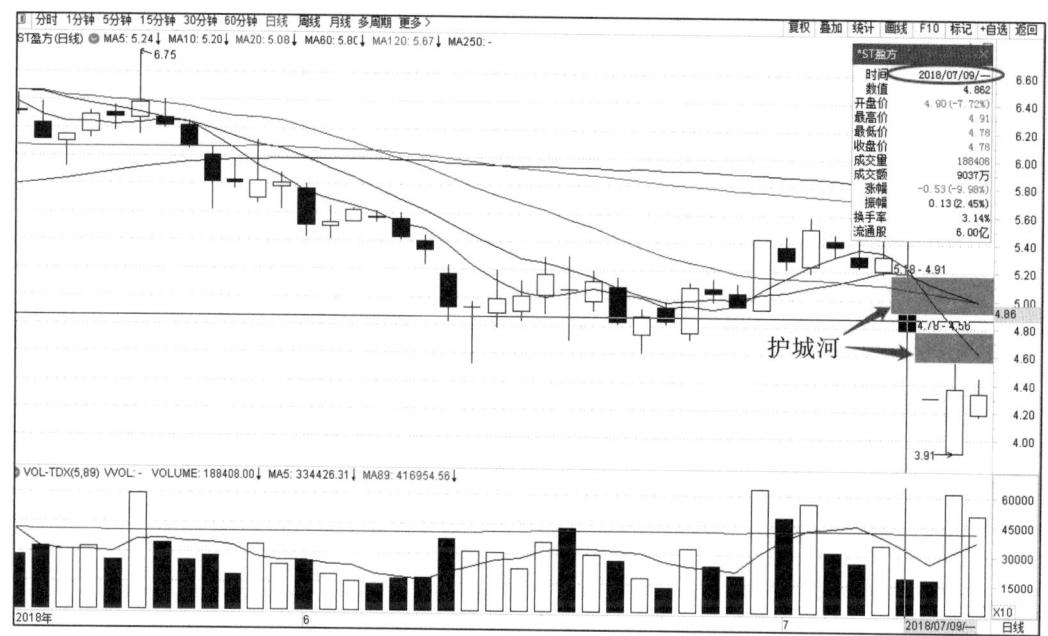

图 3-7 *ST 盈方（股票代码 000670）

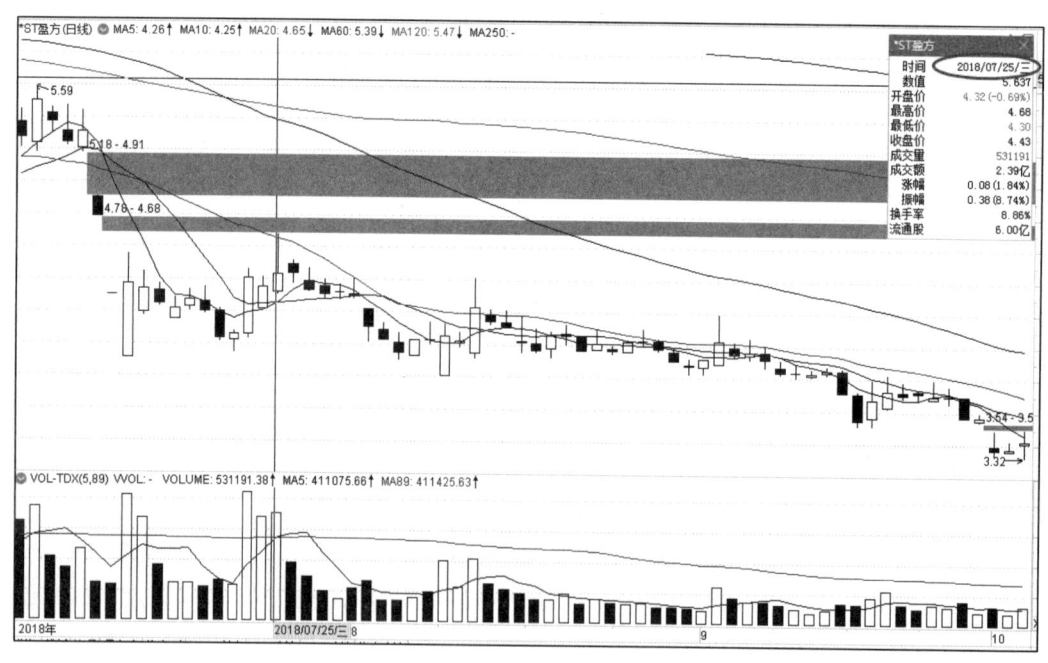

图 3-8 *ST 盈方（股票代码 000670）

实战案例二 如图 3-9 所示，普路通（股票代码 002769）2018 年 6 月 12 日收出了一个锤头线。长下影线似乎探了支撑将要上攻，但次日低开低走，最高价都没有突破 5 日均线，股价天线再也没有站稳人线，下跌趋势开始形成。果不其然，第二天直接跳空低开。6月19日又是大幅低开低走。敌方挖出了一条宽宽的护城河，从此股价一路下跌。经过4个月左右的下跌，又赶上了独角兽热门板块，主力发现筹码已经足够便宜，于是在10月19日用一个跳空高开一字涨停板发起反击（见图3-10），同时和10月11日形成左右开弓（详情见本书第十五章）的暴涨形态，连续拉升四个一字板后在次日收出了最高11.88元的双零逃顶信号，主力也完成了暴力抢筹（见图3-11）。

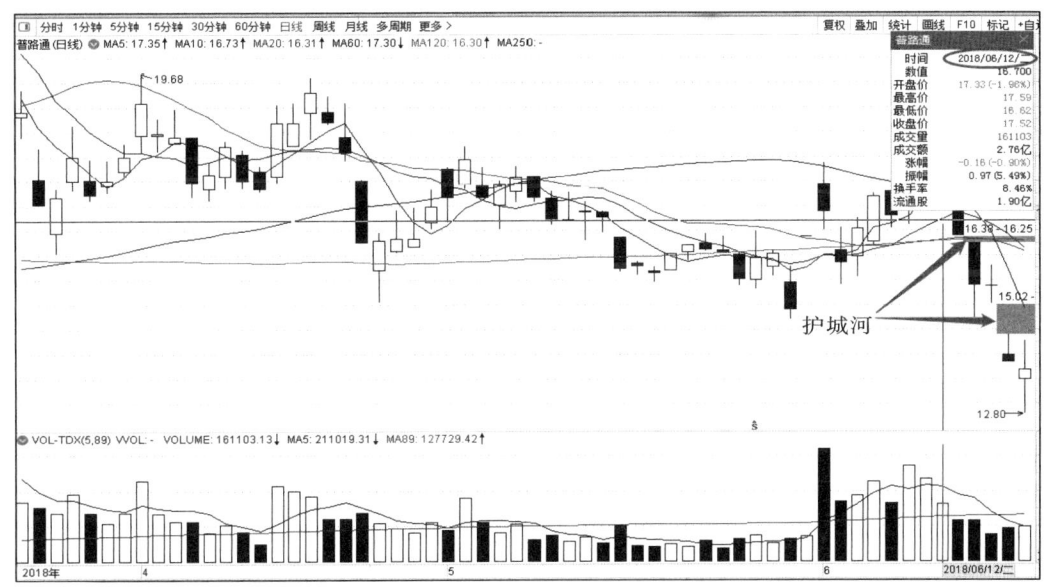

图 3-9　普路通（股票代码002769）

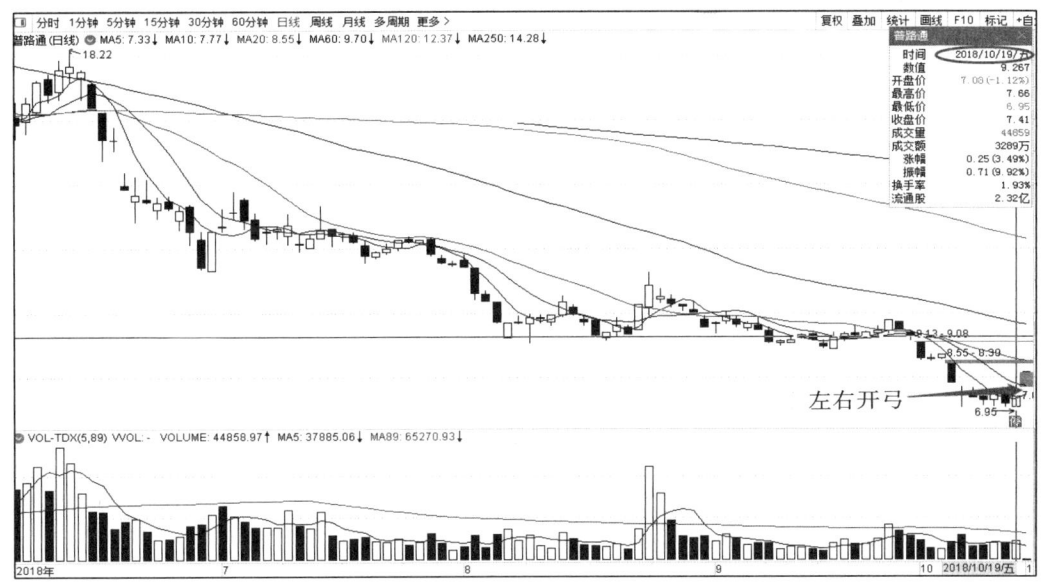

图 3-10　普路通（股票代码002769）

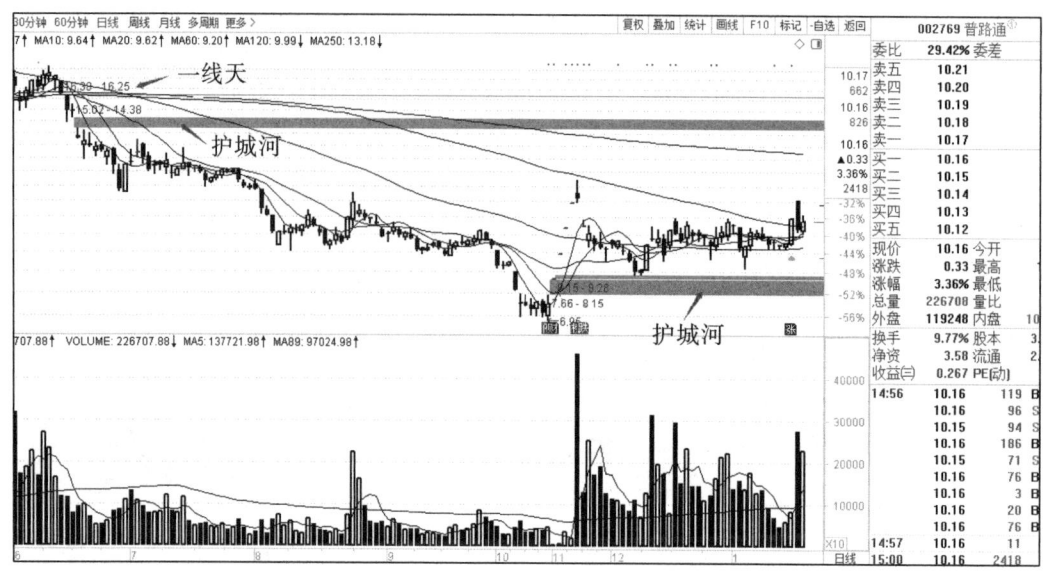

图 3-11　普路通（股票代码 002769）

实战案例三　如图 3-12 所示，科林电气（股票代码 603050）2018 年 8 月 31 日形成了隐形的下跳空缺口，形成了短期高点和压力，直至 12 月 28 日还留有一线天的压力。

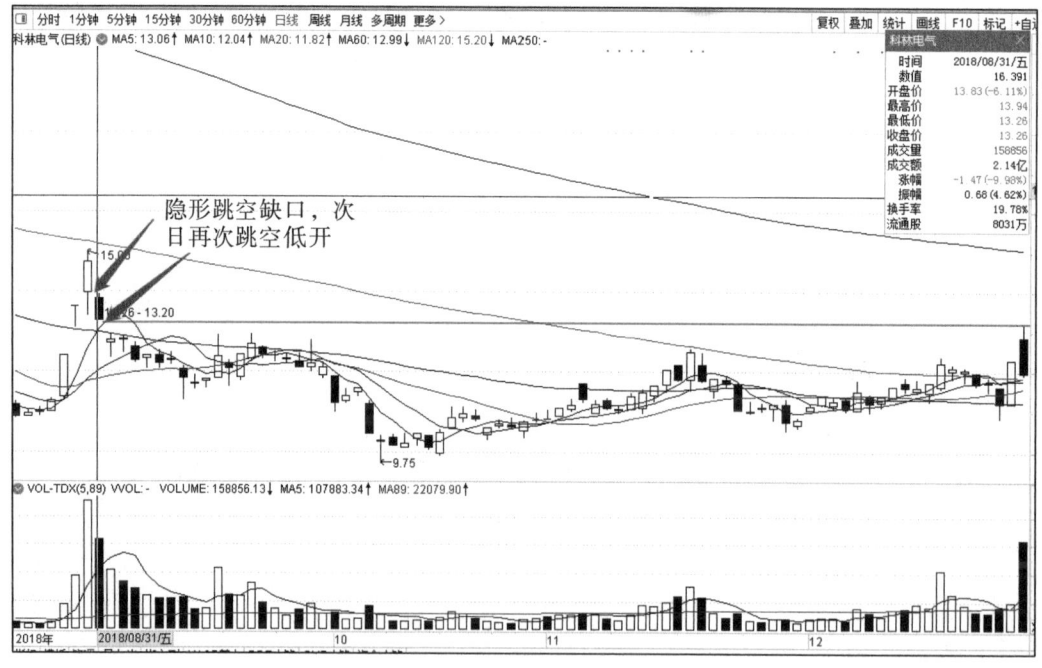

图 3-12　科林电气（股票代码 603050）

实战案例四 如图3-13所示,达安股份(股票代码300635)2017年10月16日形成了向下的跳空缺口后,股价一路下跌,三周内都没有完成突破,导致主力觉得抛盘压力过大,不得不继续回调,迫使前面套牢筹码快速割肉。尤其是在11月13日第二次出现向下的跳空缺口后,股价更是一路暴跌,股价从26元左右一直跌到17.73元才企稳,期间跌幅接近30%(见图3-14)。

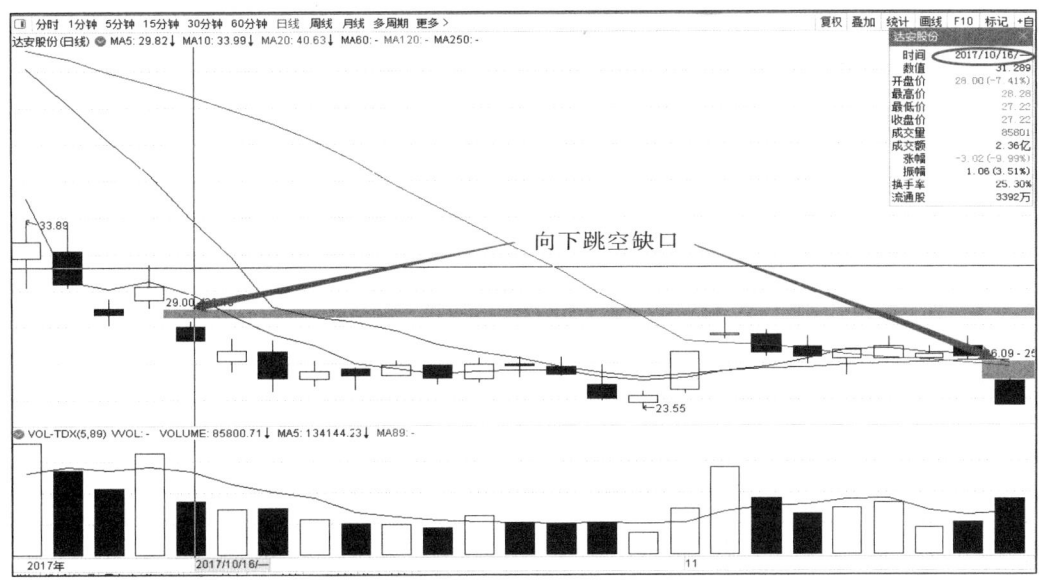

图3-13 达安股份(股票代码300635)

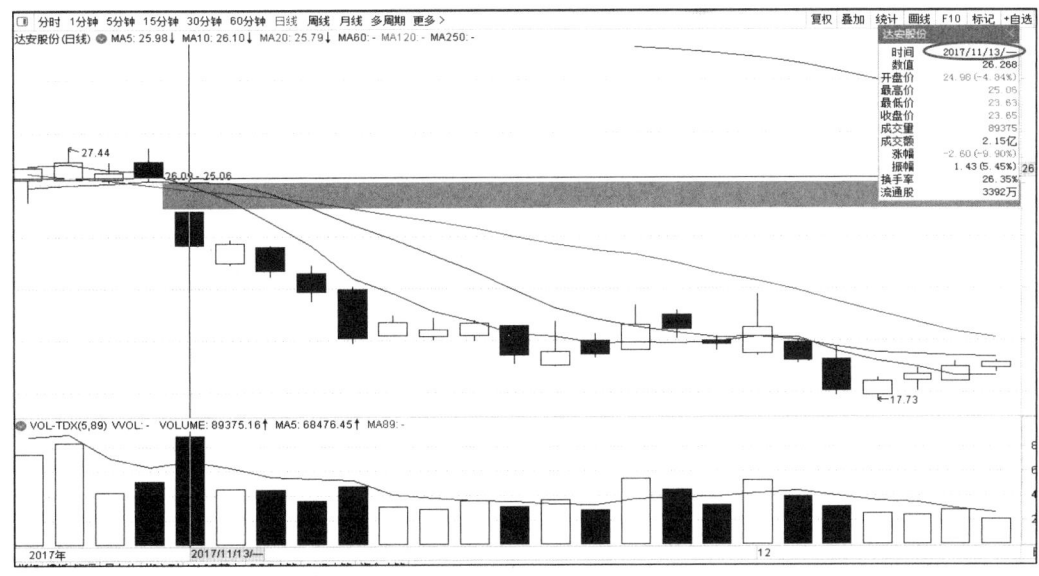

图3-14 达安股份(股票代码300635)

实战案例五 如图3-15所示,自证监会2018年11月5日公布预设科创板以来,市北高新(股票代码600604)没有给中小投资者机会,盘中直线封死涨停板,次日便跳空高开,一字封死涨停板,走出了最强护城河模式,后来更是平步青云,连续走出了十个一字涨停板,留下了很多条宽宽的护城河,短短一个月的时间,股价就从启动时的3元拉升至11元,涨幅高达3倍之多。图3-16是市北高新第一次出现护城河以后的股价走势图。这样的股票如果有机会介入,是不是很美?

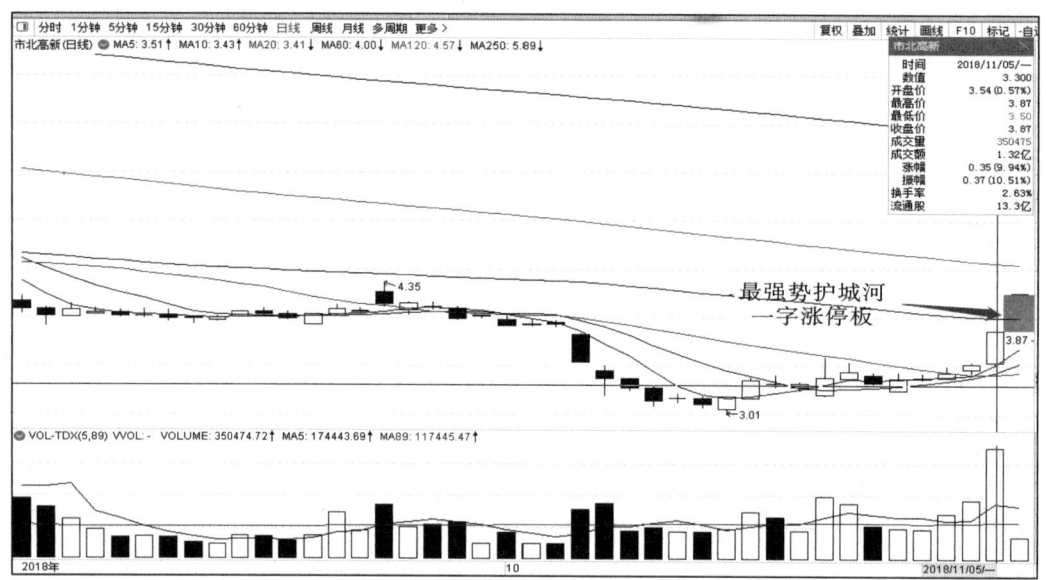

图3-15 市北高新(股票代码600604)

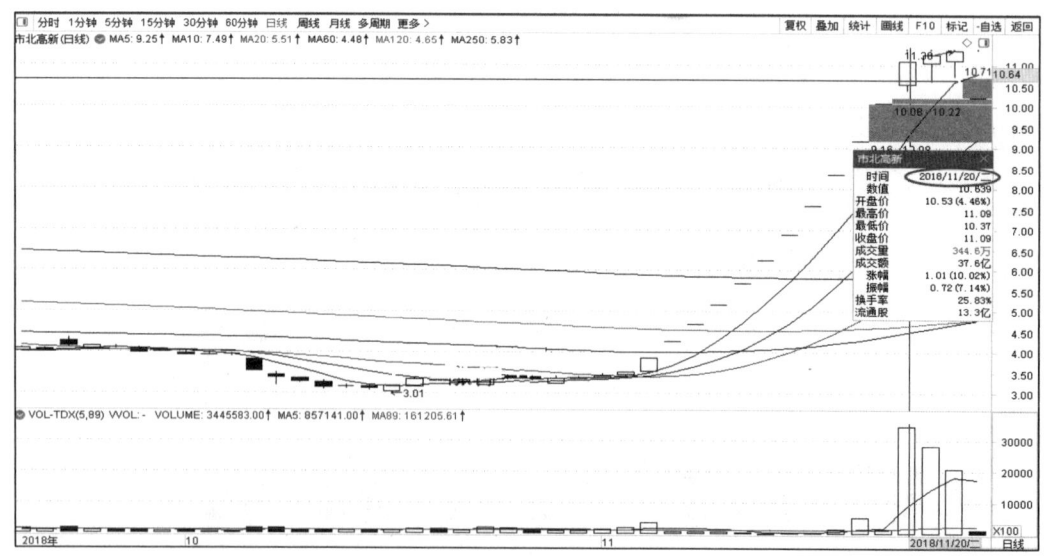

图3-16 市北高新(股票代码600604)

实战案例六 如图 3-17 所示，随着顶固集创（股票代码 300749）年报的公布，此股有了高送转的预期，于是主力也没有给中小投资者机会，2019 年 1 月 16 日起连续拉出几个一字涨停板，留下了宽宽的护城河。

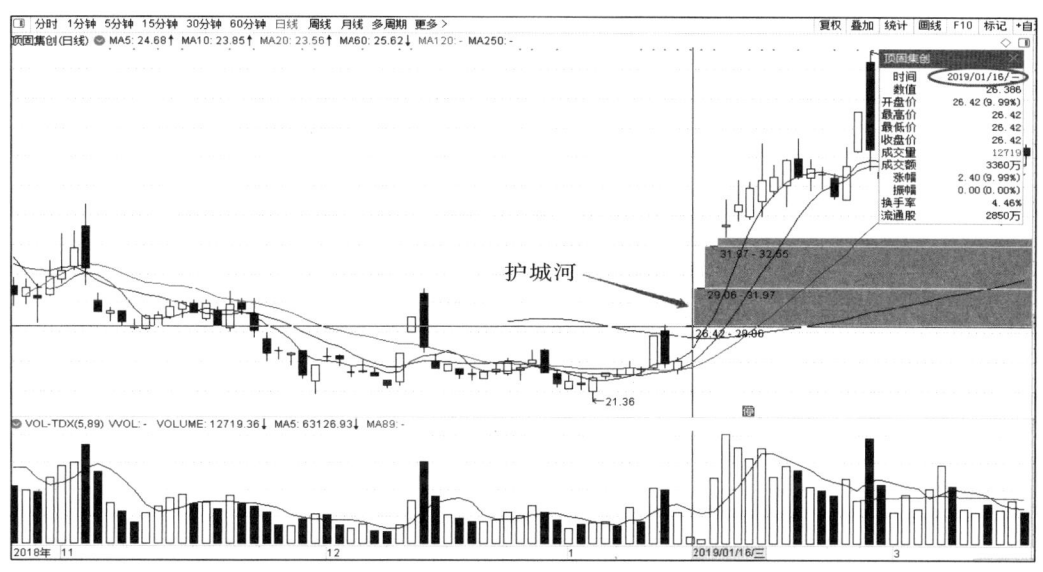

图 3-17 顶固集创（股票代码 300749）

实战案例七 如图 3-18 所示，*ST 中孚（股票代码 600595）2019 年 1 月 14 日用跳空高开留下了一条宽宽的护城河，次日虽然回调，但是没有跌破前一日的跳空缺口，而是留下了一线天暴涨形态，说明主力已经高度控盘，随后一周大涨 20% 以上。

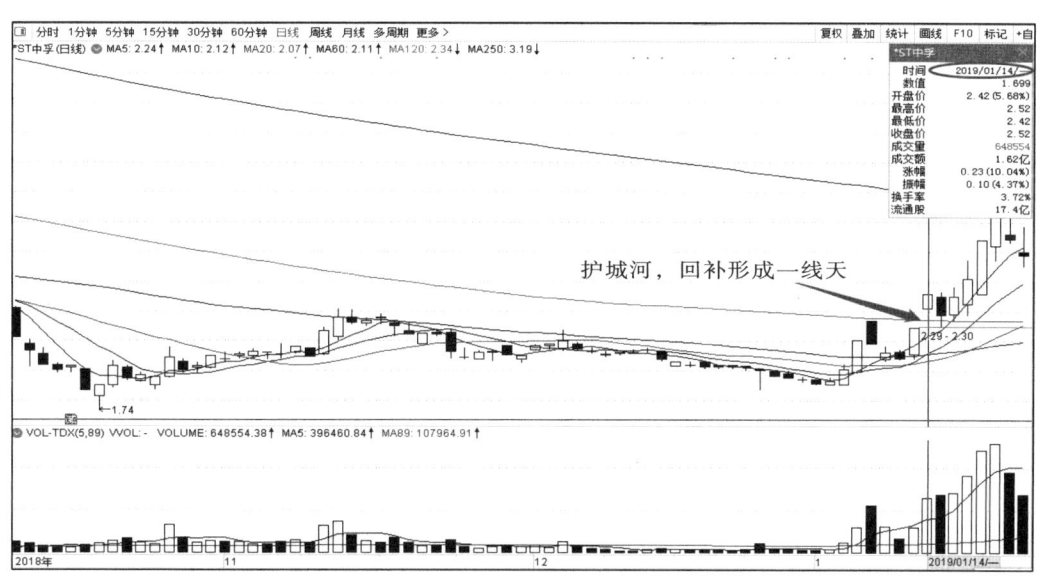

图 3-18 *ST 中孚（股票代码 600595）

实战案例八 如图 3-19 所示,阳光电源(股票代码 300274)2018 年 11 月 5 日和 6 日用跳空高开一字涨停板和 T 字板留下了两条宽宽的护城河,随后股价一路向北。图 3-20 是该股跳空高开后的股价走势图。

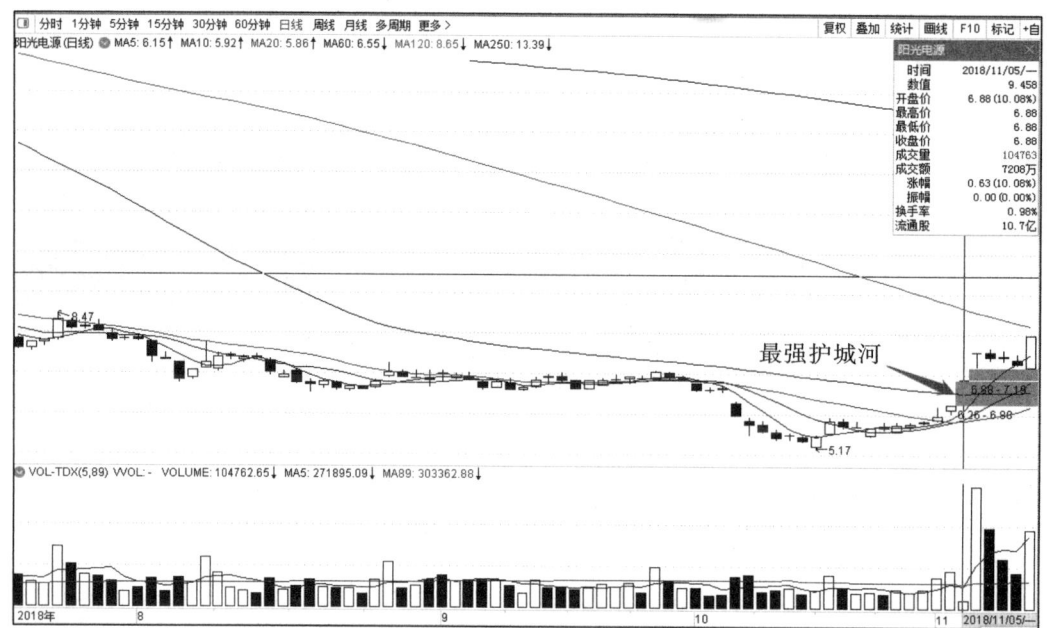

图 3-19 阳光电源(股票代码 300274)

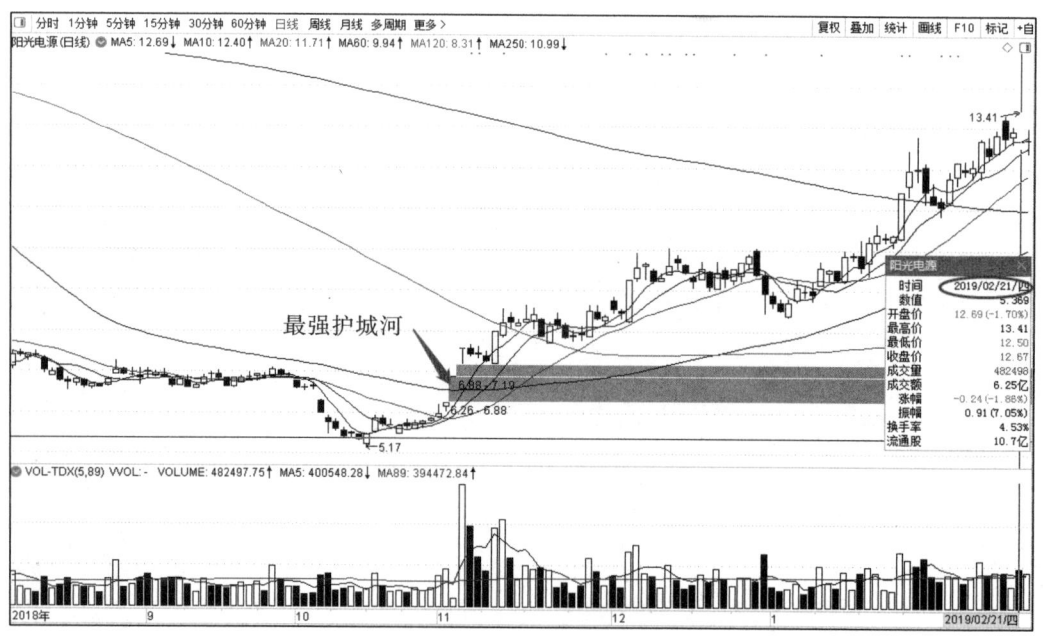

图 3-20 阳光电源(股票代码 300274)

实战案例九 如图 3-21 所示，深南电路（股票代码 002916）受业绩大幅提升的影响，2019 年 1 月 8 日股价跳空高开，留下了一条宽宽的护城河，一周后股价低开，留下一根带下影线的光头阳线，也没有踩漏护城河，然后股价继续沿 5 日均线爬升，未来的股价更是一路高歌（见图 3-22）。

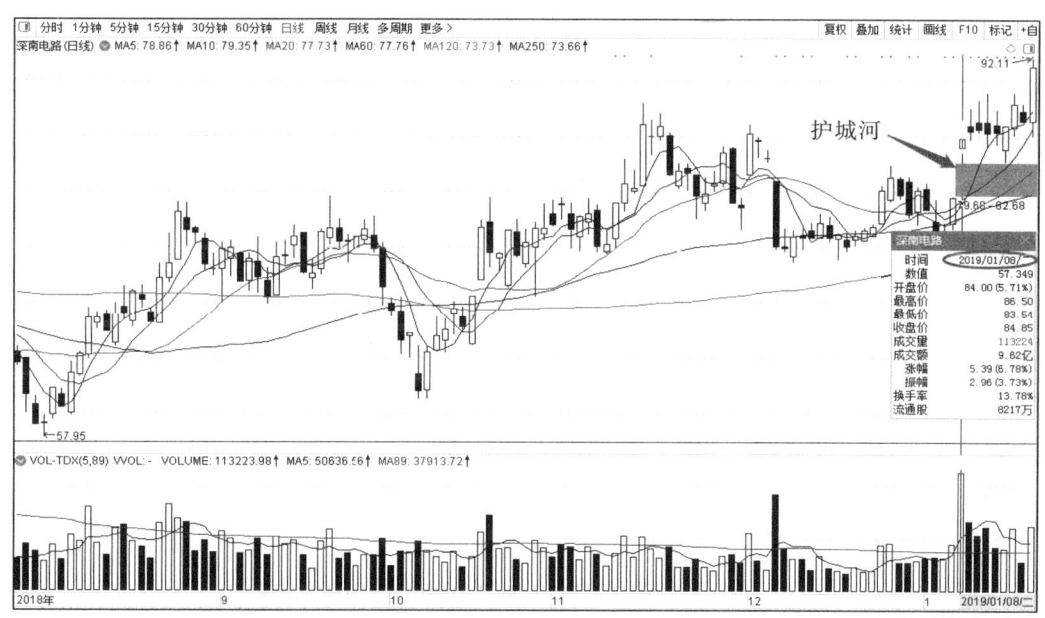

图 3-21 深南电路（股票代码 002916）

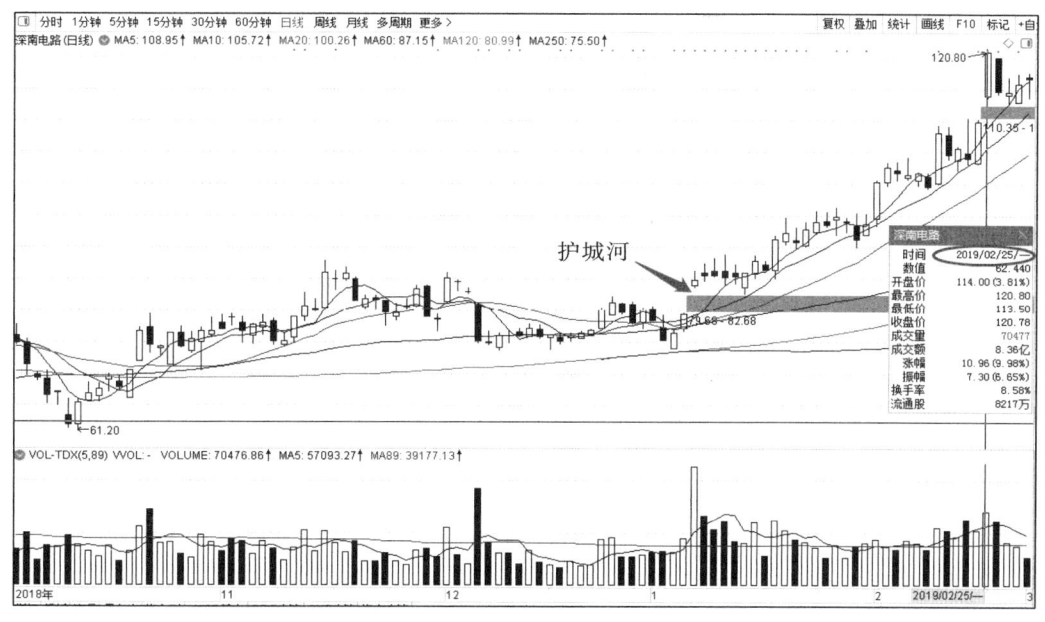

图 3-22 深南电路（股票代码 002916）

实战案例十 如图 3-23 所示，新农股份（股票代码 002942）2019 年 1 月 4 日股价回踩，还留下三条护城河，说明这个跳空缺口的支撑是有效支撑，同时大家看到股价虽然回调，但是收出的多是阳线，可见主力志在高远。

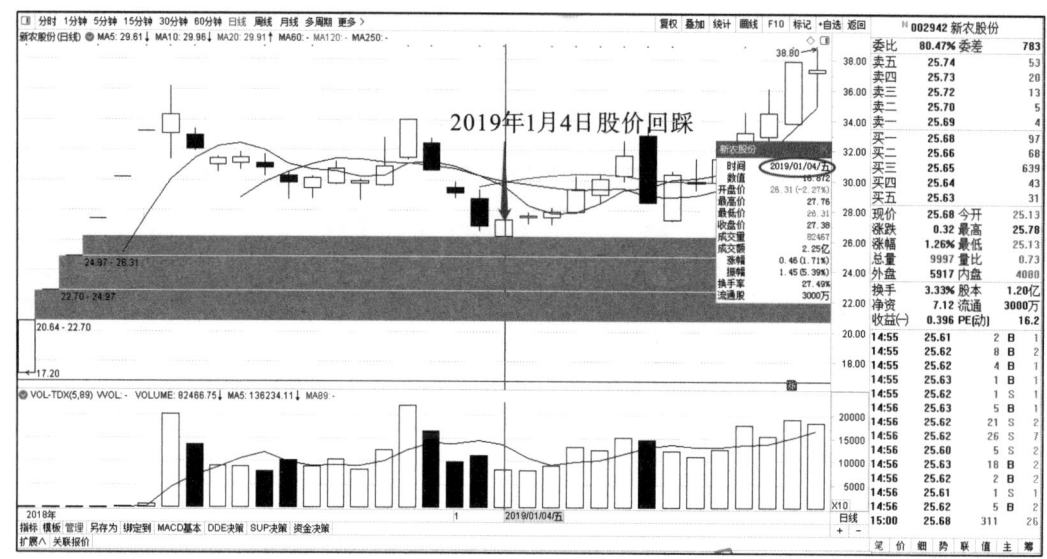

图 3-23 新农股份（股票代码 002942）

综上可见，城池有护城河敌方攻不进来，股票有护城河也是安全的。

集合竞价抓涨停

第四章 DISIZHANG

2006年7月1日，深沪证券交易所实施开放式集合竞价。即在集合竞价期间，即时行情实时揭示集合竞价参考价格。开盘集合竞价时间为9:15—9:25，收盘集合竞价时间为14:57—15:00。即时行情显示内容包括证券代码、证券简称、前收盘价格、虚拟开盘参考价格、虚拟匹配量和虚拟未匹配量。9:15—9:20可以接收申报，也可以撤销申报，9:20—9:25可以接收申报，但不可以撤销申报。

集合竞价产生开盘价，接着股市要进行连续买卖阶段，因此有了连续竞价。集合竞价中没有成交的买卖指令继续有效，自动进入连续竞价等待合适的价位成交。而全国各地的股民此时还在连续不断地将各种有效买卖指令输入到沪深证交所电脑主机，沪深证交所电脑主机也在连续不断地将全国各地股民连续不断的各种有效买卖指令进行连续竞价撮合成交。而无效的买卖指令主机不接受。如股票价格超过涨跌幅限制等（当日上市的新股除外）。

具体来说，集合竞价是将数笔委托报价或一时段内的全部委托报价集中在一起，根据不高于申买价和不低于申卖价的原则产生一个成交价格，且在这个价格下成交的股票数量最大，并将这个价格作为全部成交委托的交易价格。所以集合竞价就是在当天还没有开盘之前，参与交易者根据前一天的收盘价和对当日股市的预测来输入股票价格，在集合竞价时间里输入计算机主机的所有下单，按照价格优先和时间优先的原则计算出最大成交量的价格，这个价格就是集合竞价的成交价格，而这个过程被称为集合竞价。

到 9：25 以后，就可以看到各股票集合竞价的成交价格和数量。有时某种股票因买入人给出的价格低于卖出人给出的价格而不能成交，那么，9：25 后该股票的成交价一栏就是空的。当然，有的公司因为要发布消息或召开股东大会而停止交易一段时间，那么集合竞价时该公司股票的成交价一栏也是空的。

因为集合竞价是按照最大成交量的价格成交的，所以对于普通股民来说，在集合竞价时间，只要打入的股票价格高于实际的成交价格就可以成交，当然如果按涨停价买或按跌停价卖则保证优先成交。所以，散户如果希望在集合竞价时优先买到股票，通常可以把价格打的高一些，目的是获得优先成交权。另外，中小投资者买入股票的数量不会很大，一般不会对该股票的集合竞价价格产生什么影响。

集合竞价由电脑交易处理系统对全部申报按照价格优先、时间优先的原则排序，并在此基础上，找出一个基准价格，使它同时能满足以下 3 个条件：

1. 成交量最大。
2. 高于基准价格的买入申报和低于基准价格的卖出申报全部满足（成交）。
3. 与基准价格相同的买卖双方中有一方申报全部满足（成交）。该基准价格即被确定为成交价格，集合竞价方式产生成交价格的全部过程，完全由电脑交易系统进行程序化处理，将处理后所产生的成交价格显示出来。

这里需要说明的是：

第一，集合竞价方式下价格优先、时间优先原则体现在电脑主机将所有的买入和卖出申报按价格由高到低排出序列，同一价格下的申报原则按电脑主机接受的先后顺序排序；

第二，集合竞价过程中，两个以上申报价格符合上述三个条件的，上海证券交易所使未成交量最小的为成交价格，仍有两个以上是未成交量最小的申报价格符合上述条件的，以中间价为成交价。深交所取距前收盘价最近的价格为成交价。"使未成交量最小的为成交价格"，这句的意思是说，按照基准价成交后，还剩下未成交的量最小的为成交价格，就是累计买与累计卖的差的绝对值最小。

如何通过集合竞价来判断我们持有的股票目前的强弱及趋势方向呢？我们都知道集合竞价的时间是 9：15—9：30 这之间的 15 分钟，这 15 分钟其实分为三个阶段，每个阶段所代表的意义都不同，第一个阶段 9：15—9：20 这 5 分钟是开放式集合竞价阶段，可以随意委托买进和卖出并可以随时撤单，若参与交易者看当时的匹配成交量的话，因为可以撤单，所以成交量是有很多虚假成分的，不可全信；很多主力会在9:19:30左右把之前挂出的大量的单子撤掉，若参与交易者在这5分钟看成交量下单买入了，极有可能被主力蒙骗了，主力忽悠中小投资者进场后，然后在最后一秒撤了，买进的参与者就成了接盘侠。所以9:19这一分钟非常关键，是分析主力当日动向的重要指标。

当然了，9:20－9:25这5分钟也非常重要，这5分钟开放式集合竞价可以输入委托买进和卖出的单子，但不能撤单，有的投资者认为他撤单就完事了，事实上在这5分钟撤单是无效的。这5分钟你看到的委托是真实的，所以量能及价格变化都是真实的，不会有虚假的成分。9:25－9:30这5分钟，严格来讲，算不上集合竞价，因为这5分钟是在集合竞价开盘价9:25已经确定了后，给大家一个准备开盘后如何买卖的思考时间。这5分钟可以挂单，也可以撤单，但指令不会执行，等到9:30后再执行这5分钟的所有指令，所以说这5分钟是给想开盘就买入或卖出的投资者的一个准备的时间。

这里需要明确的一点就是9:25才是集合竞价期间唯一一次真正的成交，以电脑统计后市场买卖双方能够得到的最大成交量的价格来撮合成交，此时成交的笔数也会显示。所以如果参与交易者想买入一只股票，直接挂涨停价买入即可，如果你想卖出一只股票，你直接挂跌停价即可，这样基本都可以买到或抛出，但它的实际成交价格不是你所挂的涨停价或跌停价，而是9:25分成交的那个大众报价后统一协定的价格，也就是开盘价，集合竞价之前所有人挂的单均以同一个价格成交。当然如果是以涨停板和跌停板开盘的话，挂涨停或跌停也不一定能成交，因为集合竞价期间，价格第一优先，时间第二优先。高手朋友可以用好9:25这个时间点，卖出股票，然后在9:26－9:30之间买入另一只股票。

对于我们需要重点关注的股票，就可以利用集合竞价这个时间点的特征，去进行观察，若发现某只股票在9:19－9:20的时候，价格逐步攀升的挂单买入的量能突然变小，就说明主力资金可能在诱惑中小投资者接盘，就要做好及时卖出的准备了。

注意事项：用集合竞价抓涨停板，一定要先看股票所处的位置以及趋势，不建议打底部建仓板，因为主力试探建仓再拉升需要很长时间，时间成本太高，建议抓初升浪后的回调，做二波启动或者主升浪。

实战案例一　泰胜风能（股票代码300129）2018年7月25日主力用一个涨停板开启了暴力抢筹的序幕，当天股价突破生命线。随后的连续涨停板完成抢筹目的。其中，7月27日早盘涨停板开盘，高开低走，收出巨量阴线，完成空中加油（详情见本书第十七章）的动作，随后主力一路打压建仓。10月19日，底部再次出现反转信号。经过连续收阳线，主力再次悄悄吸筹。如图4-1所示，股价在11月22日遇到120日均线压力，突破未果，随后再次被打压，终于在2018年12月24日—2019年1月3日完成了一组众星捧月（详情见本书第十六章）的形态。1月4日主力再次用一根光脚阳线上穿5日均线和10日均线，次日又突破120日均线的重要压力位。成交量随之放大，量柱同时也大于5日均量线，量价配合完美。1月8日，5日均线上穿20日和60日均线，形成三均会师暴涨形态。1月11日，10日均线上穿120日均线，形成黄金砖暴涨形态（详情见《均线为王之一：均线100分》），随即一波30%的拉升完成。1月11日，股价遇到250日均线压力，随后回调，1月15日和1月17日又分别形成均线密码（详情见《均线为王之一：均线100分》）压力。经过一周的调整，1月25日成功突破均线密码第一压力，同时5日均线上穿10日均线，二波启动随时可能开启，于是加入我们重点关注的股票名单。如图4-2所示，1月28日，9:15集合竞价开始后，多方和空方达成共识，股价维持在3.45元且一直持续到开盘，形成一字形集合竞价后，开盘主力便强势上攻，形成天衣无缝（详情见本书第七章和第八章）暴涨形态，10:15成功涨停。

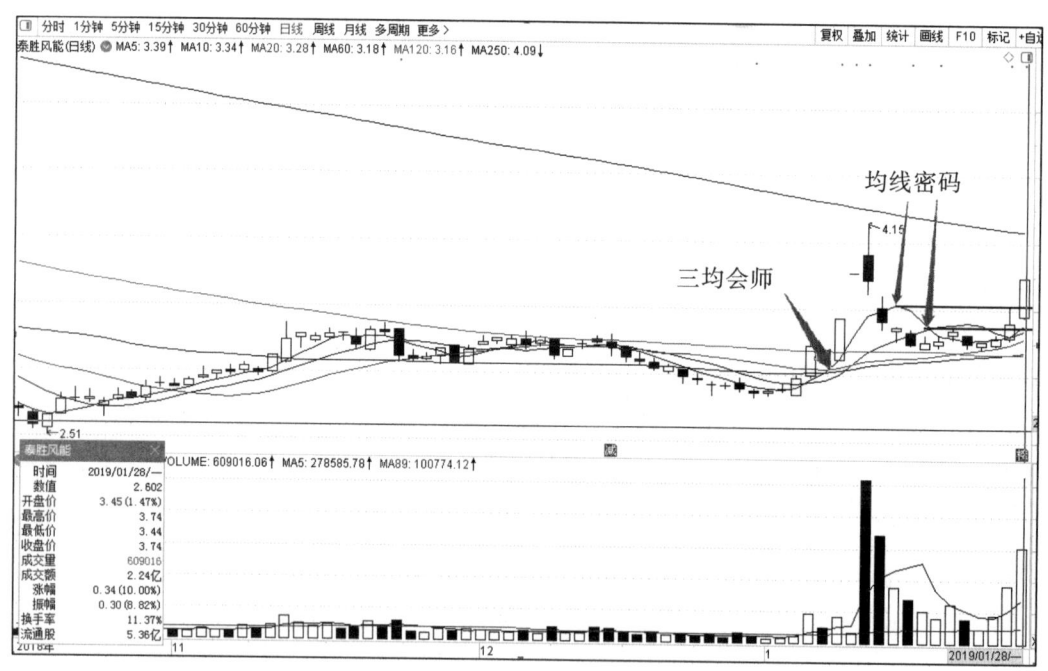

图4-1 泰胜风能（股票代码300129）

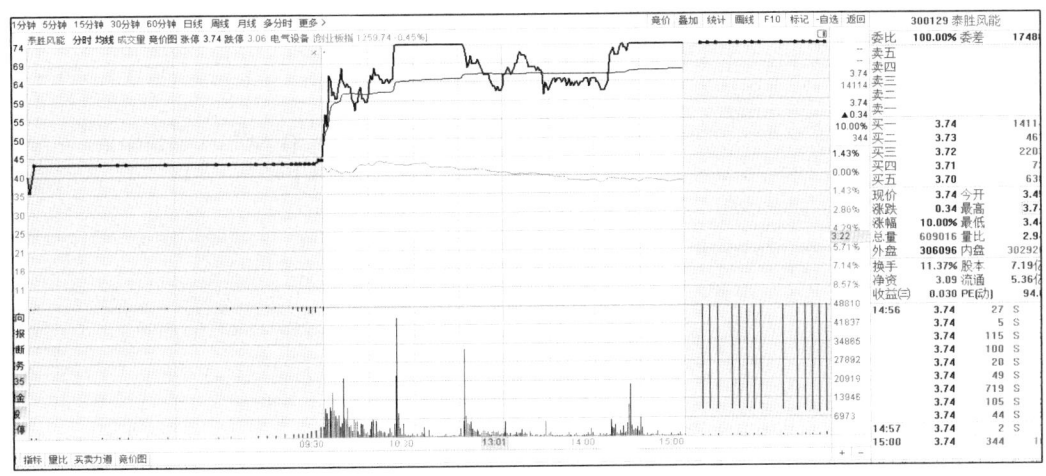

图 4-2 泰胜风能（股票代码 300129）

实战案例二 拓日新能（股票代码 002218）2018 年 6 月 20 日主力用一个涨停板开启了暴力抢筹的序幕，随后连续涨停板完成抢筹目的。经过长达八个月的横盘震荡，如图 4-3 所示，2019 年 2 月 1 日主力用一根涨停板强势突破 5 条均线。图 4-4 就是当天集合竞价的情况，9:15 集合竞价开始后，多方和空方达成共识，股价维持在 2.85 元且一直持续到开盘，形成一字形集合竞价后，开盘主力便强势上攻，10:22 成功封死涨停板。次日股价跳空高开，然后一路向北，直到出现 4.42 元的双零逃顶信号（详情见《均线为王之一：均线 100 分》），本波行情才宣告结束。

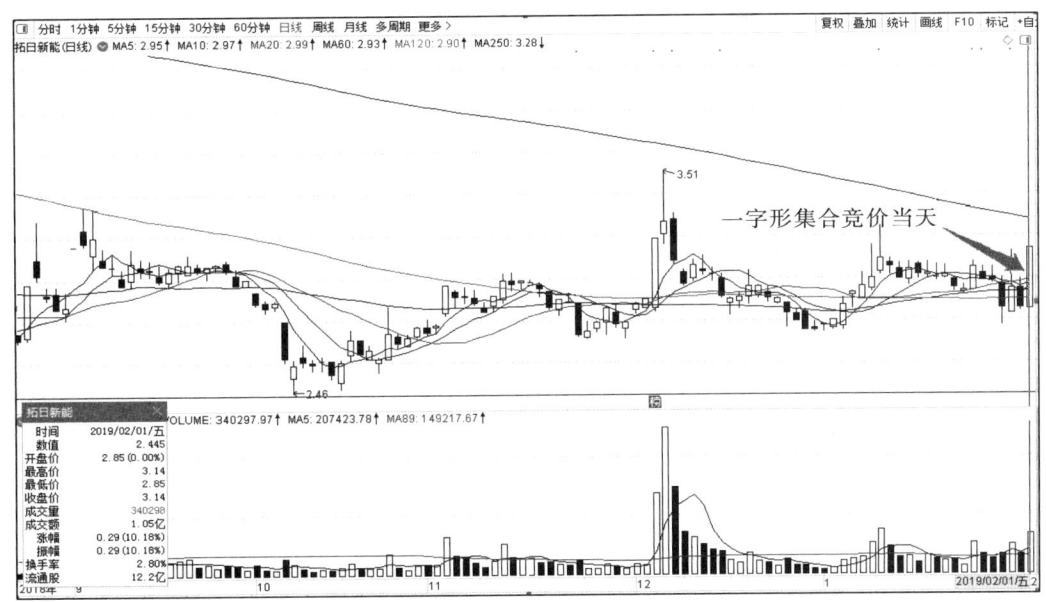

图 4-3 拓日新能（股票代码 002218）

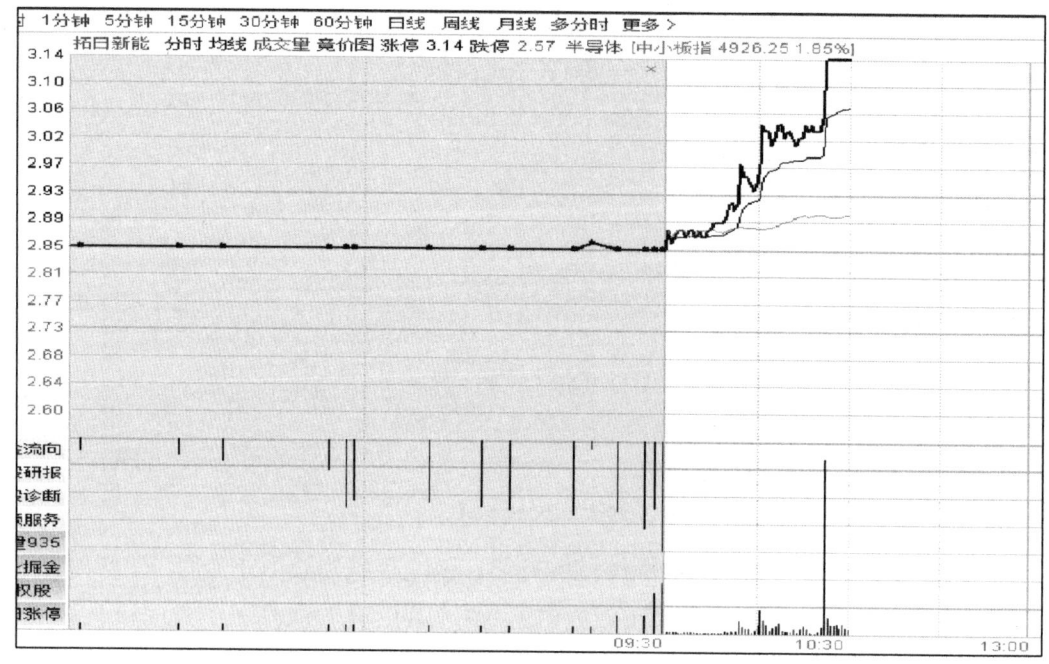

图 4-4 拓日新能（股票代码 002218）

实战案例三 如图 4-5 所示英飞特（股票代码 300582）2019 年 1 月 21 日主力用一个一字涨停板开启了暴力抢筹的序幕，随后连续涨停板完成抢筹目的。经过短暂 2 个

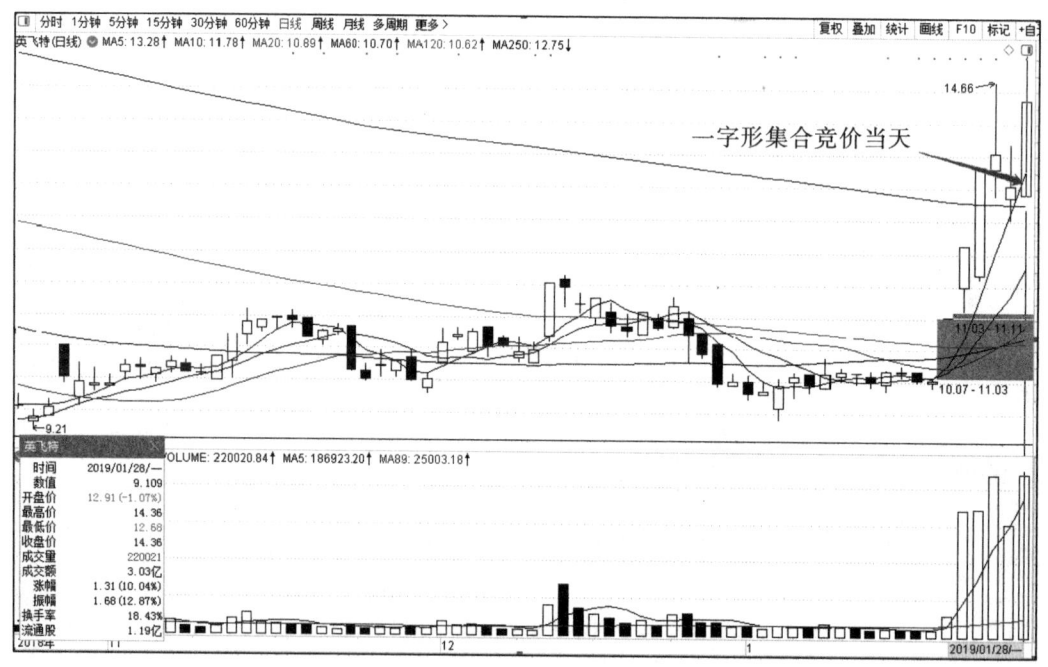

图 4-5 英飞特（股票代码 300582）

交易日的强势整理，1月28日主力用一个涨停板强势完成了金凤还巢（详情见本书第十一章）的经典暴涨形态。图4-6就是当天集合竞价的情况，9:15集合竞价开始后，多方和空方达成共识，股价一直维持在12.86元，形成一字形集合竞价。开盘后主力经过短暂下探便强势上攻，连续两波超过3%的涨幅奠定了强势股的基础，13:36成功涨停，随后的6个交易日成功收获3个涨停板。

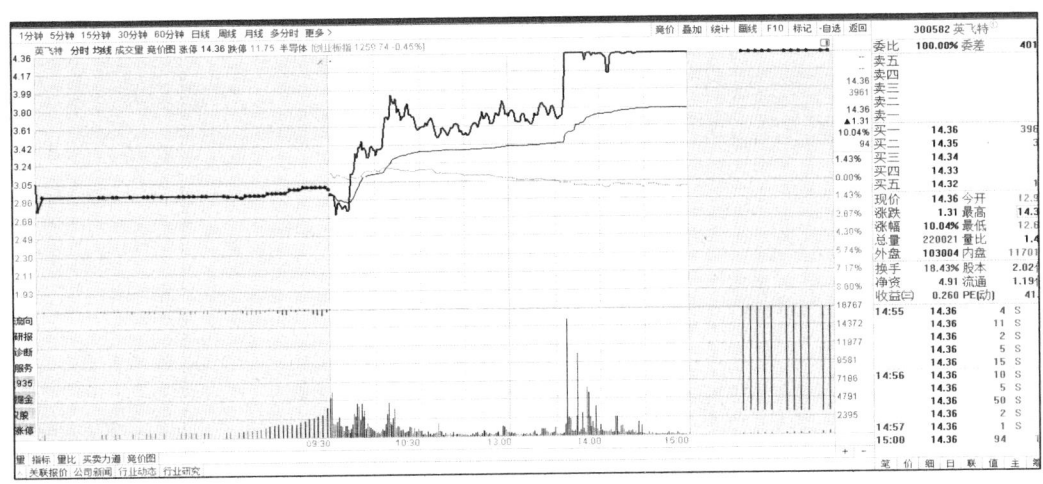

图4-6　英飞特（股票代码300582）

实战案例四　如图4-7所示，九洲电气（股票代码300040）2019年2月1日用一个涨停板在前期低点附近止跌，开启了再次暴力抢筹的序幕。图4-8就是当天集合竞价

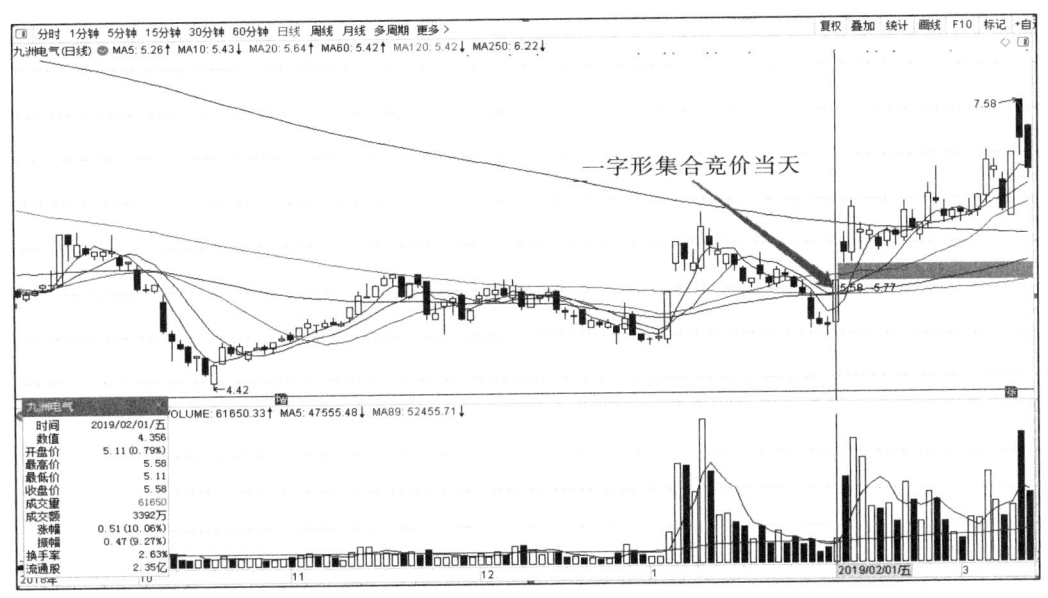

图4-7　九洲电气（股票代码300040）

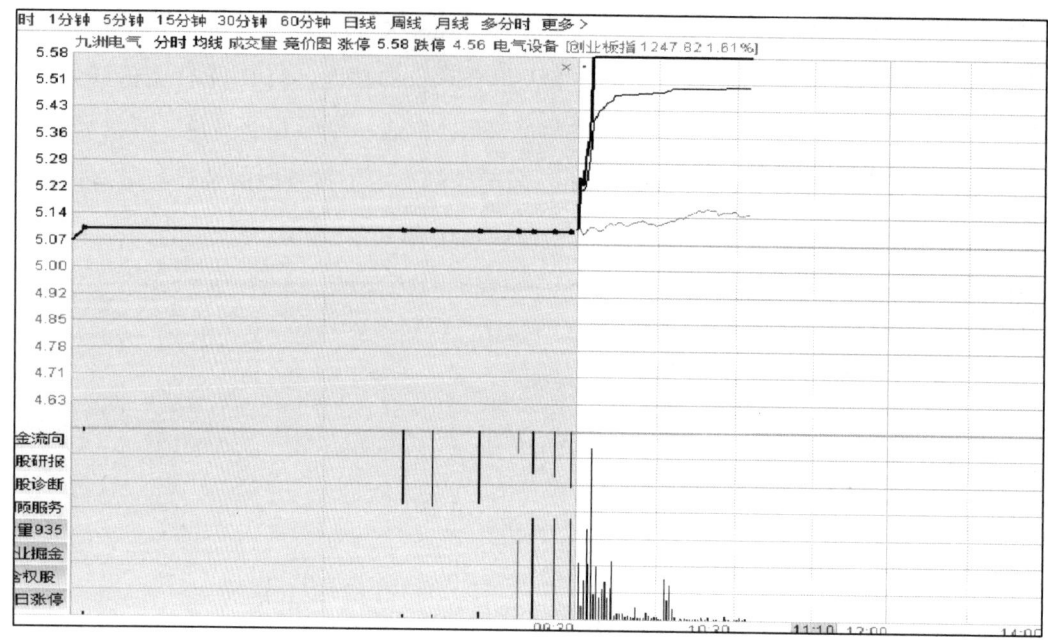

图 4-8　九洲电气（股票代码 300040）

的情况，9:15 集合竞价开始后，多方稍微占有优势，然后和空方达成共识，股价一直维持在 5.07 元以上，形成一字形集合竞价且这个股价一直持续到开盘，开盘后主力便强势上攻，9:35 便成功封死涨停板，一直持续到收盘。

　　集合竞价有多种图形，有诱多出货的，有打压洗盘的，有拉升骗现的，形形色色、不一而足，只有一字形集合竞价是真实的。当然，要注意如果开盘后股价一直在集合竞价下方运行，那么就是竞价线压力巨大，最好等突破站稳再轻仓介入。

一线天

第五章
DIWUZHANG

一线天是狭缝形峡谷的俗称，因两壁夹峙，缝隙所见蓝天如一线而得名。

图形特征：股价跳空高开差价1－5分钱或者形成护城河后回踩护城河留下1－5分钱的未补缺口。

均线趋势：5日均线上穿10日均线，且10日均线上翘角度大于10度。

成交量特征：量柱一定要大于5日均量线，并且5日均量线必须上穿89日均量线[①]（成交量参数设置，通达信系统默认是5、10，将后面的10改为89）。放量更好，放量说明多空双方成交意愿强烈（放量不能超过前一日成交量的3.8倍，否则主力可能是真出货[②]），缩量也可以，说明主力控盘程度已经很高。

市场逻辑：缺口越小显示主力的控盘能力越强，遇到这样的情况不要犹豫不决，及时跟进。

买入条件：开盘跳空高开后或者过几日回踩不破一线天则买入。

[①] 89是斐波纳奇数列中的一个数字，89日介于短线周期和中长线周期之间，在大盘或个股趋向运行到89天左右市场容易发生明显转变，因此本书选择89日均量线作为研判量价关系的重要参照。

[②] 主力一般控制超过30%的流通筹码以后就可以拉升股价，根据笔者经验和对大量案例的分析，当日成交量如果超过前一日的3.8倍，即可能是主力出货或吸引投资者眼球。

止损条件：跌破跳空高开前一天的最低价止损出局。

实战案例一　如图 5-1 所示，华联控股（股票代码 000036）经过长期大幅的下跌，股票逐步显现出投资价值，因为筹码已经足够便宜，主力不会放过这样的机会，于是 2018 年 10 月 31 日，股价开盘跳空高开，完成了 4.54－4.58 元差价 4 分钱的跳空缺口，形成了标准的一线天。同时盘中最低价都没有跌破 5 日均线，说明主力志在必得，同时 5 日均量线上穿了 89 日均量线且成交量柱大于 5 日均量线。11 月 1 日，10 日均线又上穿 20 日均线，完成银山谷（详情见《均线为王之一：均线 100 分》）的图形特征。随后拉升出 14 根 K 线中有 13 根阳线的龙抬头（详情见本书第十章）走势，达到了主力建仓的目的。2019 年 1 月 7 日，又出现了 5.47－5.52 元的一线天走势，可见主力的高控盘强度（见图 5-2），但是由于 5 日均量线没有上穿 89 日均量线，量价配合不太完美，所以暂时横盘震荡，不宜介入。当然由于多条均线的支撑，股价下跌的可能性不大。

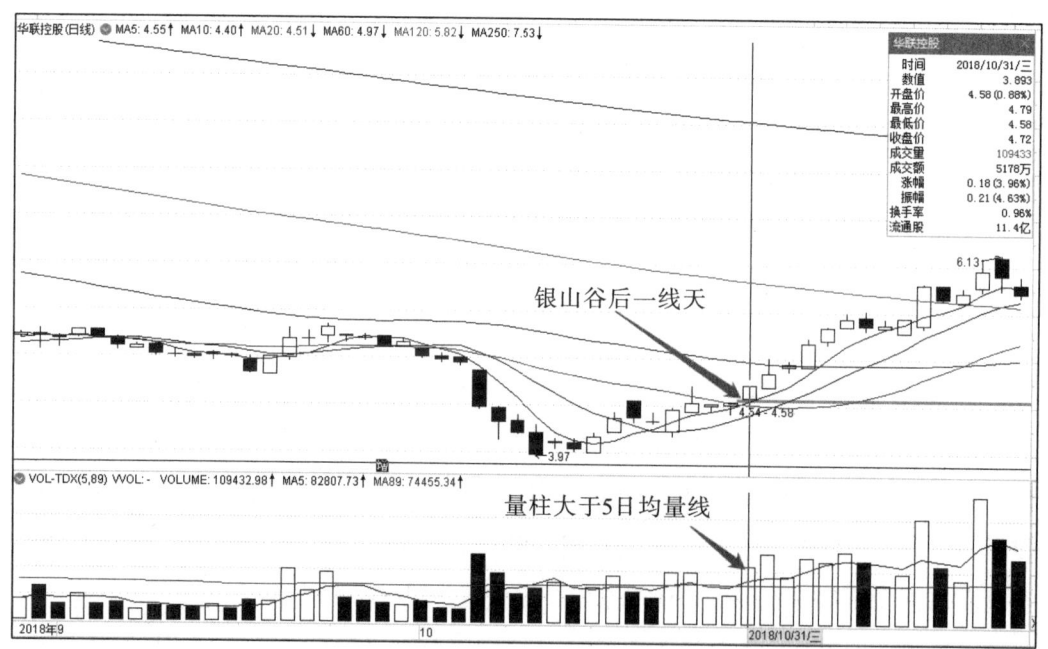

图 5-1　华联控股（股票代码 000036）

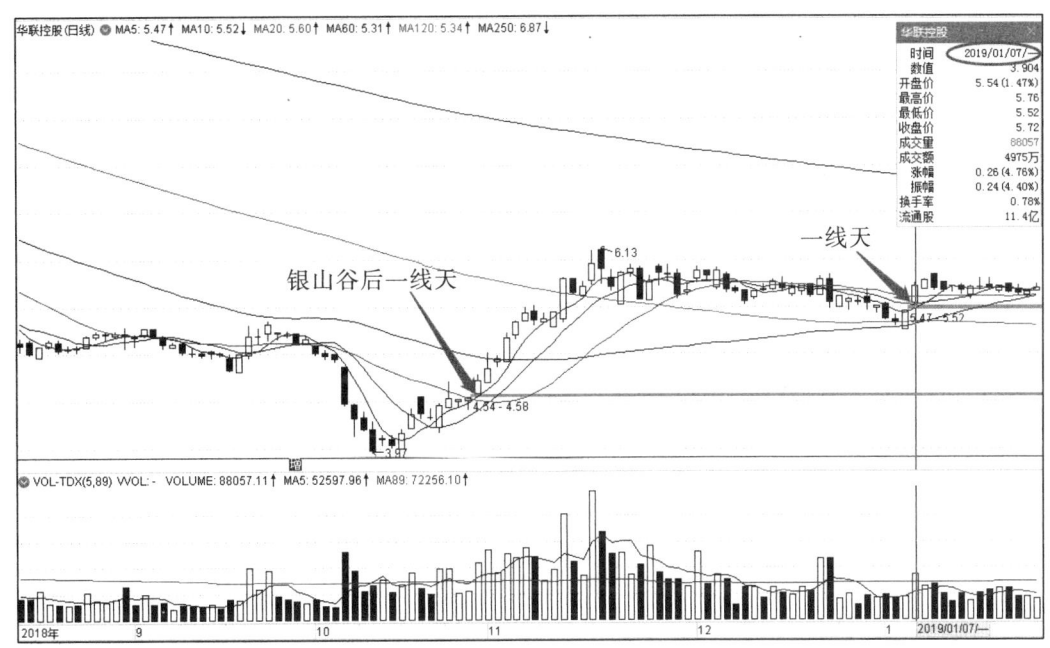

图 5-2 华联控股（股票代码000036）

实战案例二 华自科技（股票代码300490）股价经过长期大幅的下跌，股票逐步显现出投资价值，2018年10月19日，一根带有长下影线的底部锤头线探明了底部支撑，证明此时筹码已经足够便宜，主力不会放过这样的机会。如图5-3所示，12月3日，股价开盘跳空高开高走，次日没有回补跳空缺口，直到第三天股价下探跳空缺口，没有回补并且还走出了10.66－10.67元差价1分钱的走势，形成标准的一线天。同时收盘价没有跌破5日均线。说明主力志在必得，且5日均量线上穿了89日均量线，成交量柱大于5日均量线。这三天与11月23日形成左右开弓（详情见本书第十五章）的经典形态，12月4日，5日均线、10日均线、20日均线三线金叉，完成三均会师（详情见《均线为王之一：均线100分》）的图形特征。随后股价走出一波涨幅近50%的上涨行情（见图5-4）。

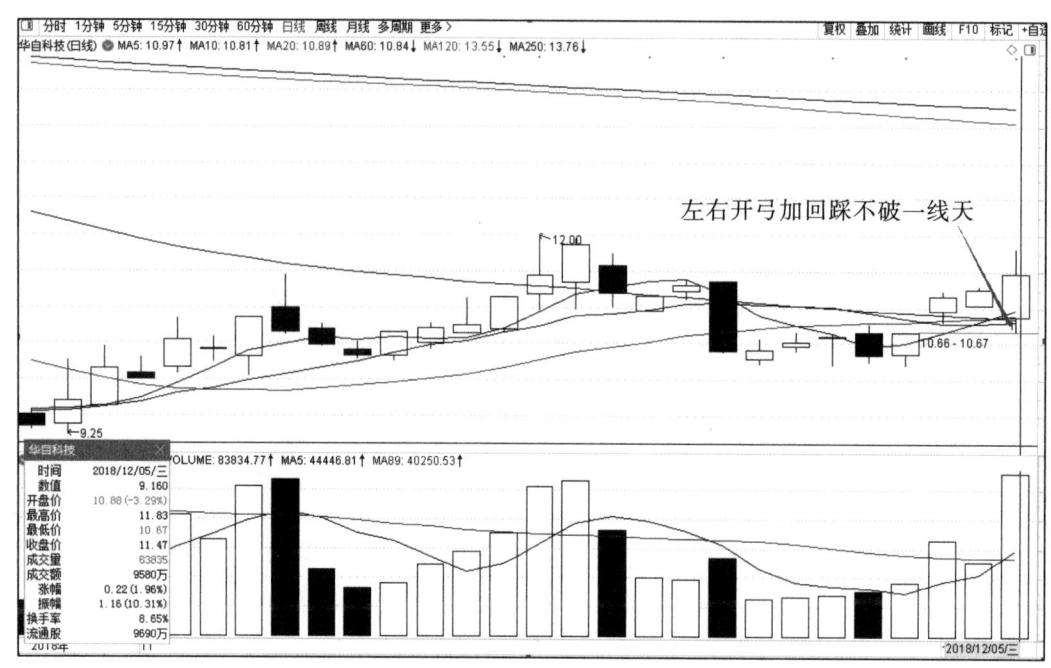

图 5-3 华自科技（股票代码 300490）

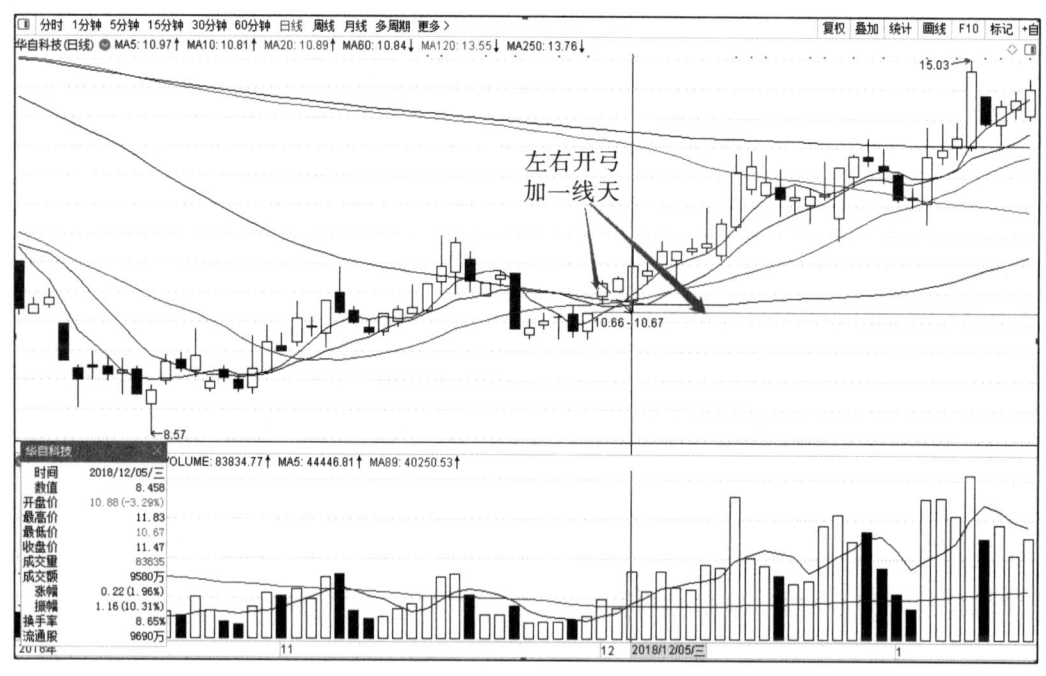

图 5-4 华自科技（股票代码 300490）

实战案例三 如图 5-5 所示，春兴精工（股票代码 002547）经过一波长期大幅的下跌，估值优势凸显，2018 年 10 月 19 日主力用 2.55 元的双零抄底信号奠定了股票的底部地位，并于22日收出了2.76－2.77元的跳空一线天走势。10月25日的低开高走没有触及一线天的跳空缺口，于是股价开始拉升。11月2日，10日均线成功上穿了20日均线，完成了银山谷的经典形态。随后股价一路走高，连续拉出两个涨停板，短期股价涨幅便超过了30%。可见跳空一线天的威力，现实中很有指导意义。

随后股价经过短暂的横盘整理，于12月12－13日股价成功突破重要压力位，站稳120日均线。同时收出了两阳夹一阴的K线形态，完成了经典反转信号。这一组两阳夹一阴，比其他任何形态都有意义。因为它的两根阳线都是光头光脚的阳线，说明主力从开盘吸筹、吃货一直到最后。当天完成了三均会师，当天成交量柱大于5日均量线，和前一日成交量形成标准倍量，量价配合完美，次日跳空高开一线天，表明主力做多意愿强烈，也反映了主力是强势主力的信号。12月18日主力用刻意的品字洗盘，再次将浮筹洗掉。12月20日盘中再次突破5日均线，同时股价回踩12月14日的跳空缺口，留下了4.19－4.24元的5分钱回踩一线天的经典形态，同时当天也走出了一穿一托（详情见《均线为王之一：均线100分》）的经典暴涨形态。后来的股价便一路向北，短短14个交易日便完成了超过70%的涨幅（见图5-7）。

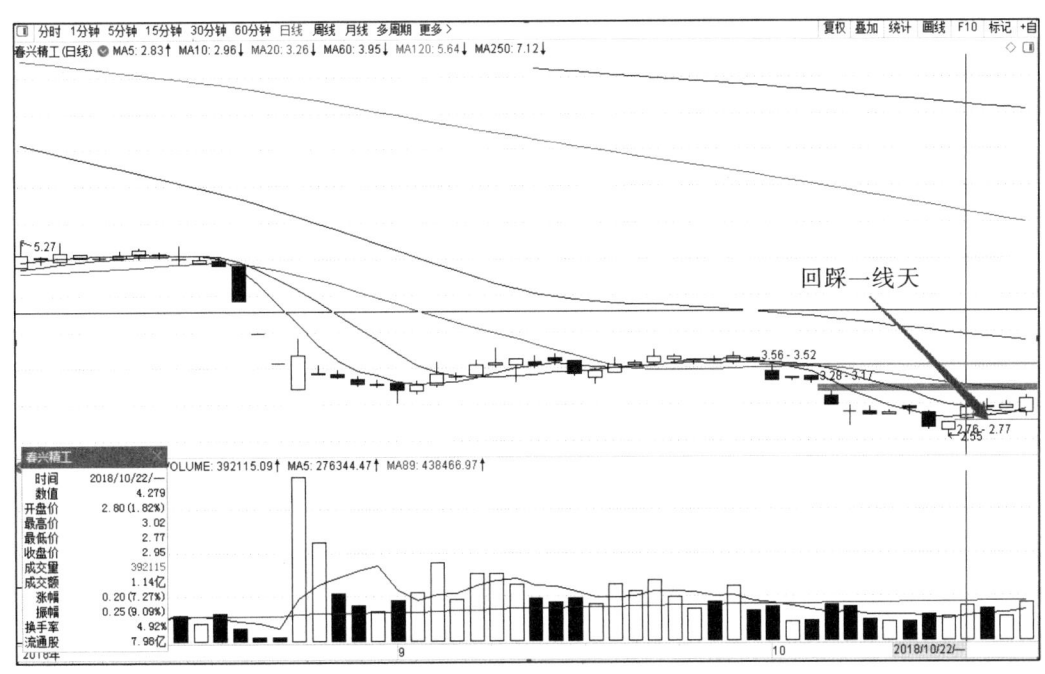

图5-5　春兴精工（股票代码002547）

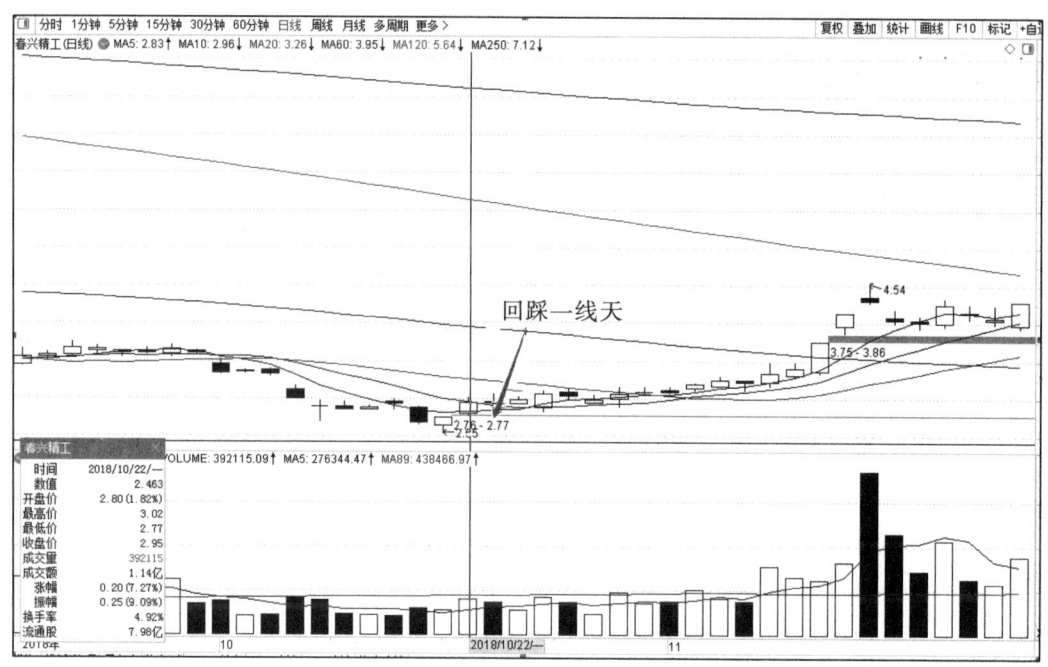

图 5-6 春兴精工（股票代码 002547）

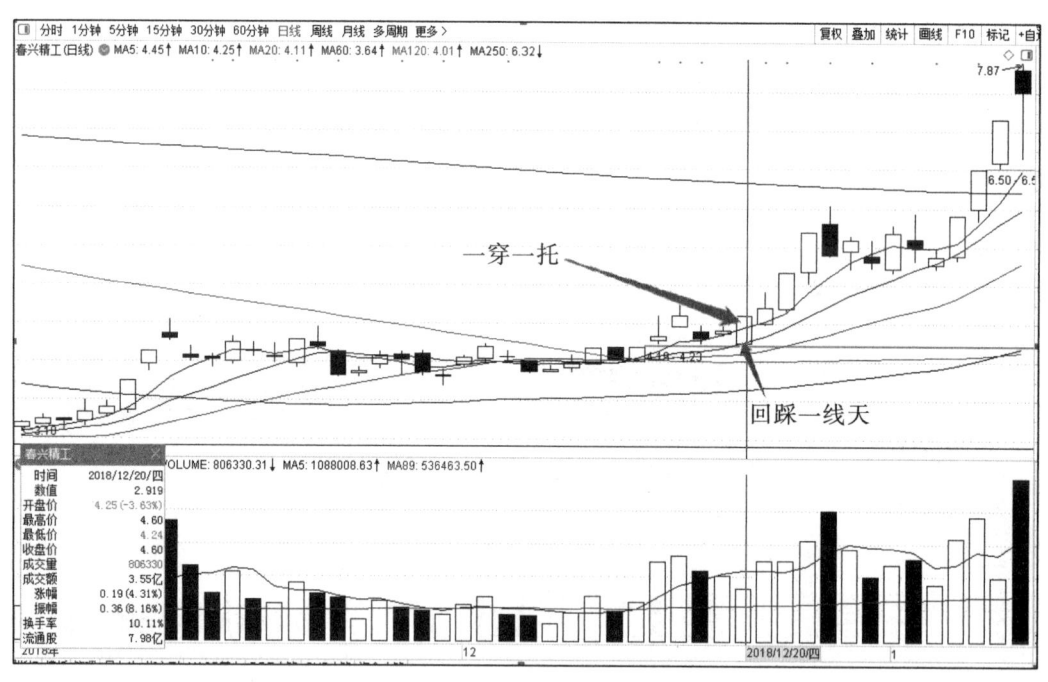

图 5-7 春兴精工（股票代码 002547）

实战案例四 如图 5-8 所示，空港股份（股票代码 600463）经过一波长期的大幅下跌。2018 年 10 月 22 日股价高开低走，探到 5.20 元后再次拉起，盘中留下 5.20—

5.22元的2分钱跳空一线天缺口，主力连续拉出六根阳线，建仓意图明显并且坚决，收盘价一天比一天高。到10月31日又出现了5.53－5.54元的1分钱跳空一线天缺口，但此时不宜介入。因为量柱没有大于5日均量线，并且5日均量线没有上穿89日均量线。

直到11月2日，10日均线成功上穿20日均线，完成了银山谷的经典形态。虽然收的是阴线，但是收盘价高于昨天的收盘价，可以介入。随后股价连续拉升，走出了不破五的股价狂欢（详情见《均线为王之一：均线100分》），12个交易日取得了超过60%的涨幅（见图5-9）。直到11月20日最高点出现了9.92元的双零逃顶信号，随后三日出现了三只乌鸦的经典出货形态，主力一波操作完成。因为250日均线附近聚集了一年的套牢盘，所以抛盘压力非常大。一定要特别注意250日均线附近的压力。因为持股被套一年的人不甘心没赚钱就卖掉股票，不会轻易交出手中筹码。果然主力动用了撒手锏，用跌停板的洗盘方式让中小投资者恐慌，迫使他们尽快交出手中筹码，以达到快速收集筹码和减轻未来拉升压力的目的。2019年1月3日，250日均线再次成为重要的压力位。直到1月18日回踩跳空一线天的走势，看能不能回补一线天缺口。

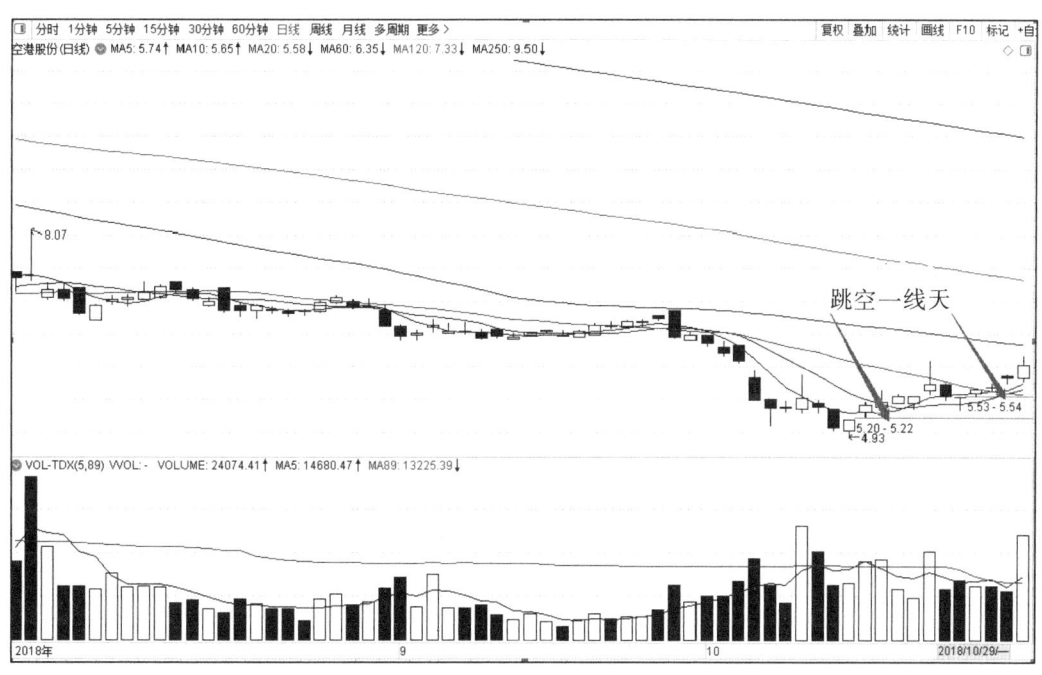

图5-8 空港股份（股票代码600463）

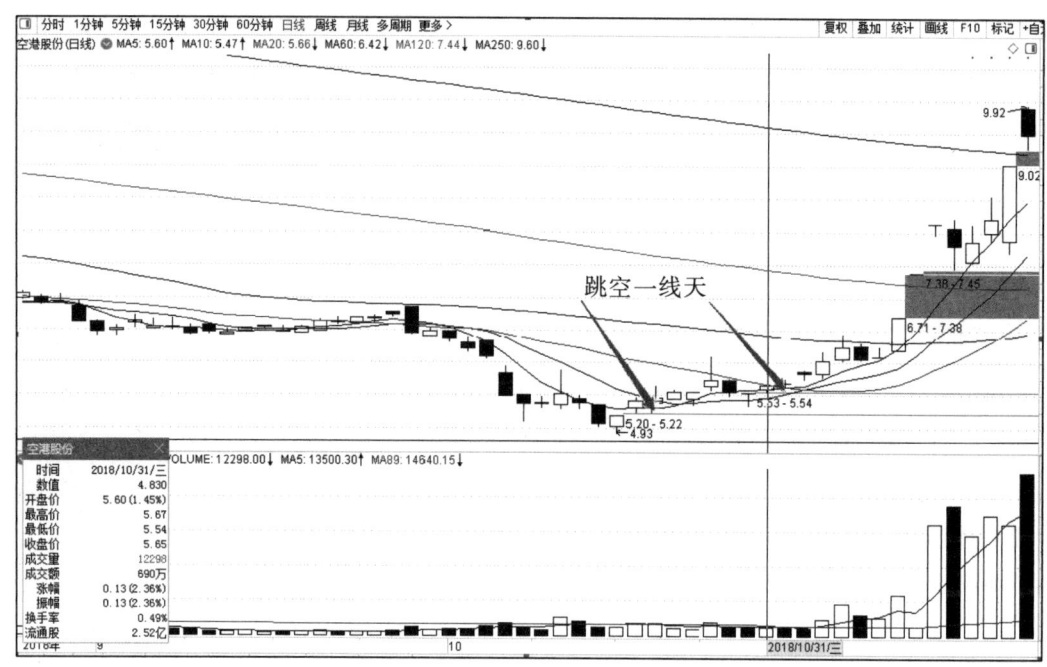

图 5-9 空港股份（股票代码 600463）

实战案例五 如图 5-10 所示，顺灏股份（股票代码 002565）2019 年 1 月 14 日收盘价站稳了 5 日均线且突破了 60 日均线的重要压力位，5 日均量线将要上穿 89 日均量线，同时量柱大于 5 日均量线，量价配合完美。次日主力跳空留下了 4.06－4.07 元的跳空一线天缺口，同时成交量价格配合完美，攻击力度可见一斑，符合买入条件。借助工业大麻的热点题材，随后主力连续拉出多个一字涨停板，短短几天股价便走出了翻倍行情（见图 5-11）。

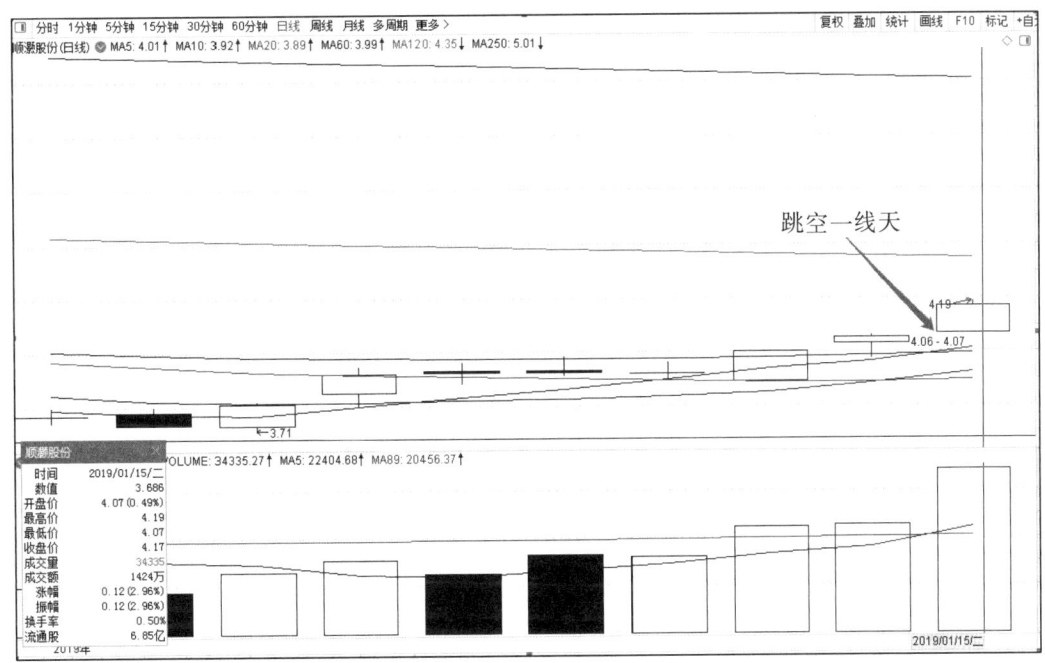

图 5-10 顺灏股份（股票代码 002565）

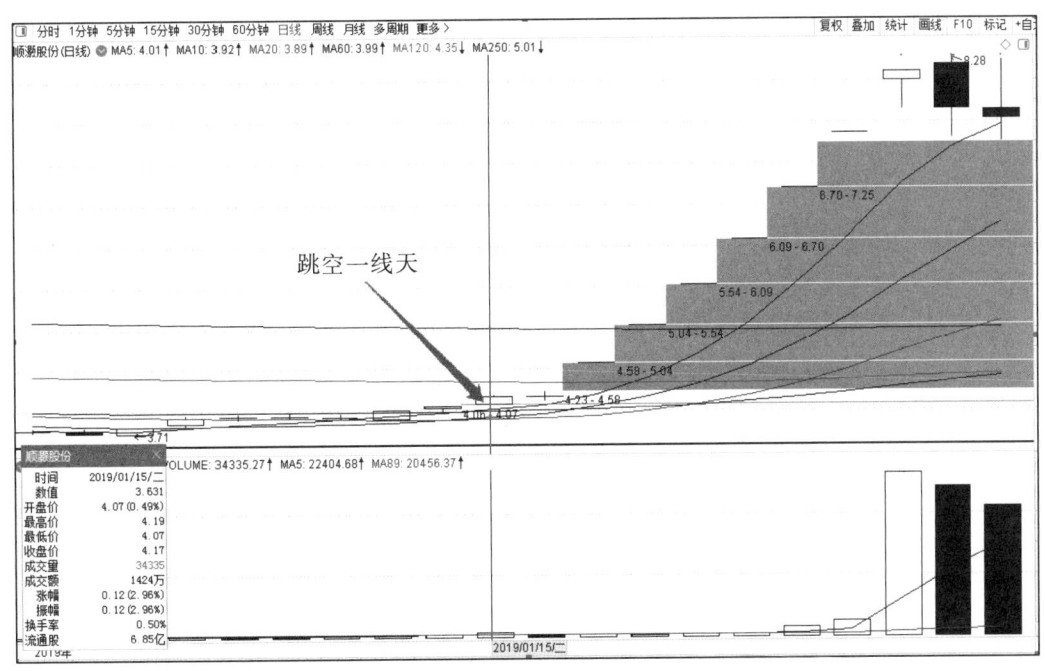

图 5-11 顺灏股份（股票代码 002565）

经典案例六 如图 5-12 所示，宏达股份（股票代码 600331）2019 年 2 月 11 日跳空高开留下了 2.14－2.16 元的 2 分钱的跳空一线天缺口，同时成交量价格配合完美。

5日均线大于30度，光滑顺溜。随后股价便一路攀升，符合买入条件。2月25日主力再次跳空高开留下了2.62—2.66元的4分钱的跳空一线天缺口，随后主力开始连续拉出3个涨停板，只经过了短暂两个交易日的回调，股价再次启动，又拉升出2个涨停板，短短9个交易日，股价涨幅便超过了50%（见图5-13）。

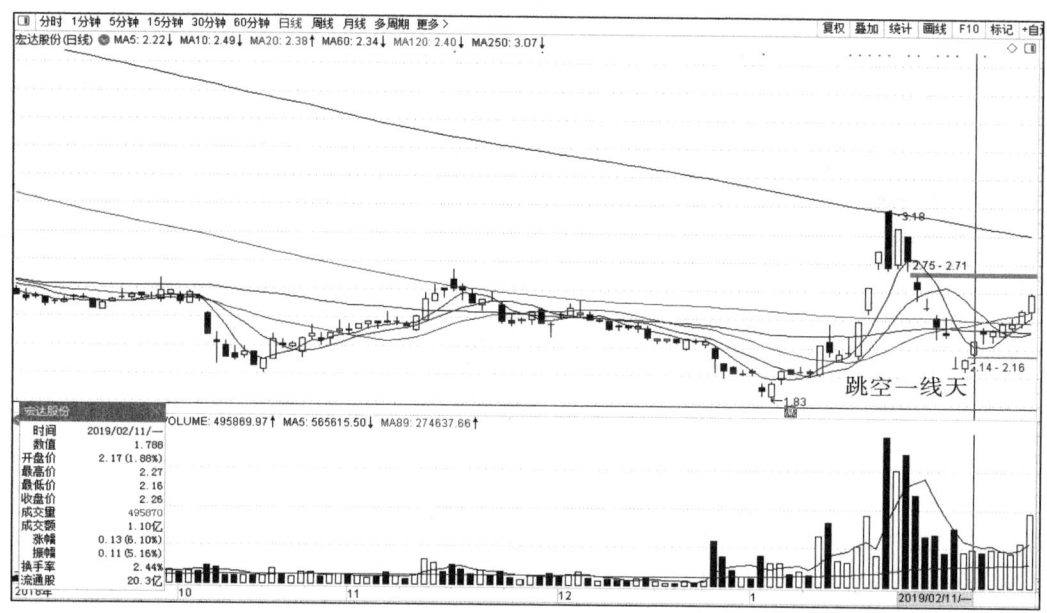

图 5-12　宏达股份（股票代码600331）

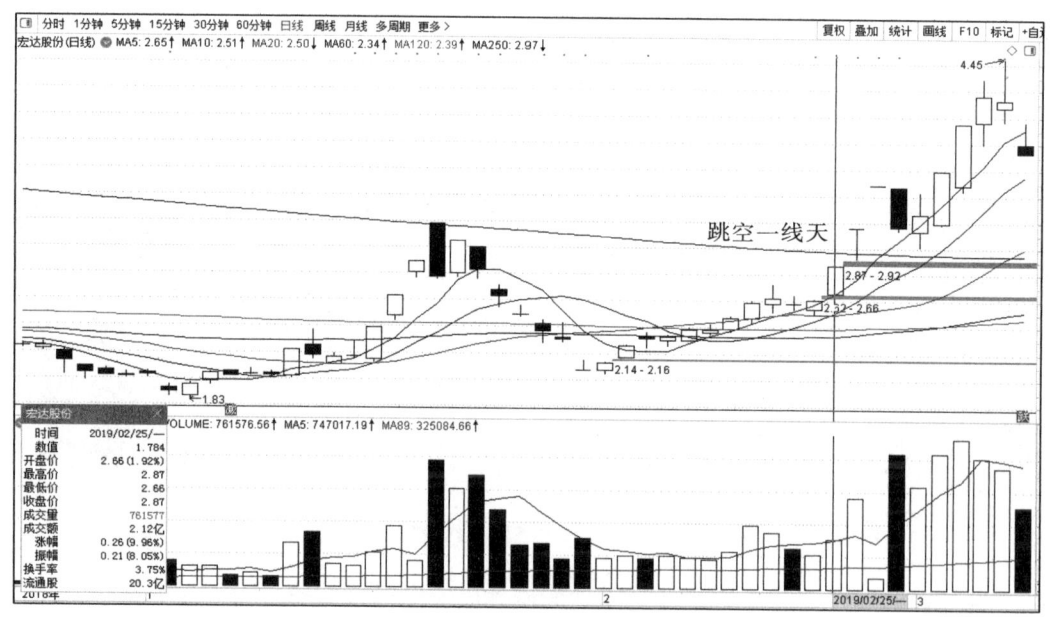

图 5-13　宏达股份（股票代码600331）

实战案例七 如图 5-14 所示,中旗股份(股票代码 300575)2018 年 10 月 22 日跳空高开,留下了 33.49－33.50 元 1 分钱的跳空一线天缺口,主力高度控盘程度可见一斑。试想 30 多元的股票,缺口能控制在 1 分钱,拿捏之精准,让人匪夷所思,这样的强势主力如果不跟随,等待何时?中旗股份出现跳空一线天形态后的股价走势如图 5-15 所示。

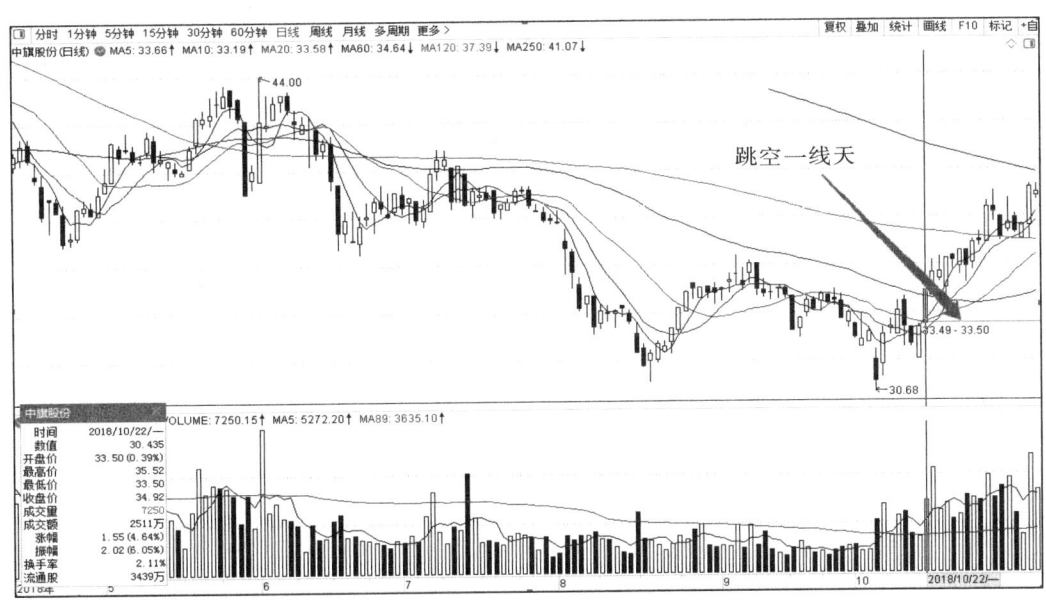

图 5-14 中旗股份(股票代码 300575)

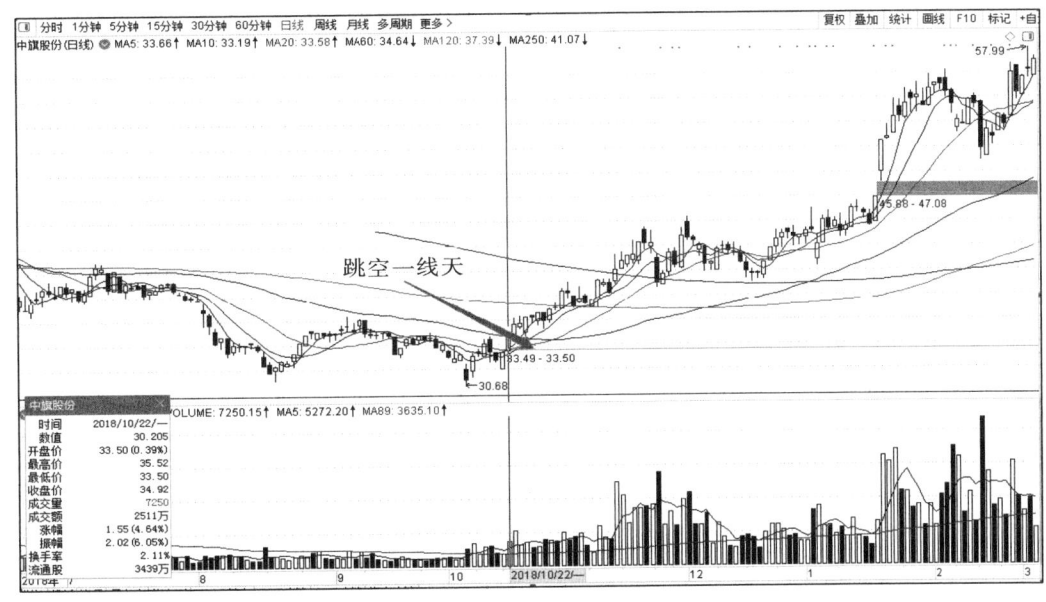

图 5-15 中旗股份(股票代码 300575)

地狱天堂

第六章
DILIUZHANG

前面护城河、一线天讲到的都是向上的跳空缺口，任何事物都是相对的，有上就有下，我们把向上的缺口作为主力进攻的信号，那么向下的跳空缺口又有什么意义呢？有时我们只是关注了向上的跳空缺口，让股价进入天堂。那么之前向下的跳空缺口就是从地狱走出来的涅槃重生的过程。

图形特征：左侧有一个向下的跳空缺口，右侧对应的位置也有一个向上的跳空缺口，或者隐形的跳空缺口，形态上近似于破位洗盘，但又完全不同于破位洗盘。地狱天堂的赚钱模式，可以出现在下跌末端和上涨中继，而破位洗盘只出现在上涨中继。

均线趋势：均线有时呈纯空头排列，或者是5日均线、10日均线、20日均线三条小周期均线空头排列。主力震仓洗盘后股价跌入地狱。但短时间又回升，重新站在重要支撑位上面，短期股价又回归天堂。

市场逻辑：在股价经过长期下跌或者大幅下跌后，主力会认为筹码已经相当便宜，但是欲壑难填，会用最后一个跳空跌洗掉最后的浮筹，留下一个明显向下的跳空缺口，给散户继续下跌的假象。第二天股价虽然创出新低，但当天就探底回升，会收出一个大中阳K线或下影线较长的中小阳K线。在接下来的几个交易日里，该股股价从低位回升，并迅速跳空高开，在同样的位置留下向上的跳空缺口，地狱天堂模式成立。

买入时机：本身向上的跳空缺口已经很强势，是快速的低位反转信号。一旦天堂出现，应及时跟进。

止损条件：跌破回归天堂前一日开盘价出局。

实战案例一　美尔雅（股票代码600107）从2018年3月21日起股价便如水银泻地般一路下跌，又赶上上证指数在2018年2月也开始下跌，屋漏偏遭连夜雨，一时间股价泥沙俱下，连续的跌停板大阴线让持股者真是惊恐不已。直到2018年7月，主力用一个涨停板止住了下跌的势头，同时也开始了建仓。但是好景不长，随着国庆假期结束，股票的下跌之旅才刚刚开始进入地狱模式，垂直下跌的股价进入十八层地狱，此时的均线呈纯空头排列之势，让中小投资者看不到未来的希望。如图6-1所示，随着多次下跌，空方已是强弩之末，10月22日出现跳空一线天，主力用强势涨停板显示了高度控盘信号后，三日后的股价收出了金凤还巢的暴涨形态。出现这些经典的复合暴涨形态组合后，股价再也没有出现下跌。11月2日，主力用一个隐形缺口和次日的向上跳空缺口，对应左侧的两个向下的跳空缺口，完成了两组地狱天堂的华丽转身（见图6-2）。

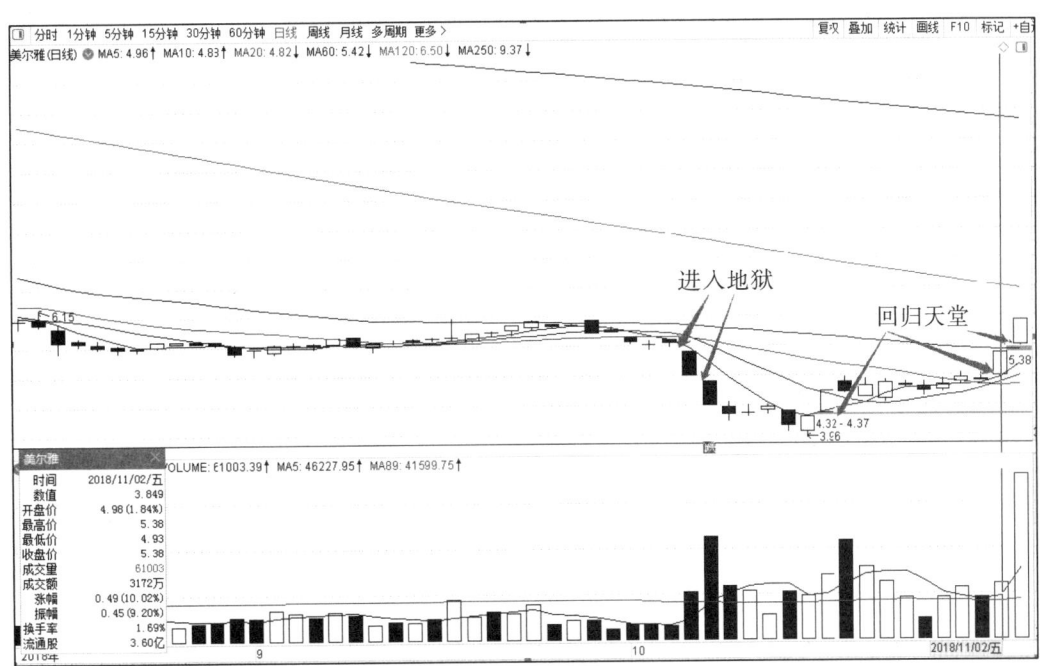

图6-1　美尔雅（股票代码600107）

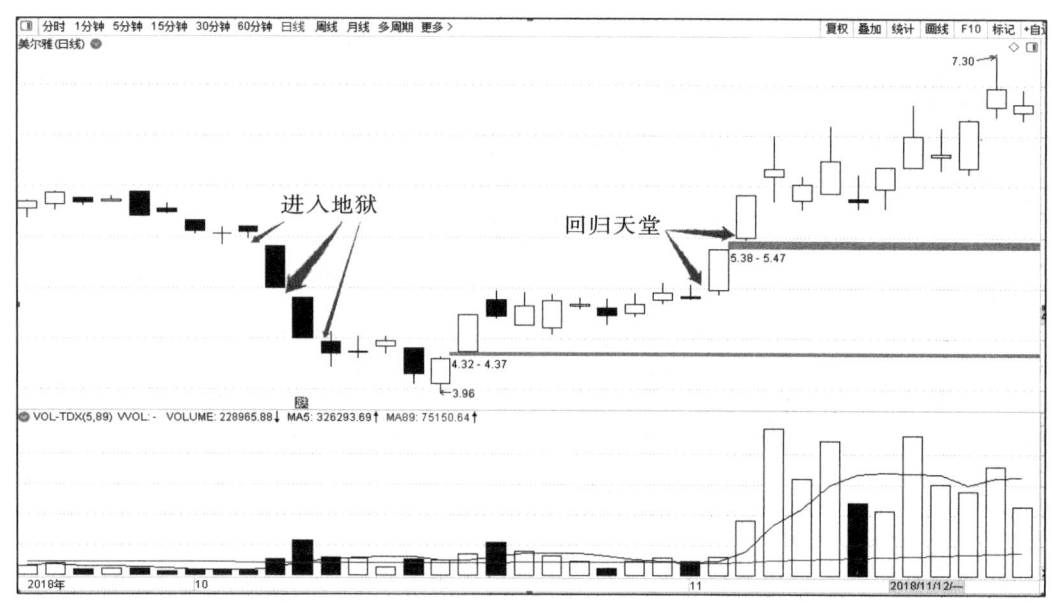

图 6-2 美尔雅（股票代码 600107）

实战案例二 如图 6-3 所示，*ST 鹏起（股票代码 600614）经过一波连续暴涨以后，主力已经赚得盆满钵满。自从 2019 年 1 月 18 日，出现两阴夹一阳的逃顶信号后，股价如水银泻地般一路下跌，走出了罕见的"九阴真经"。直到 1 月 31 日的跳空下跌让股价彻底进入地狱模式。但是否极泰来，随后的第三天股价便跳空高开一线天，打开了进入天堂之门。随后股价便一路上行，短期涨幅便超过了 30%（见图 6-4）。

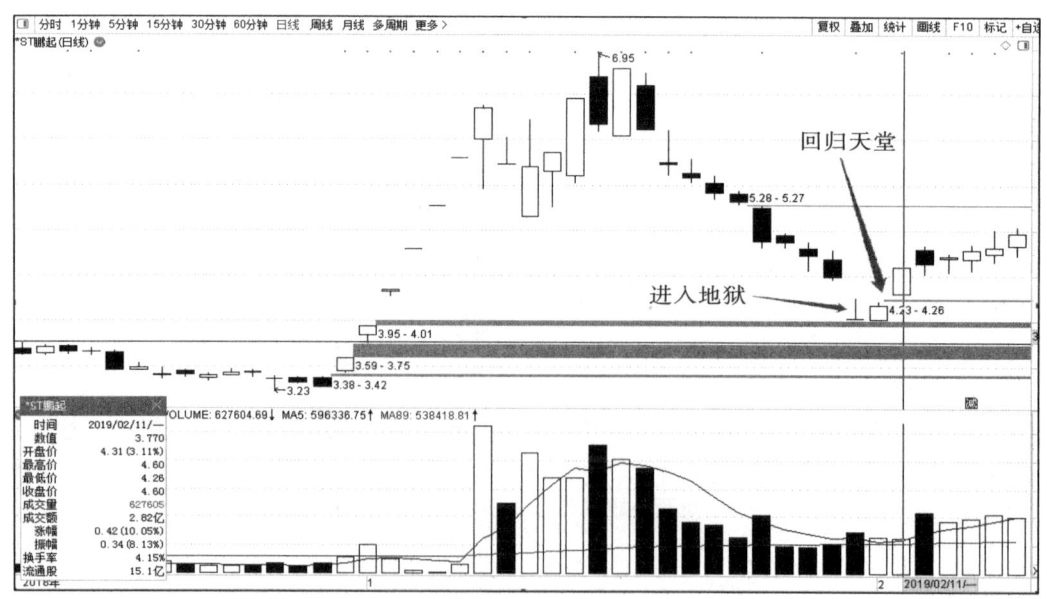

图 6-3 *ST 鹏起（股票代码 600614）

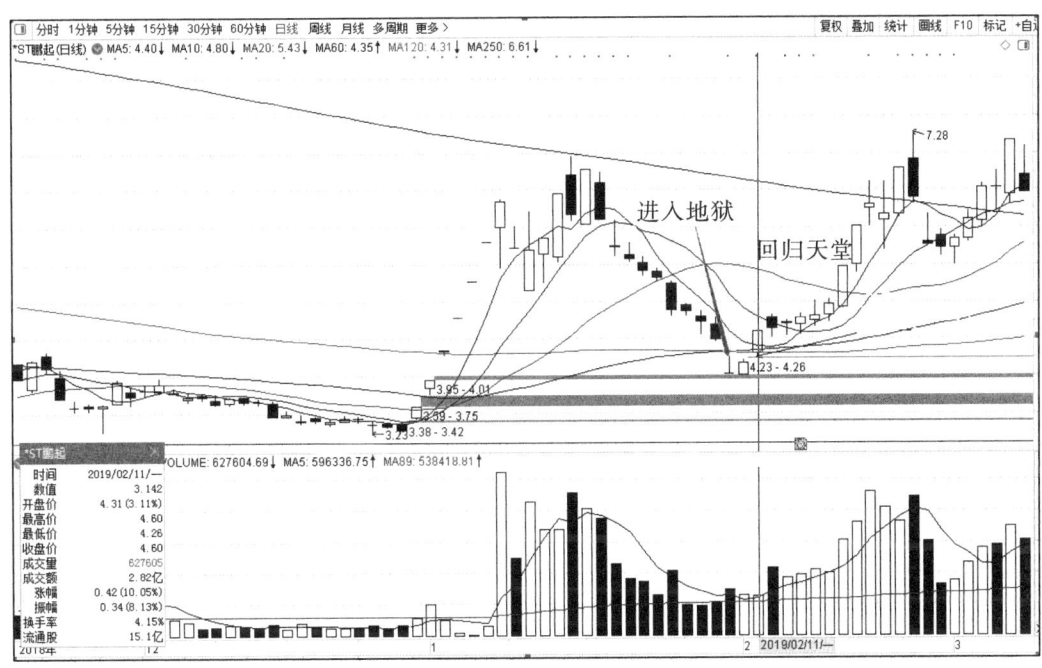

图 6-4 *ST 鹏起（股票代码 600614）

实战案例三 如图 6-5 所示，东方嘉盛（股票代码 002889）2018 年 5 月 29 日和 30 日用跳空向下的跌停板+大阴线让股价彻底进入地狱模式，这也是主力最擅长、最经

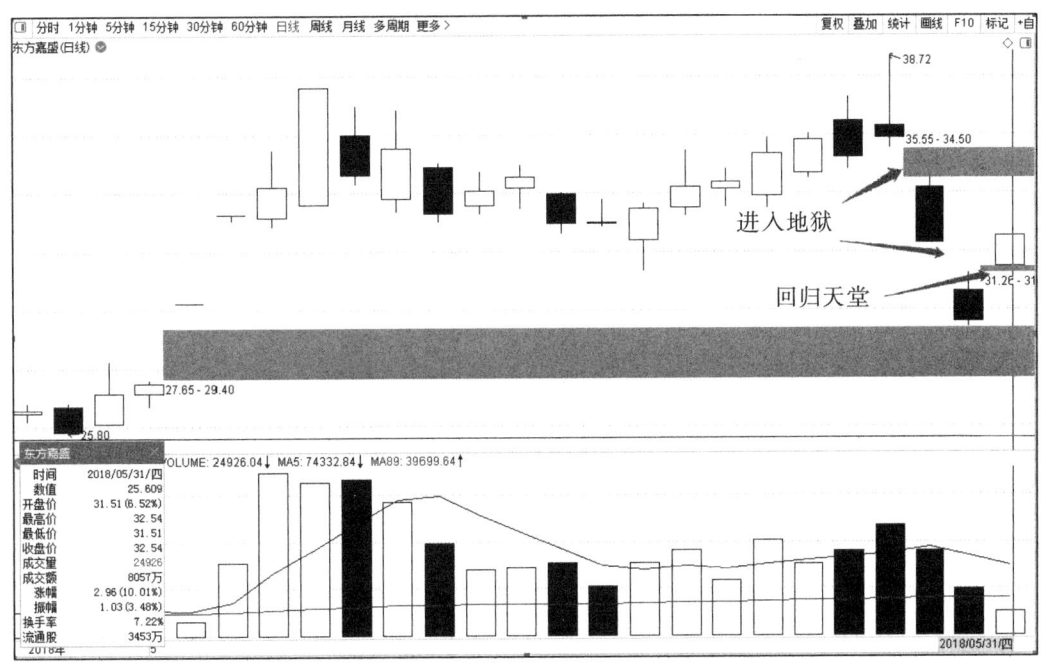

图 6-5 东方嘉盛（股票代码 002889）

典的洗盘手法，三天之内连放两个大招，用 5 月 28 日的上影线将中小投资者骗出局，再加大力度，用两个跌停板让中小投资者彻底绝望，让他们自己恐慌，被吓出局，迅速交出自己手中的筹码，缴械投降。但是细心的投资者会发现，即使主力这么凶残地打压股价，下面的护城河仍然没有跌破，依然在有效地支撑着股价。在中小投资者通通交出手中筹码后，主力便迫不及待将股价从地狱拉回天堂，随后的连续涨停板，让中小投资者只能望洋兴叹（见图 6-6）。

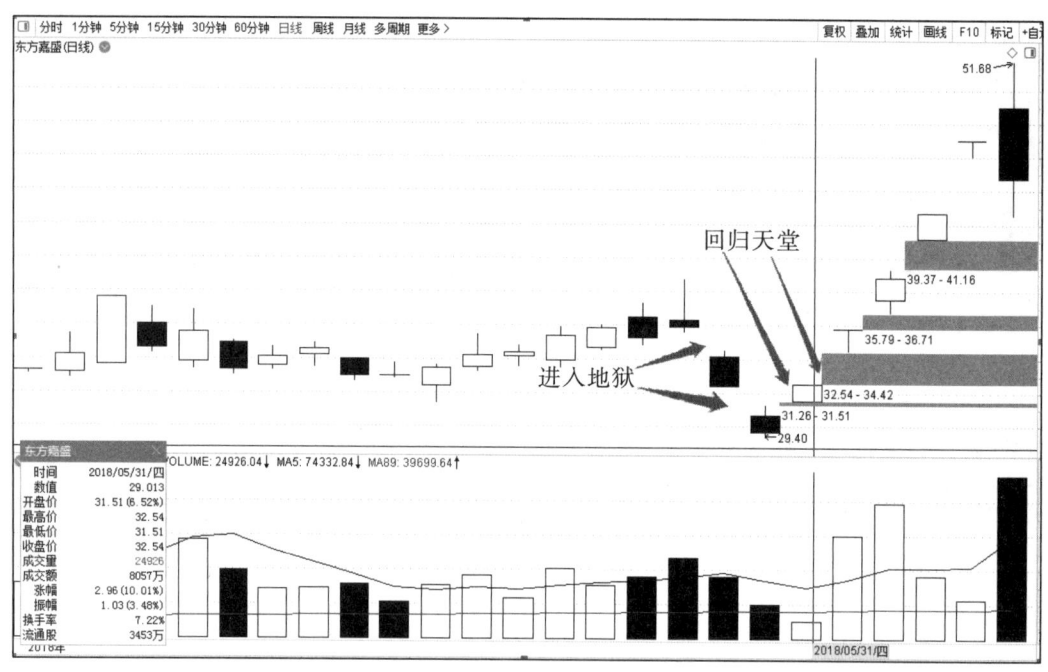

图 6-6　东方嘉盛（股票代码 002889）

实战案例四　如图 6-7 所示，国泰君安（股票代码 601211）2018 年 10 月 11 日用跳空向下的大阴线，让股价彻底进入地狱模式。但是几天之后股价并没有再创新低，说明有大资金在此价位建仓。果不其然，10 月 19 日出现了 13.33 元的一条龙双零抄底信号。次日主力便跳空高开，盘中气势如虹，将股价拉升至涨停板，同时留下的向上跳空缺口和左侧向下跳空缺口相对应，形成了标准的地狱天堂模式，随后主力再用一组金凤还巢暴涨形态让股价震荡上行（见图 6-8）。

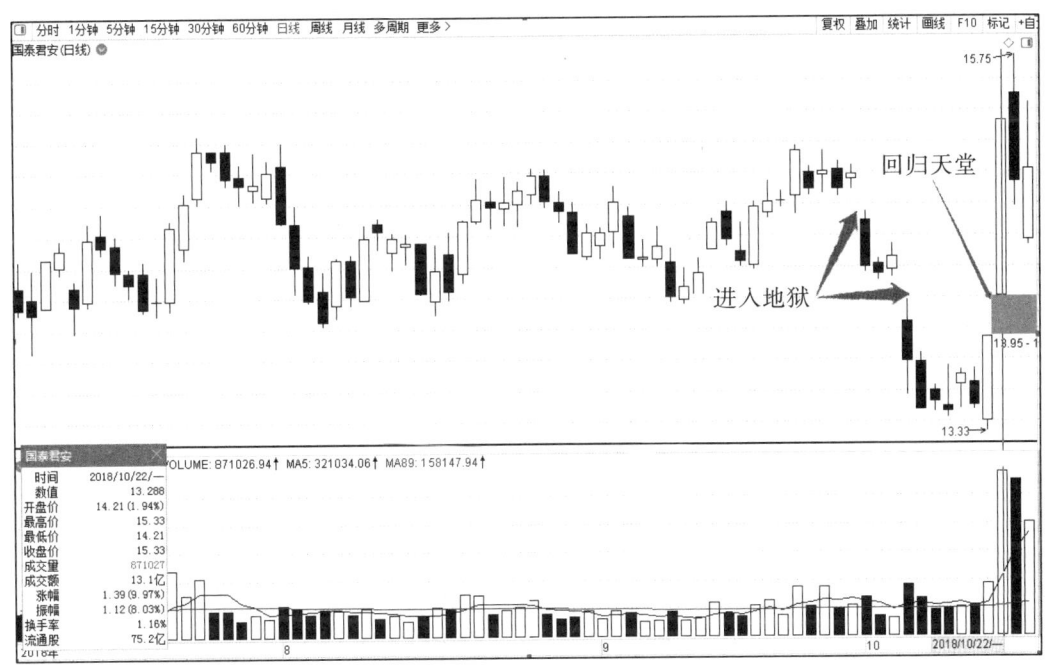

图 6-7 国泰君安（股票代码 601211）

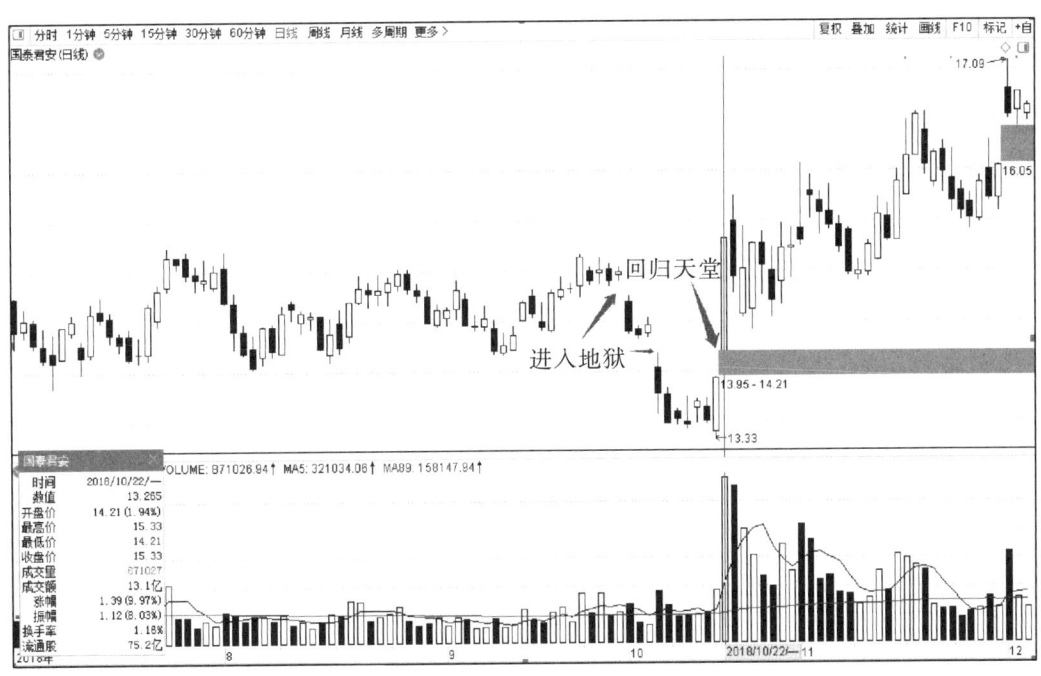

图 6-8 国泰君安（股票代码 601211）

实战案例五 如图 6-9 所示，*ST 莲花（股票代码 600186）2019 年 1 月 31 日股价低开后震荡上行，收出了一根长长的上影线，但是并没有封住缺口，所以跳空向下的大阴十字星线让股价彻底进入地狱模式。股价在前期低位 1.58 元附近止跌，因为那是主力的成本区间。第二日股价跳空一线天高开，也证明主力已经高度控盘，K 线走势完成了回归天堂模式，随即展开了一波拉升，三个交易日的地狱天堂模式，也算是 V 形反转了（见图 6-10）。

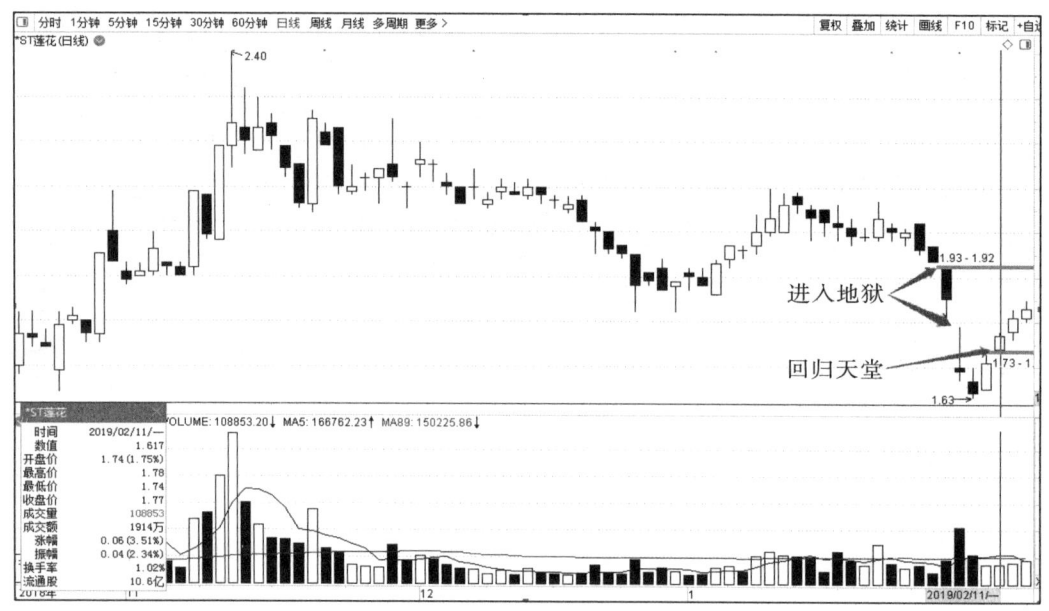

图 6-9　*ST 莲花（股票代码 600186）

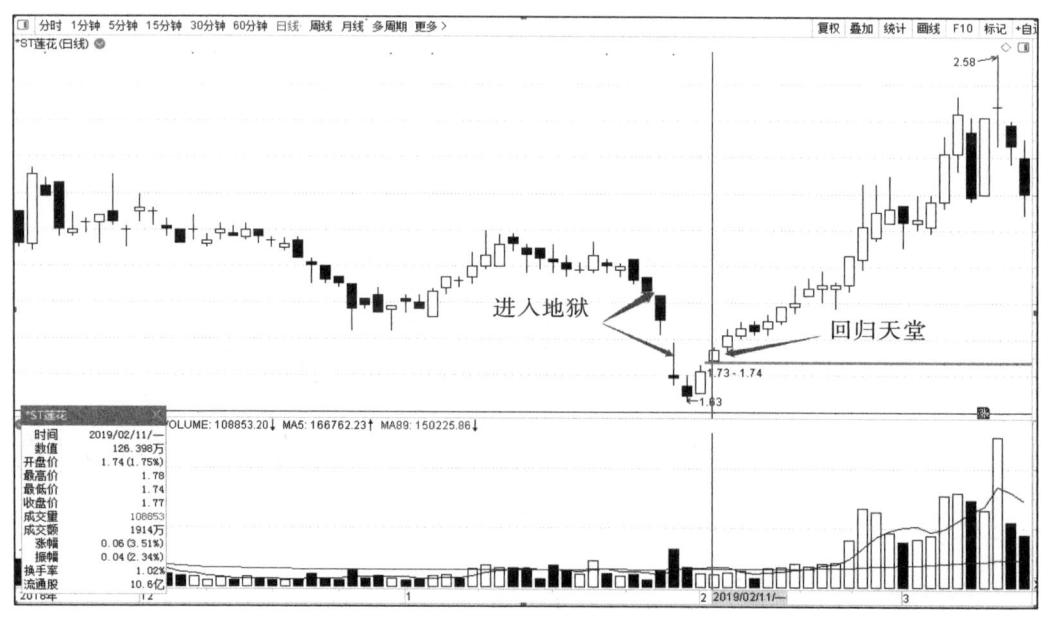

图 6-10　*ST 莲花（股票代码 600186）

实战案例六 如图 6-11 所示,星星科技(股票代码 300256)2019 年 1 月 30 日开盘便直接一字跌停板,随后主力有撬板迹象,收盘仍是以跌停价报收,股价进入地狱模式,长长的阴线跌停板给人以深不见底的感觉。次日主力更是变本加厉,仍然低开,但是重锤落地的倒锤头也预示着股价见底。2 月 13 日,主力开盘便跳空高开高走,瞬间封死涨停板。收出的宽宽的护城河,和左侧的向下跳空缺口左右呼应,形成地狱天堂模式,从此股价便打开了天堂之门,一路飙升。

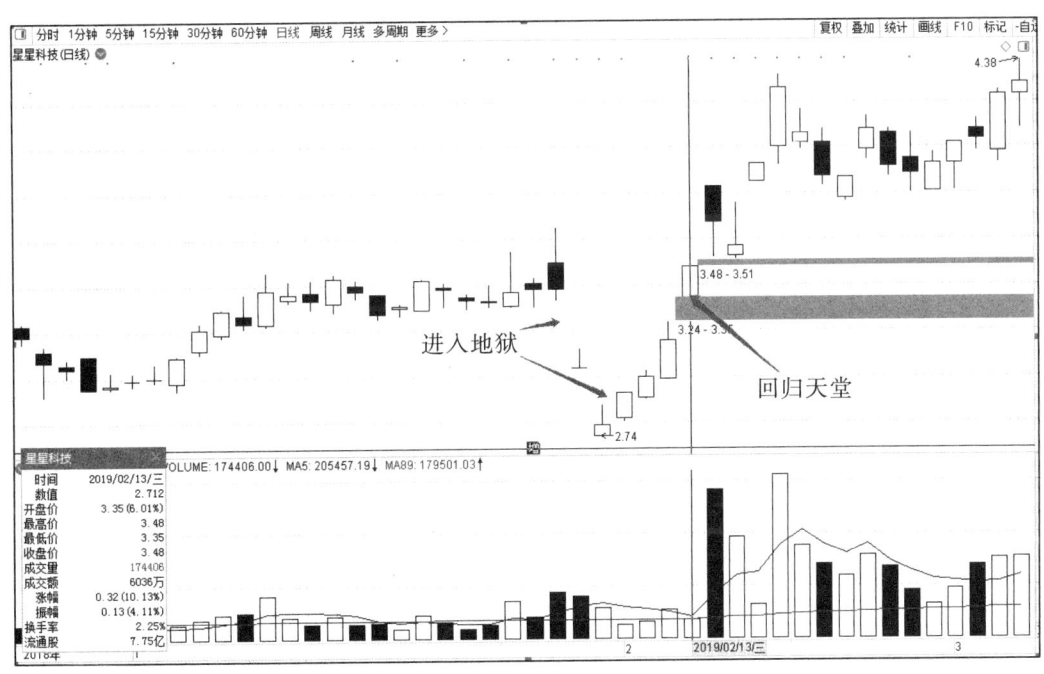

图 6-11 星星科技(股票代码 300256)

实战案例七 思特奇(股票代码 300608)2018 年 11 月 1 日跳空高开的 T 字板 K 线和左侧的下跳缺口左右呼应,股价完成了从地狱到天堂的轮回。此后回调股价都没有跌破跳空缺口,说明是有效支撑。如图 6-12 所示,2019 年 1 月 30 日,股价再次用倒锤头 K 线跌入地狱,但是第二个交易日就进入了天堂,股价于是狂飙。

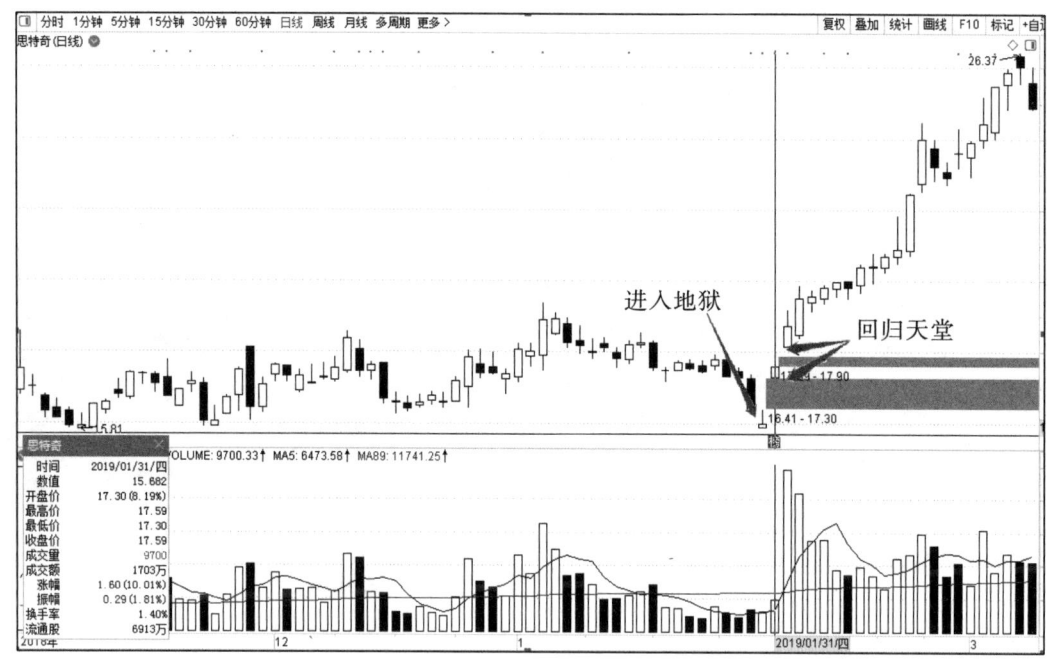

图 6-12 思特奇（股票代码 300608）

任何事物都是相对的，物极必反，否极泰来，只要把握好主力的动向，掌握了股市的规律，便能获得丰厚回报。

天衣无缝（上）

第七章
DIQIZHANG

天衣无缝出自前蜀牛峤《灵怪录·郭翰》："徐视其衣并无缝，翰问之，曰：'天衣本非针线为也。'"这是个神话传说，意思是仙女的衣服没有衣缝。比喻事物周密完善，找不出破绽或漏洞。

图形特征：图形由左右两根K线组成，左边的K线收阴收阳都可以，右边的必须是阳线，左边K线的收盘价和右边K线的最低价差值小于5分钱。

均线趋势：10日均线上穿20日均线，三个交易日内股价同时站稳10日均线和20日均线。

成交量特征：量柱一定要大于5日均量线，并且5日均量线必须上穿89日均量线。量柱要求放量更好，放量说明多空双方成交意愿强烈（放量不能超过3.8倍，否则主力可能是真出货），缩量也可以，说明主力控盘程度已经很高。

市场逻辑：股票的收盘价，几乎可以说是市场上最容易被记住的一个最重要的数据，因此研判收盘价有着重要意义，无论当天股价如何震荡，最终将定格在收盘价上，月线以及周线的收盘价更具有研判意义。聪明的主力会利用自己的资金做煽风点火之人，而不是全部依赖自己的真金白银去做收盘价。最低价指某种证券在开市到收市的交易过程中所产生的最低价格，也是主力资金当天认可的建仓价格。

如果主力用两天的时间实现昨日收盘价和今日最低价的无缝对接的话，说明主力已经实现高度控盘。假如没有高度控盘，有其他主力参与的话，盘中的争夺就会你死我活，也就不会对接得那么滴水不漏，如果发现天衣无缝的股票，就要及时跟进。

交易策略：发现天衣无缝及时跟进。

止损条件：跌破前一天收盘价和10日均线出局。

实战案例一 如图7-1所示，合肥城建（股票代码002208）2016年3月16日收盘价在14.80元，次日的最低价是14.81元，两者只相差1分，由于3月16日有一个小小的上影线，所以没有留下一线天。该股3月17日收盘价是15.59元，次日最低价也是15.59元；3月22日的收盘价是18.00元，次日最低价也是18.00元。如此巧合，如此不可思议，主力利用连续几组天衣无缝，拉开了进攻的序幕。图7-2是形成天衣无缝后的股票价格走势图。

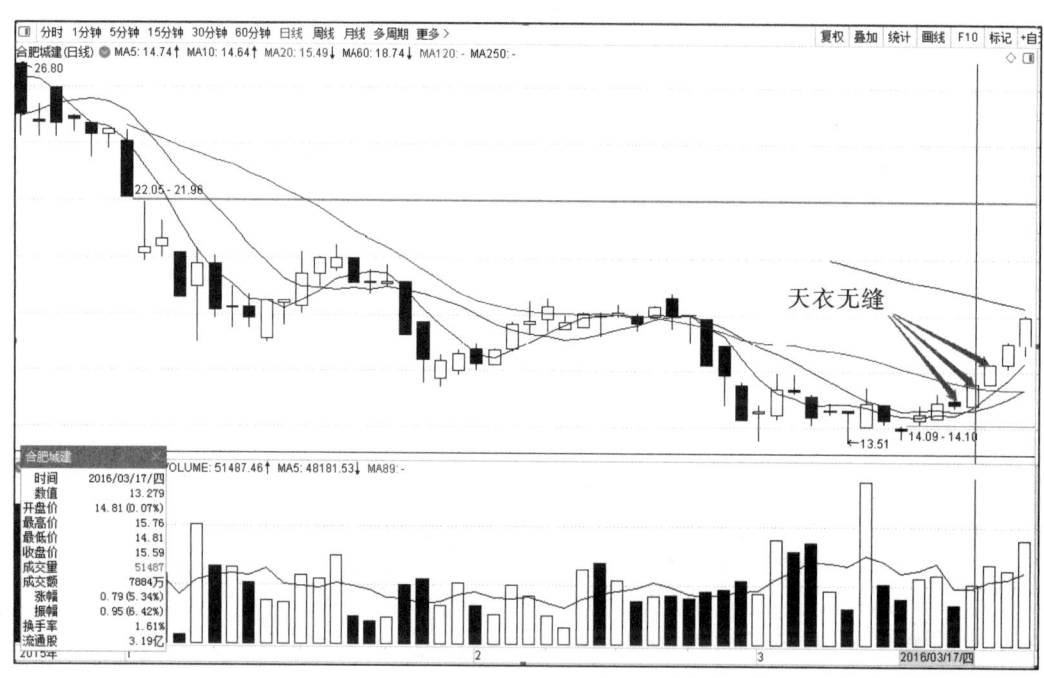

图7-1 合肥城建（股票代码002208）

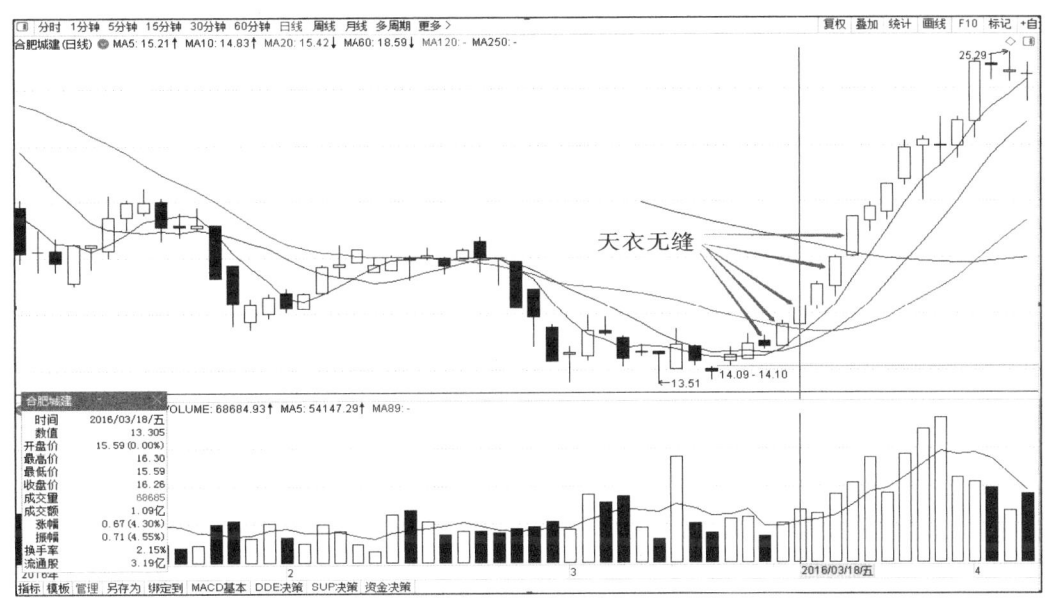

图 7-2　合肥城建（股票代码 002208）

实战案例二　如图 7-3 所示，合肥城建（股票代码 002208）的主力故技重演，2018 年 2 月 14 日收盘价在 8.45 元，2 月 22 日的最低价是 8.44 元，两者只相差 1 分。由于 2 月 14 日的 K 线有一个小小的上影线，所以没有留下一线天。正是在有了天衣无缝的高度控盘之后，主力借着独角兽热点题材拉开了进攻的序幕。图 7-4 是形成天衣无缝后的股票价格走势图，不到一个月就走出了翻倍行情。

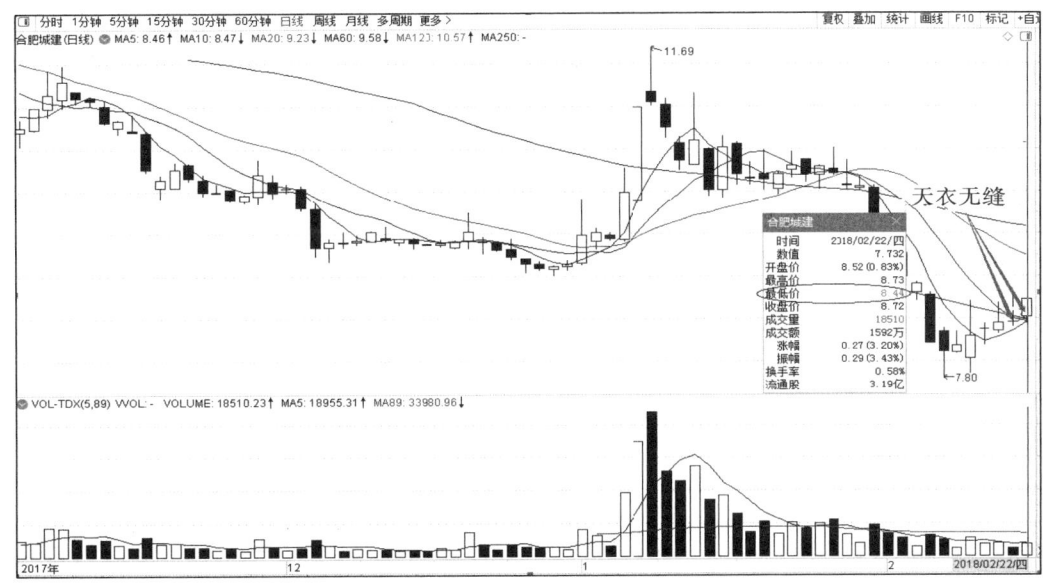

图 7-3　合肥城建（股票代码 002208）

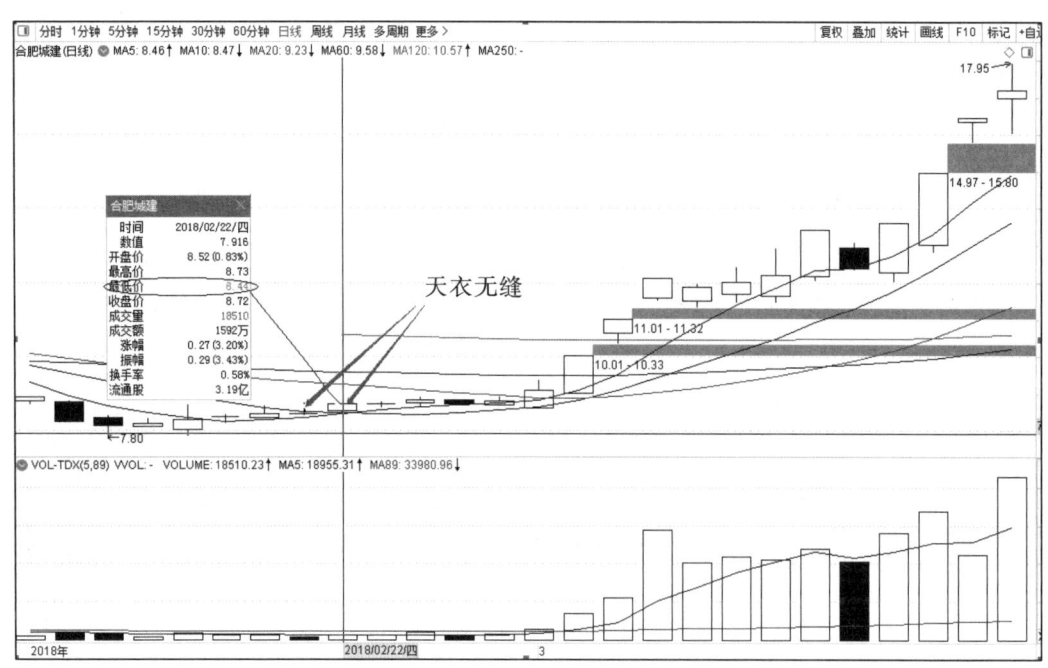

图 7-4　合肥城建（股票代码 002208）

实战案例三　如图 7-5 所示，沙钢股份（股票代码 002075）2015 年 1 月 15 日－1 月 20 日，连续两组天衣无缝，次日的最低价都低于前一日的收盘价 4 分，显示主力高

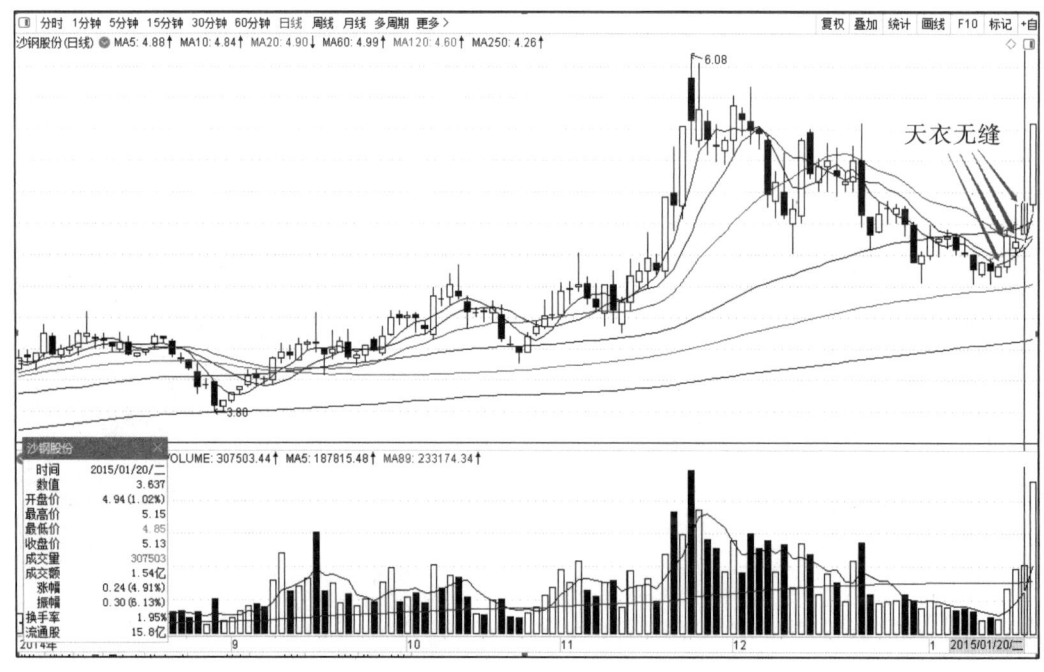

图 7-5　沙钢股份（股票代码 002075）

度控盘。同时，1月20日的收盘价稳稳地站在了所有均线之上，量柱大于5日均量线，量价配合完美，一波拉升随即展开。1月23日收盘价5.80元，次日的最低价是5.82元，再次收出了一组天衣无缝。随后三天股价便一路飙升。图7-6是形成天衣无缝后的股票价格走势图。3月16日以后又收出了一组一线天加金凤还巢复合暴涨形态，短短41个交易日达到了将近4倍的涨幅。股价从4.61元一直拉升到18.52元，一波行情才宣告结束。

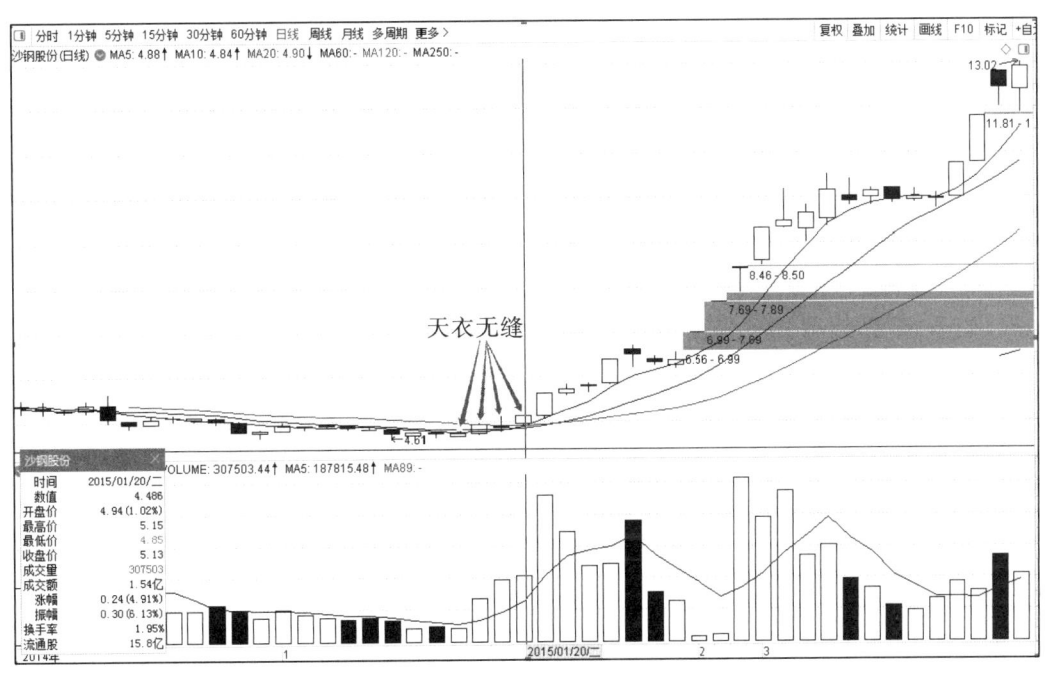

图 7-6　沙钢股份（股票代码002075）

实战案例四　如图7-7所示，圣农发展（股票代码002299）2019年1月14日的最低价17.55元正好比前一日的收盘价17.50元高5分，收出天衣无缝，显示主力高度控盘。同时，1月14日的收盘价稳稳地站在了所有均线之上，量柱大于5日均量线，量价配合完美，一波拉升随即展开（见图7-8）。

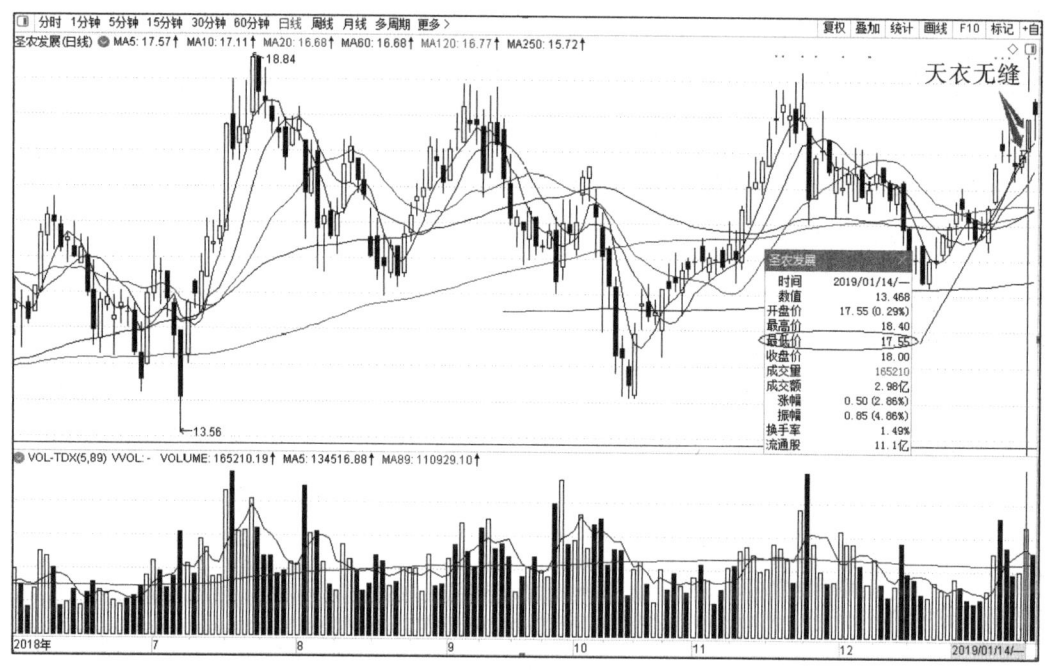

图 7-7 圣农发展（股票代码 002299）

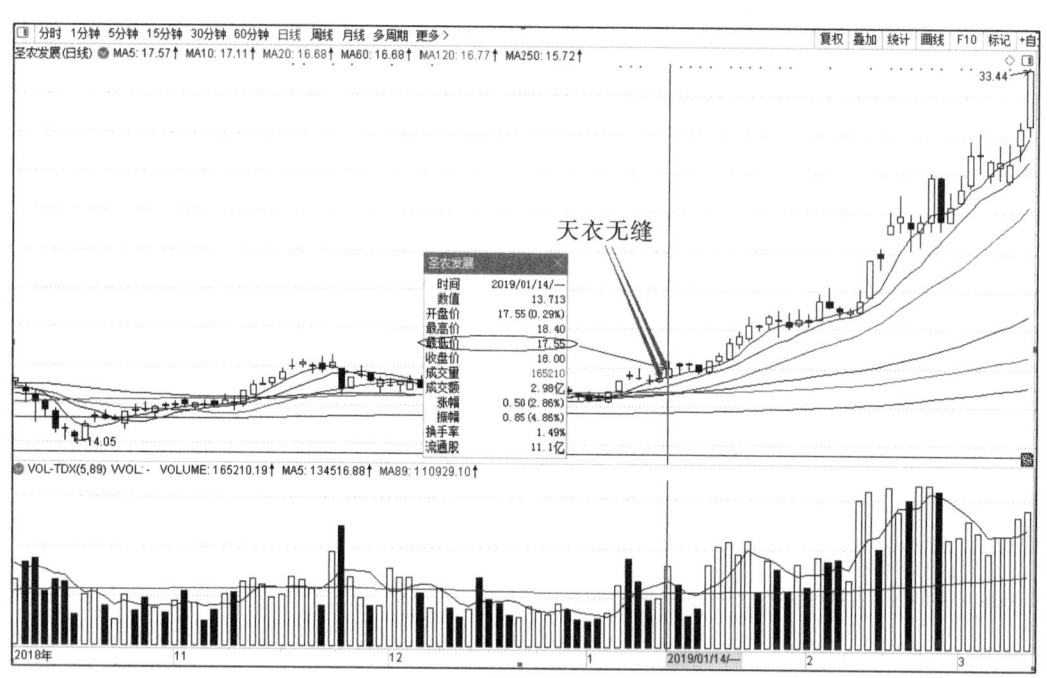

图 7-8 圣农发展（股票代码 002299）

实战案例五 如图 7-9 所示，万方发展（股票代码 000638）2018 年 11 月 5 日，主力当日用最低价 4.59 元精准踩到前一日的 4.59 元的收盘价，收出了天衣无缝，同时又符合五日收盘价步步高升见涨停的经典暴涨形态。11月7日，股价用涨停板突破60日均线重要压力位，连续拉出5个涨停板（见图7-10）。

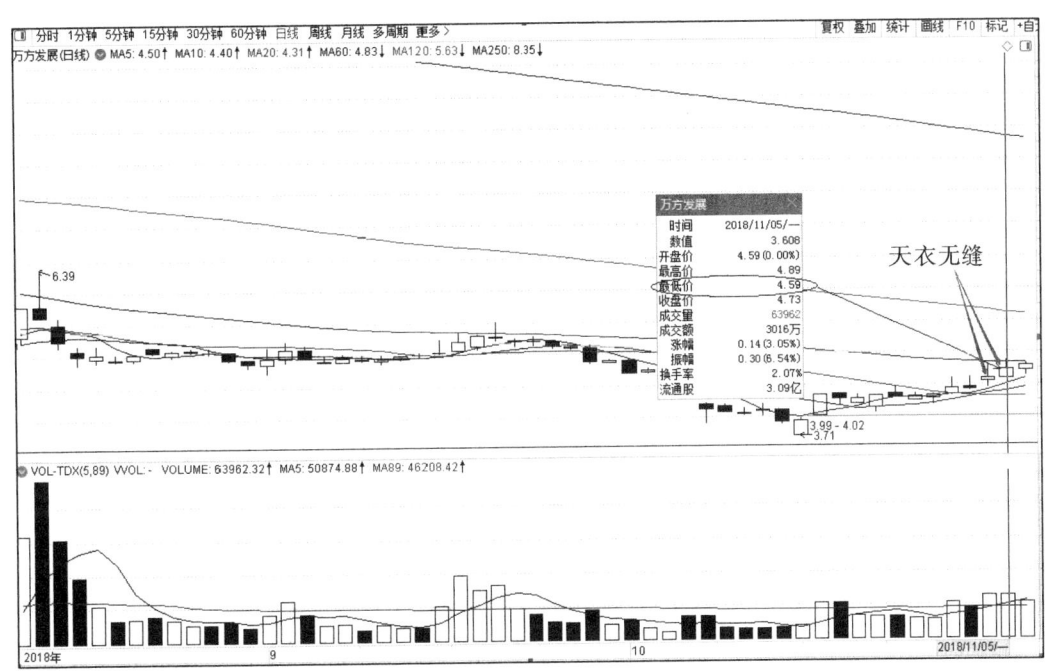

图7-9 万方发展（股票代码000638）

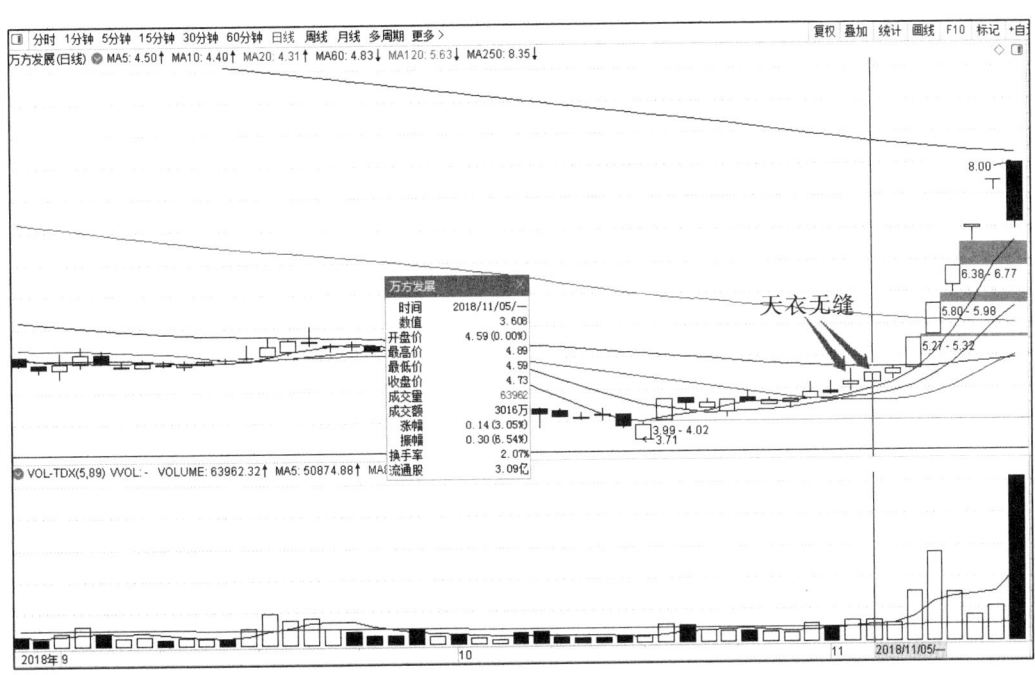

图7-10 万方发展（股票代码000638）

实战案例六 如图 7-11 所示，兰州民百（股票代码 600738）2019 年 1 月 4 日收盘价是 5.38 元，次日最低价也是 5.38 元，天衣无缝成立。随后两天主力如法炮制，1 月 8 日收盘价和次日最低价又都是 5.68 元，如此惊人的巧合，默契到这种程度，连续两组天衣无缝的出现，预示着股价将大幅拉升。图 7-12 是兰州民百形成天衣无缝后的股票价格走势图。

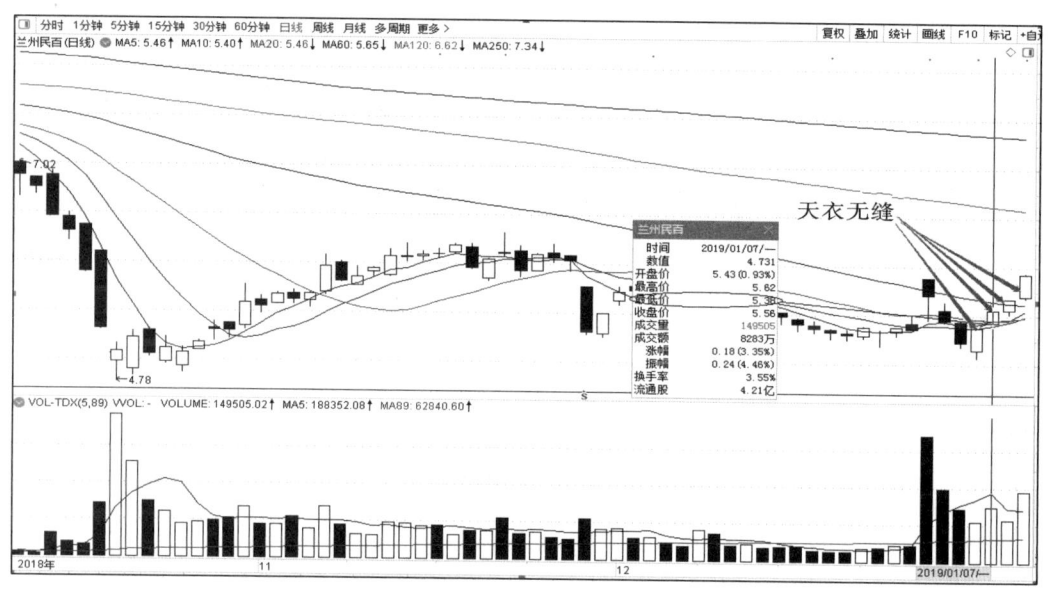

图 7-11　兰州民百（股票代码 600738）

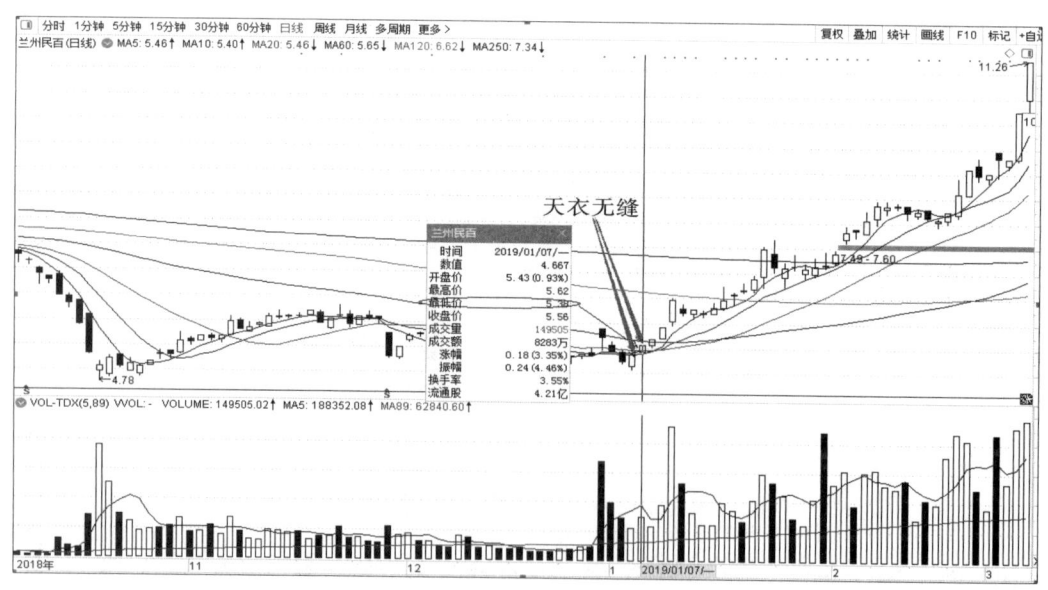

图 7-12　兰州民百（股票代码 600738）

天衣无缝（下）

第八章
DIBAZHANG

前一章提到的天衣无缝是用收盘价和次日最低价做无缝对接，本章继续讲解另外一种天衣无缝，就是上升途中的主力会用向下跳空或暴力、恶意洗盘，给中小投资者造成恐慌，以达到尽快洗盘或者震仓的目的，但因为怕其他投资者或者主力抢肉吃，在1－3天之内会再用一根阳线或者上影线将缺口补上，这是另一种天衣无缝。

图形特征：前一日K线向下跳空，形成缺口。一般这根K线振幅很小，因为主力控盘较高，有的当天通过上影线就补上，3天以内为最佳，时间越短显示主力实力越雄厚，时间长了可能有其他主力抢低价筹码。假如振幅很大，要特别注意，也有可能有其他主力抢筹或者出货。

均线趋势：10日均线上穿20日均线，三天内股价同时站稳10日均线和20日均线。

成交量特征：量柱一定要大于5日均量线，并且5日均量线必须上穿89日均量线，量柱要求放量更好，放量说明多空双方成交意愿强烈（放量不能超过3.8倍，否则主力可能是真出货），缩量也可以，说明主力控盘程度已经很高。

买入条件：封死缺口，轻仓买入，超过跳空缺口前一天的收盘价加仓。

止损条件：跌破10日均线止损出局。

实战案例一 如图8-1所示,春兴精工(股票代码002547)在上升途中就出现了两次天衣无缝的暴涨形态。第一次是在2018年的12月6日,股价跳空,低开低走,收出了一根跌幅近5%的大阴线。但是次日股价止跌。第三日主力用一根带有上下影线的小阳线试探压力和支撑,同时补上了缺口,稀释了下跌的风险。于是股价开始拉升,随后,走出来一组龙凤三胞胎的经典组合。龙凤三胞胎,顾名思义,即两根阳K线夹一根阴K线,但是三根K线的形态非常相似,最高点和最低点几乎相同。第二次的天衣无缝出现在12月19日,回补了12月18日向下的跳空缺口。这也是主力运用的经典的品字洗盘术,即三根K线组成一个品字形,第一天向上跳空洗盘,第二天再向下跳空洗盘,但是股价始终没有跌破12月14日的跳空高开的低点。于是股价一路飙升(见图8-2)。

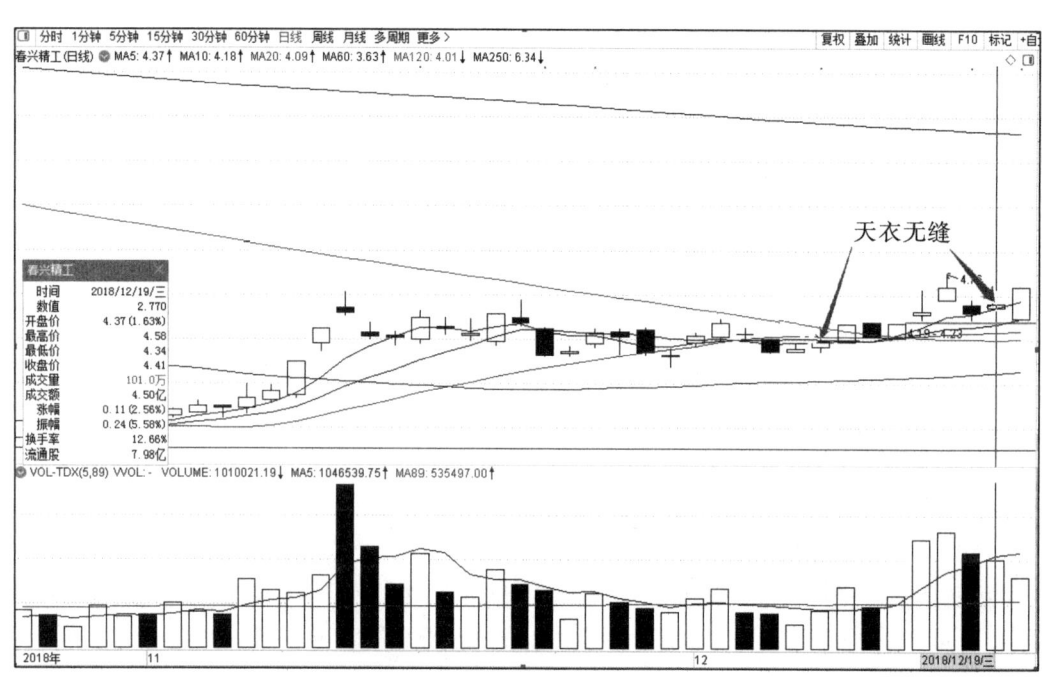

图8-1 春兴精工(股票代码002547)

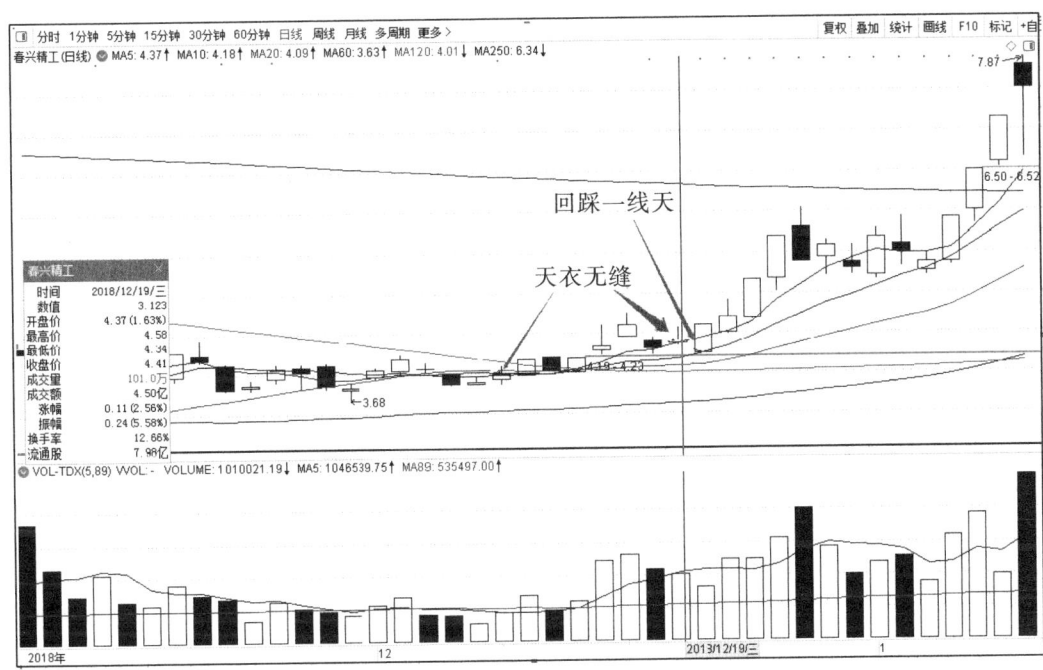

图 8-2 春兴精工（股票代码 002547）

实战案例二 如图 8-3 所示金新农（股票代码 002548）2018 年 11 月 15 日，股价遇到 60 日均线的重要压力后开始回调。虽然是连续的三根阴 K 线洗盘，但是都是缩量

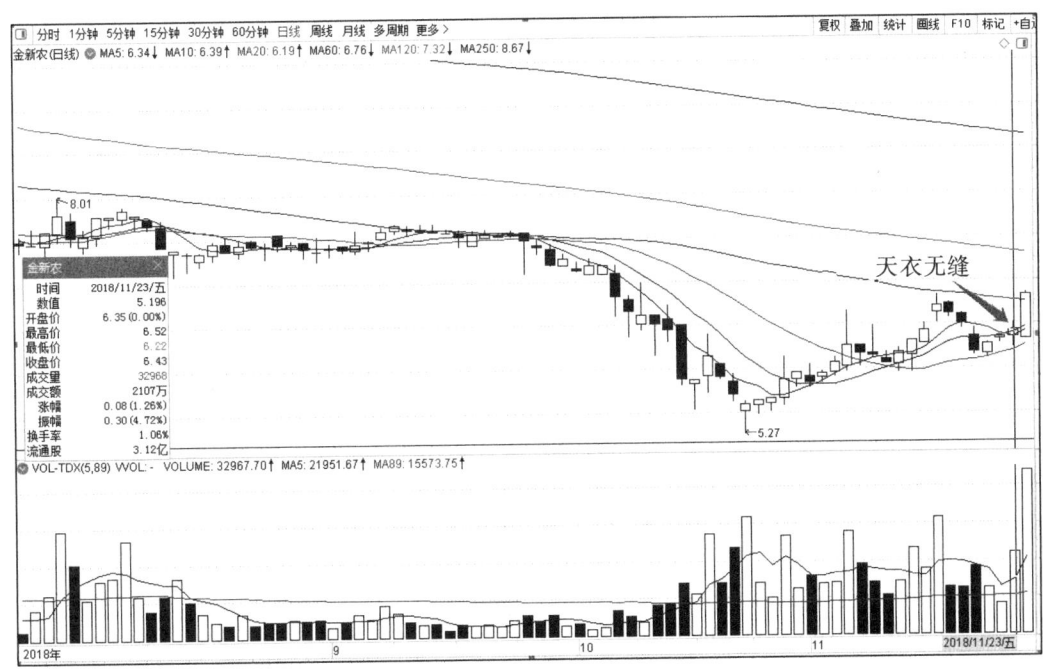

图 8-3 金新农（股票代码 002548）

的。说明主力不是出货而是珍惜筹码不卖。11月21日股价止跌企稳，得到20日均线强力支撑。11月23日主力用一根带有上下影线的阳线将3个交易日前的缺口补上，出现天衣无缝，稀释了下跌风险。图8-4是形成天衣无缝后的股票价格走势图。次日股价便低开高走，突破60日均线重要压力位。直至遇到250日均线重要压力位上涨结束，这轮上涨的涨幅超过25%。上涨结束出现8.86元的双零逃顶信号，一波完美操作结束。

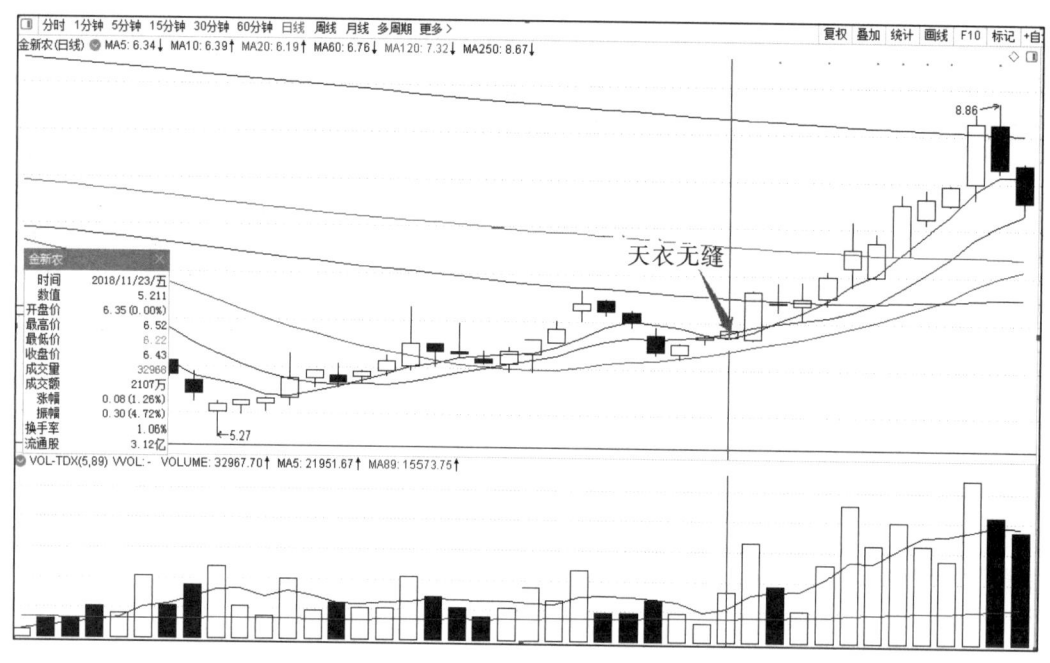

图8-4 金新农（股票代码002548）

实战案例三 如图8-5所示，2018年10月24日至10月26日，凯美特气（股票代码002549）主力运用羊头形洗盘方式（羊头形洗盘和品字洗盘形态近似，不同的是品字洗盘先上跳后下跳，羊头形洗盘是先下跳后上跳），让股价出现了一个向下的跳空缺口并回补。11月7日又出现了一个向下的跳空缺口，三个交易日后回补缺口并试图突破60日均线压力未果，但是天衣无缝暴涨形态形成。11月16日股价用涨停板强势突破120日均线重要压力位，随后又出现了一组羊头形洗盘，形成天衣无缝和金凤还巢的复合暴涨形态，主力拉升决心凸显，随后股价便势如破竹，一举拿下250日均线重要关口，连续拉升四个涨停板，为当时沉闷的股市增添了一抹亮色。图8-6是形成天衣无缝后的股票价格走势图。11月30日出现8.00元的双零逃顶信号，同时K线形态形成了乌云盖顶之势，此时应果断清仓出局，一波完美操作结束。

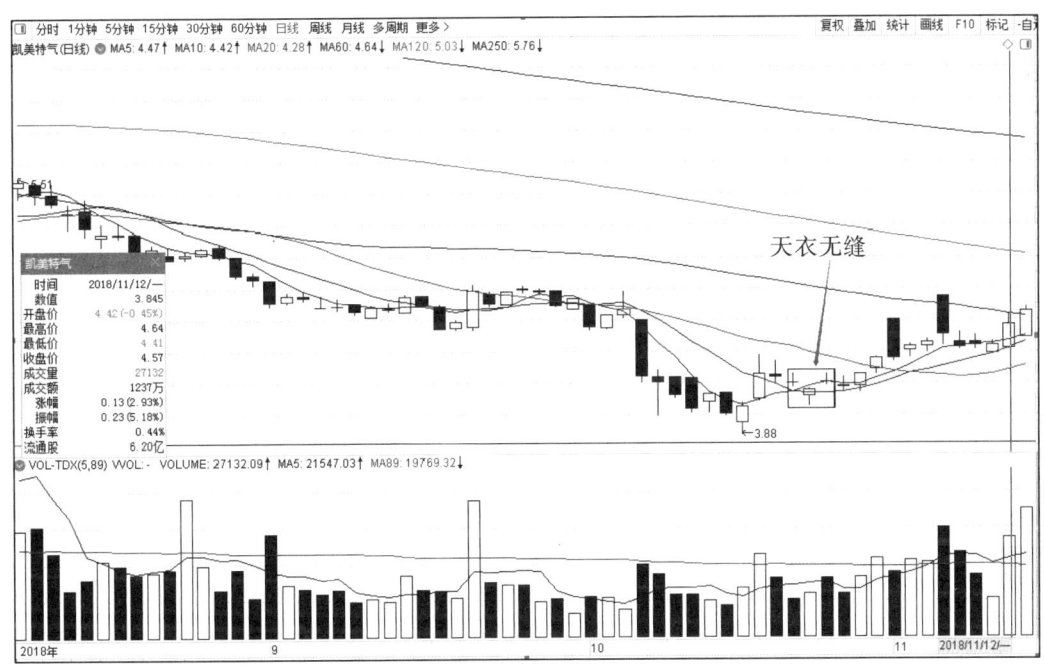

图 8-5　凯美特气（股票代码 002549）

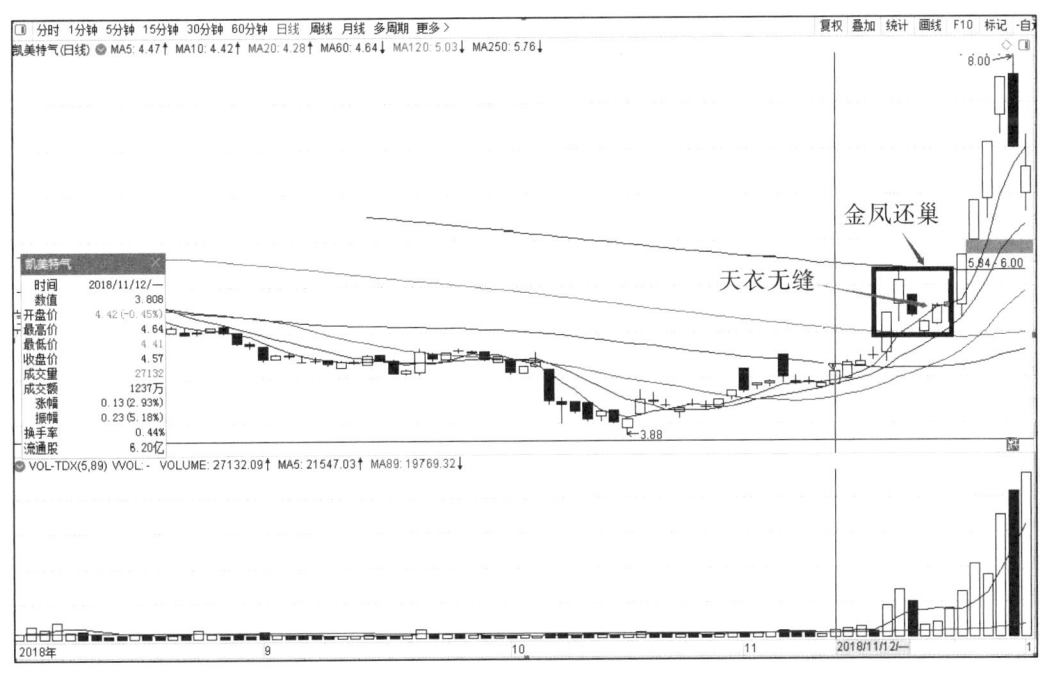

图 8-6　凯美特气（股票代码 002549）

实战案例四　如图 8-7 所示，2018 年 3 月 27 日，建新股份（股票代码 300107）股价完成经典的地狱天堂模式之后，又在 4 月 4 日和 4 月 13 日分别经历了两次天衣无缝的经典形态，随后股价在 1 个月内走出了超过 50％的惊人涨幅，可见天衣无缝的威力（见图 8-8）。

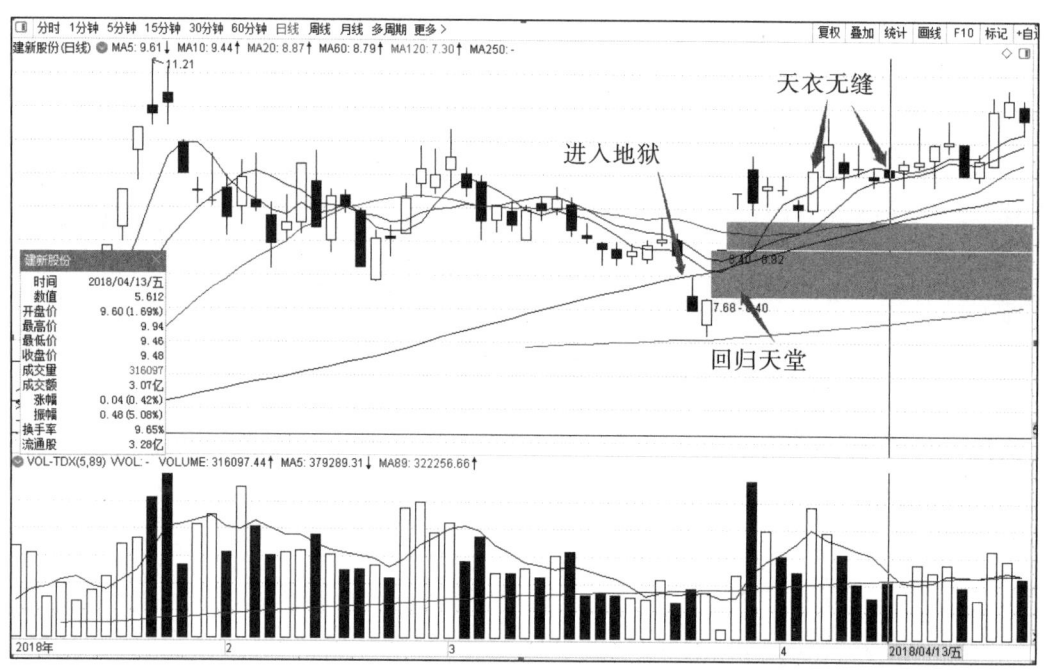

图 8-7　建新股份（股票代码 300107）

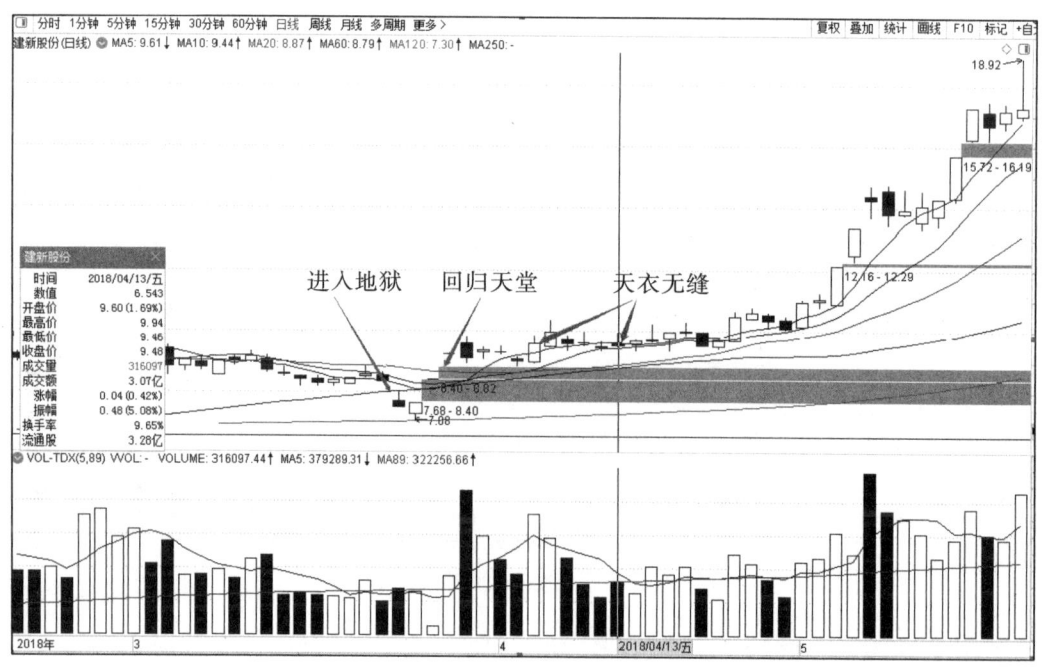

图 8-8　建新股份（股票代码 300107）

实战案例五 如图 8-9 所示,随着 2018 年一季度的季报公布,ST 安泰(原名 *ST 安泰,股票代码 600408)预计扭亏为盈,吸引了大资金注意。2018 年 7 月 11 日,主力跳空低开留下了一个向下的跳空缺口,次日主力就以迅雷不及掩耳之势用涨停板缝补了这个缺口,完成了第一组的天衣无缝。8 月 2 日主力故技重演,又完成一组天衣无缝。随后涨停大幕拉开。14 个交易日一气呵成,连续拉升涨停板,涨幅达到 60% 以上(见图 8-10)。

图 8-9 ST 安泰(股票代码 600408)

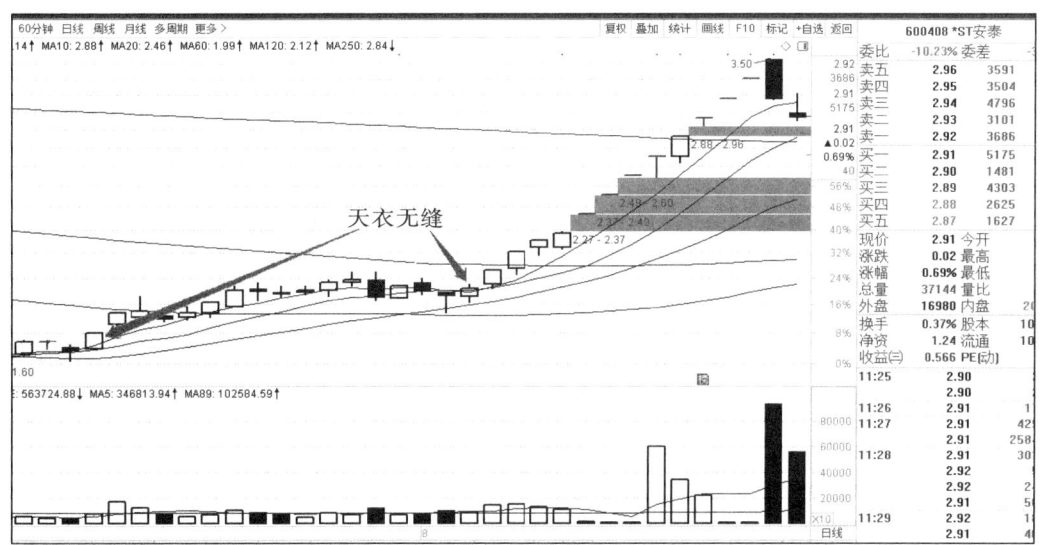

图 8-10 ST 安泰(股票代码 600408)

实战案例六 我们来看看西水股份（股票代码600291）这样的妖股是怎样炼成的。自2015年股灾以来，个股悉数惨不忍睹，西水股份也不例外。随后股价虽然经历了一波大幅反弹，但是离2015年5月的高点甚远。到2015年11月27日，又开始了新的一波下跌之旅。从此股价一泻千里，直到2017年2月6日主力用一根重锤K线落地止跌企稳，开始收集筹码。由于前面两条护城河压力巨大，主力不得不继续砸盘以求自保，或是想收集更多的廉价筹码。3月31日的收盘价与次日的最低价一样，形成了天衣无缝，而且两日都走出了光脚阳线。股价配合得如此天衣无缝，说明主力已经高度控盘。

4月24日到4月26日，主力用一组早晨之星开始收集筹码，13个交易日收出了11根阳线的不错战绩。股价也是势如破竹，连续突破60日、120日和250日三条均线的重要压力位。5月2日股价跳空高开，挖出了一条宽宽的护城河给自己的安全做保障，同时抬高了市场成本。随后5个交易日，又走出来跳空一线天和反包的暴涨复合形态。不破五的股价狂欢开始。因为在年线附近，有被套了将近一年的筹码。所以，主力要想让中小投资者主动交出手中筹码不太可能，于是动用了磨字诀，开始横盘震荡，用这种磨的方式给散户以假象，让不明真相、本来就没有耐心持股的中小投资者迅速交出手中筹码。

6月5日主力再次用一根光头阳线缝补了6月2日的跳空缺口，再一次天衣无缝，随后是一组龙抬头的暴涨形态，再次收集筹码。6月21日主力用一根光头光脚的阳线与前一日阴线形成反包，强势突破5日、10日、20日均线，芙蓉出水，股价横空出世，从此连涨大幕徐徐拉开。7月5日主力故技重演，用一根大阳线缝补了7月4日留下的跳空缺口，天衣无缝再次形成，同时也彰显了主力的实力。随后，7月12日出现的一穿一托暴涨形态再次发挥它的威力，开始了不破五的股价狂欢。7月26日主力最终将价格定格在了38.39元的双零逃顶信号，与7月25日和7月27日3根K线组成了黄昏之星，一波上涨完美谢幕（见图8-11）。

实战案例七 如图8-12所示，柘中股份（股票代码002346）2016年12月13日跳空低开低走，尾盘上攻收出十字星，形成一个疑似早晨之星的初始形态。次日主力便用一根小阳线缝补了昨日的跳空缺口，形成天衣无缝。随后股价步步高升，连续收出3个涨停板。12月26日，主力再次用否极泰来（详情见本书第九章）涨停板修复了12月23日跌停板留下的跳空缺口，再次形成天衣无缝。图8-13是形成天衣无缝后的股票价格走势图，开启了不破五的股价狂欢，连续走出了7个交易日收出5个涨停板的骄人战绩。

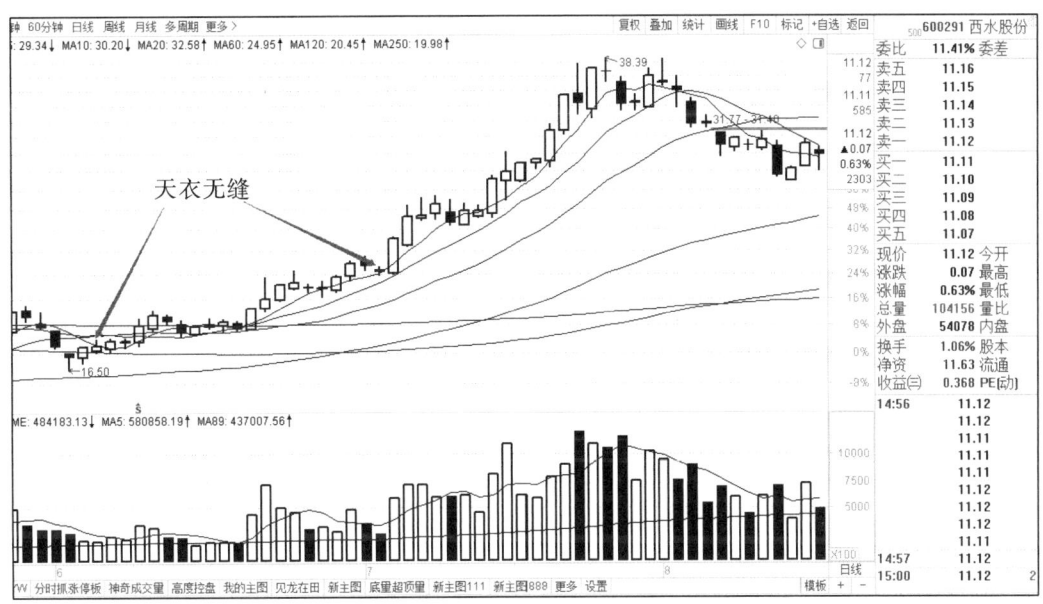

图 8-11 西水股份（股票代码600291）

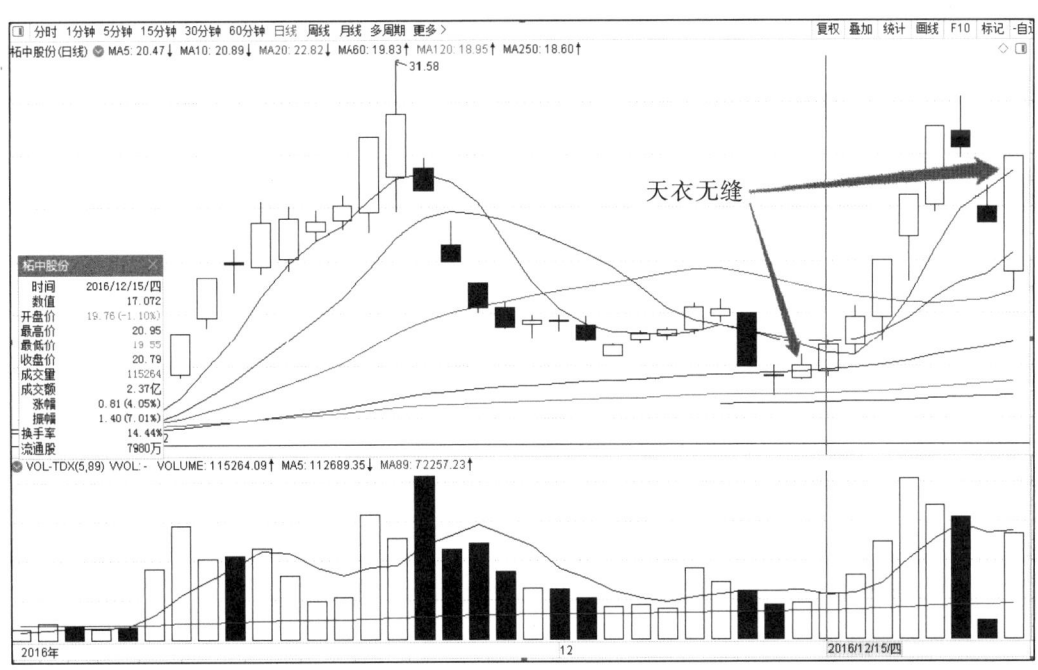

图 8-12 柘中股份（股票代码002346）

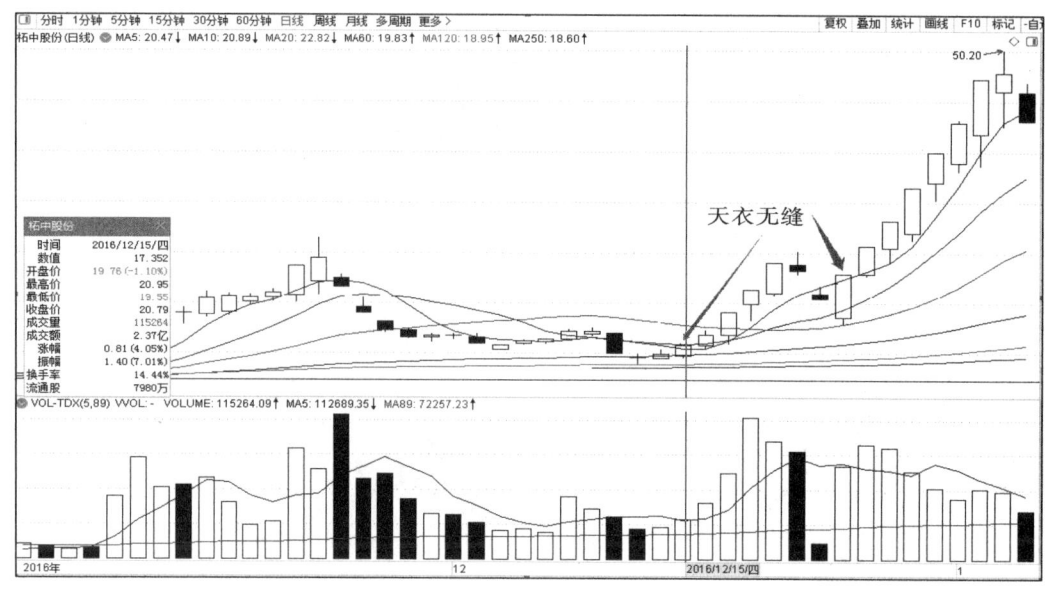

图 8-13 柘中股份（股票代码 002346）

实战案例八 共享单车的火爆，也将上海凤凰（股票代码 600679）这样一个老牌自行车企业送到了风口浪尖上。如图 8-14 所示，2016 年 11 月 9 日，主力拉升之前的跳空低开低走，让不明真相的中小投资者一脸的茫然，但是主力次日便用涨停板完成了天衣无缝，司马昭之心昭然若揭。随后三个交易日的金凤还巢暴涨形态更是让人看透了主力的真实意图，随后股价一路狂奔（见图 8-15）。

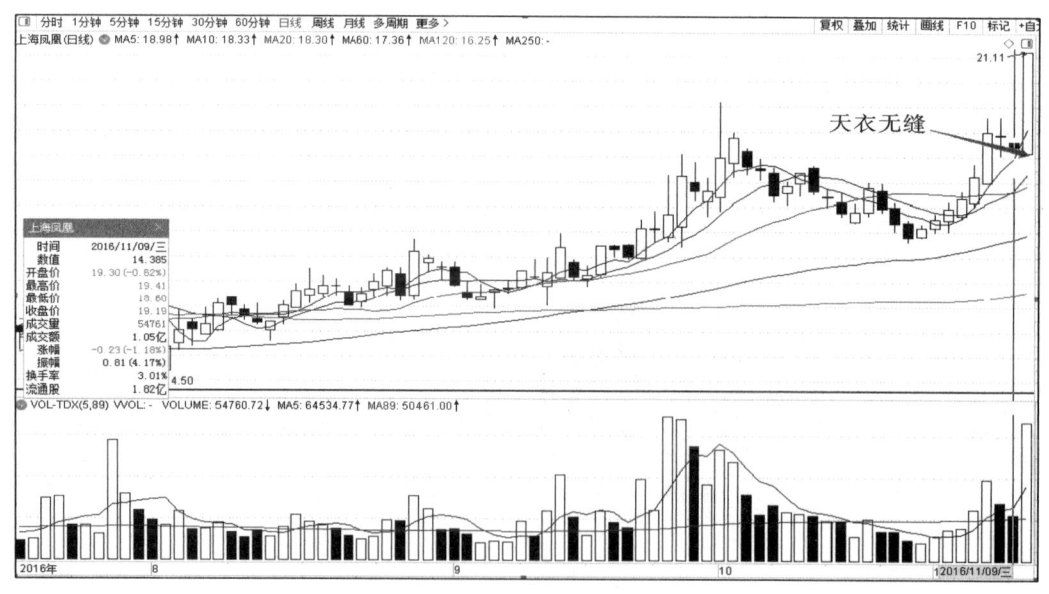

图 8-14 上海凤凰（股票代码 600679）

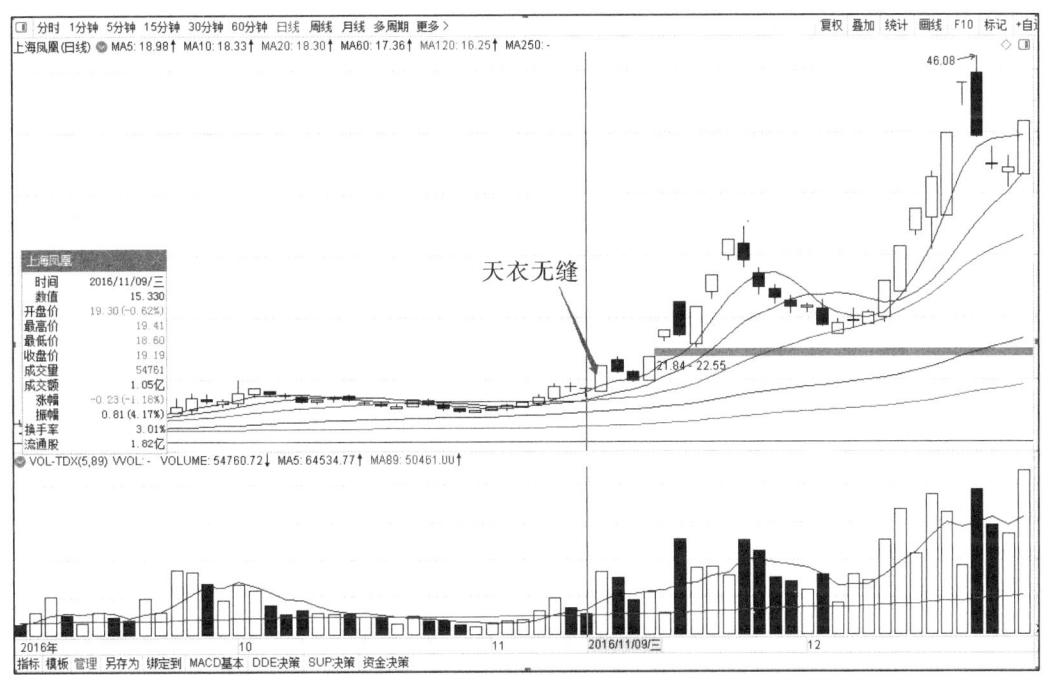

图 8-15 上海凤凰（股票代码 600679）

一叶落而知天下秋，这是 K 线图带给我们的思维方式。它提醒着我们，无论多大规模的市场运动都是从蛛丝马迹里发展起来的，谁能够首先较为准确地把握这些线索，谁就能尽量避免损失，获取最大的收益。就像起跳前要先下蹲，拳头先收回来再打才有力。天衣无缝就是这样的一种 K 线形态。

否极泰来

第九章
DIJIUZHANG

否极泰来出自《周易》："否之匪人，不利君子贞，大往小来。""泰，小往大来，吉亨。"意思是逆境达到极点，就会向顺境转化。指坏运到了头好运就来了。在股票里指出现跌停板坏到极点了，但是次日不跌反涨，用涨停板直接把昨天的跌停板收复，于是开始暴涨。

图形特征：左右两根 K 线，其中左边的大阴线的跌幅要大于 8%，当然跌停更好，右侧的大阳线必须是涨停板，这样的否极泰来才有力度。一般出现在大幅下跌的末端底部启动时或者上涨中继，如果前面涨幅过大，不能称其否极泰来。

市场逻辑：洗盘是主力操纵股市、故意压低股价的一种手段，是主力为拉高股价获利出货，先有意制造卖压，迫使低价买进者卖出股票，以减轻拉升压力的一种操作手法。主力在把股价拉升了一段空间后，由于有大量投机跟风资金介入，股票的浮筹会大幅度提高，所以这时候需要进行震仓洗盘，从而甩掉低成本跟风者，减轻拉升压力；并且通过新老跟风盘的换手，使得除主力以外的市场平均持筹成本不断抬高，以利于后期拉升时筹码的稳固性。一句话，主力洗盘的目的就是想方设法使在低位买进该股的股民在其洗盘时扔掉该股。

跌停板洗盘将主力的恐吓伎俩发挥到了极致，一个跌停板下来，大多数投资者都会心慌慌，意志不坚定者很容易被洗出局。但这类强悍的手法，也只有强悍的主力才会使用，这就是要求主力资金实力强大，操盘手法沉稳老练，毕竟失去的人气想要重新凝聚也不是件容易的事情。

一、底部启动的否极泰来

实战案例一　如图9-1所示，延安必康（股票代码002411）自2018年6月14日股价闪崩以来，连续6个跌停板让股价近乎腰斩，虽然11月29日有主力试图打开跌停板，但是仍然无力回天，最终收盘股价还是死死地封在跌停板上。该股出现15.19元的双零抄底信号，盘中多方快速组织反攻，尾盘成功以振幅20%的地天板报收，于是出现底部启动的否极泰来暴涨形态。随后主力再接再厉，又连续收出3个涨停板（见图9-2）。

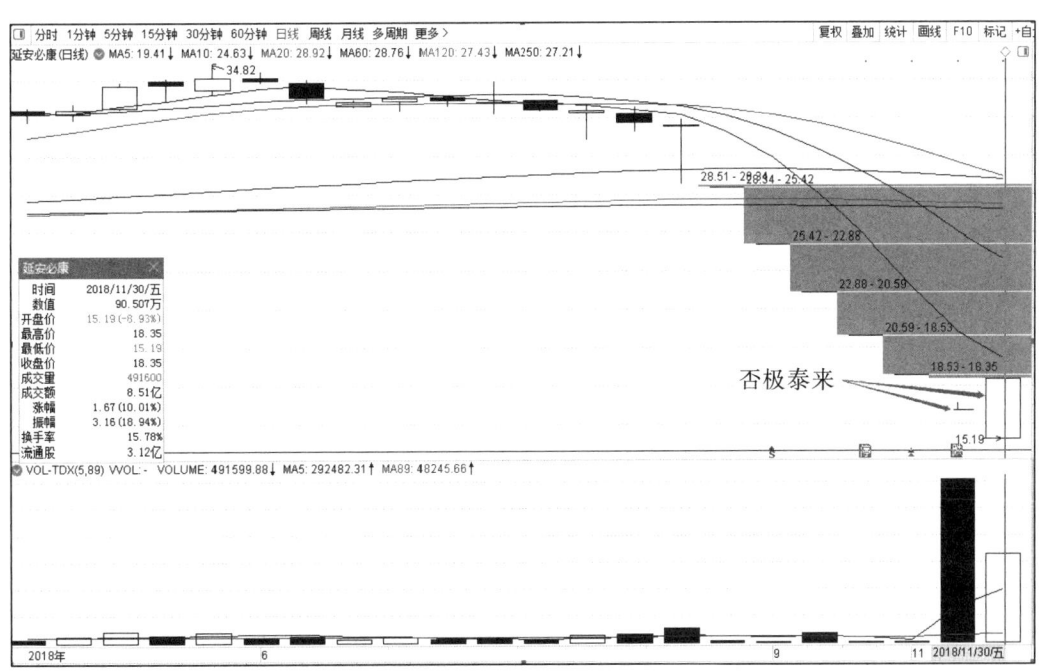

图9-1　延安必康（股票代码002411）

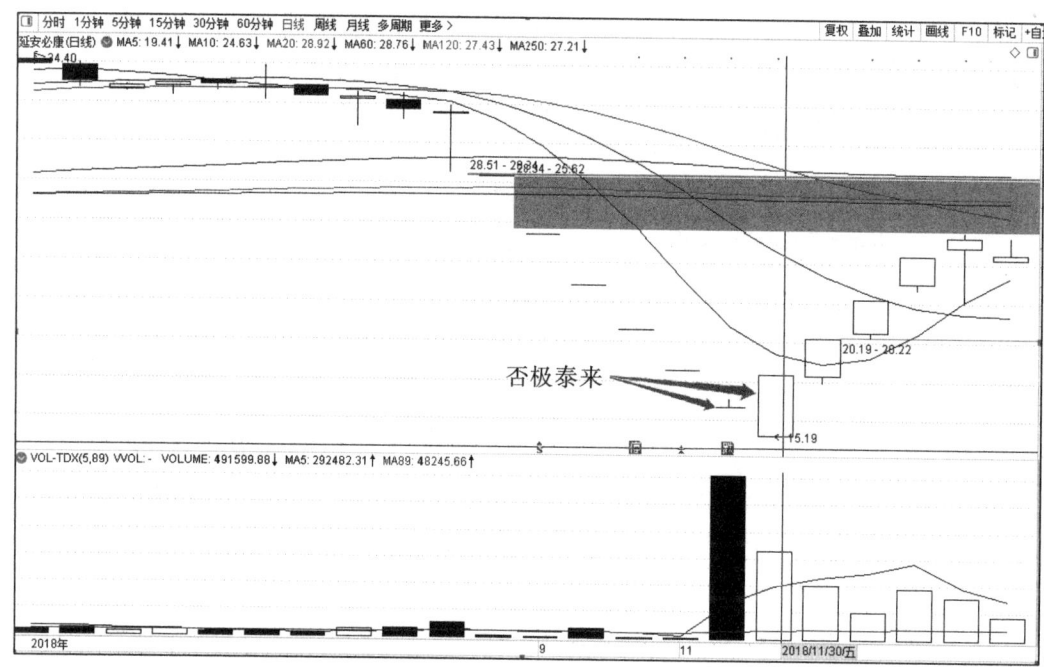

图 9-2 延安必康（股票代码 002411）

实战案例二 园城黄金（股票代码 600766）自 2018 年 3 月 27 日股价连续 3 次试图突破 120 日均线重要压力位失败以后，连续下跌让股价腰斩。如图 9-4 所示，直到 10

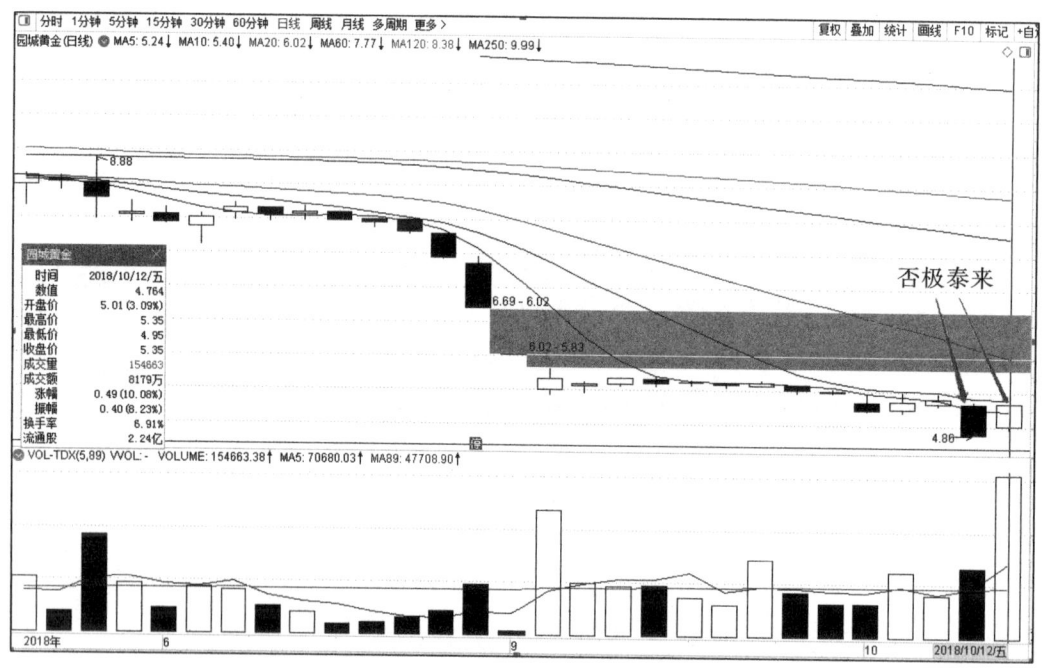

图 9-3 园城黄金（股票代码 600766）

月 11 日收盘，股价还是死死地封在跌停板上，虽然创出了 4.86 元的新低，但是量能明显萎缩。次日该股不跌反涨，开盘多方快速组织反攻，9:38 便封死涨停板，再也没有打开，出现底部启动的否极泰来暴涨形态。同时成交量也成功地把前面的成交量消化殆尽，说明市场上可能流通的筹码被主力悉数收入囊中，以后的拉升也就在情理之中了，短时间的四连板展现了否极泰来暴涨形态的威力（见图 9-4）。

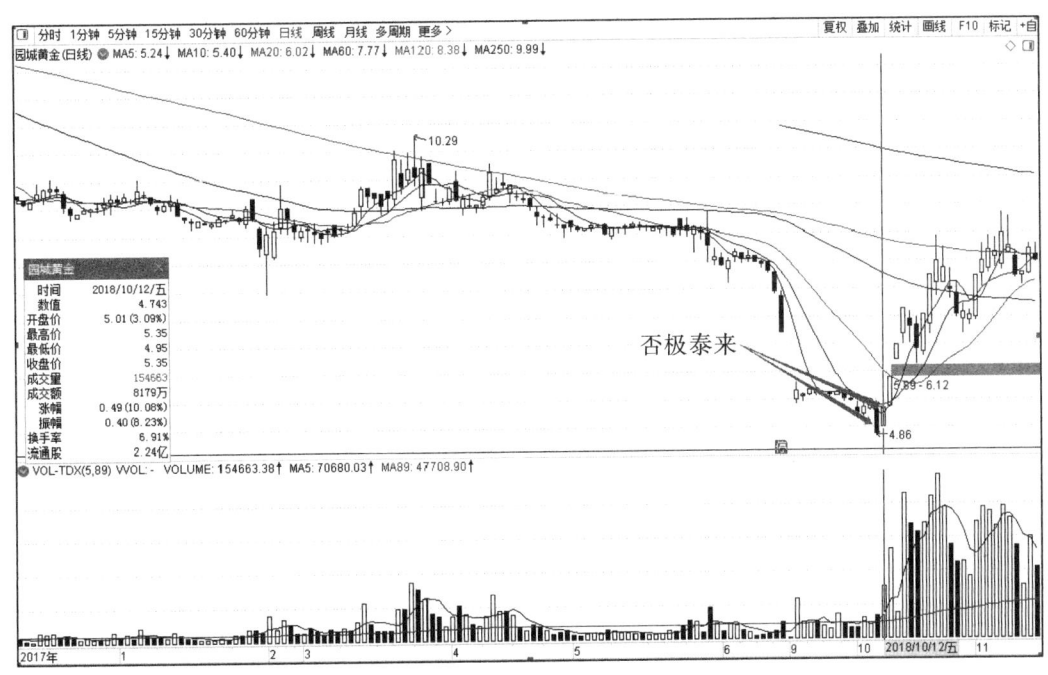

图 9-4　园城黄金（股票代码 600766）

实战案例三　如图 9-5 所示，华控赛格（股票代码 000068）经过一波六连阴暴跌之后，2019 年 1 月 31 日最后一个跳空下跌显示了空方已经是强弩之末，收出跌破四根均线的大阴线，同时也击穿了 250 日均线的重要支撑位。但是次日便以涨停板报收，否极泰来的暴涨形态组合形成。第二天又是跳空高开护城河，股价完成了从地狱到天堂的华丽转身，成功逆袭，随后便走出了翻倍行情（见图 9-6）。

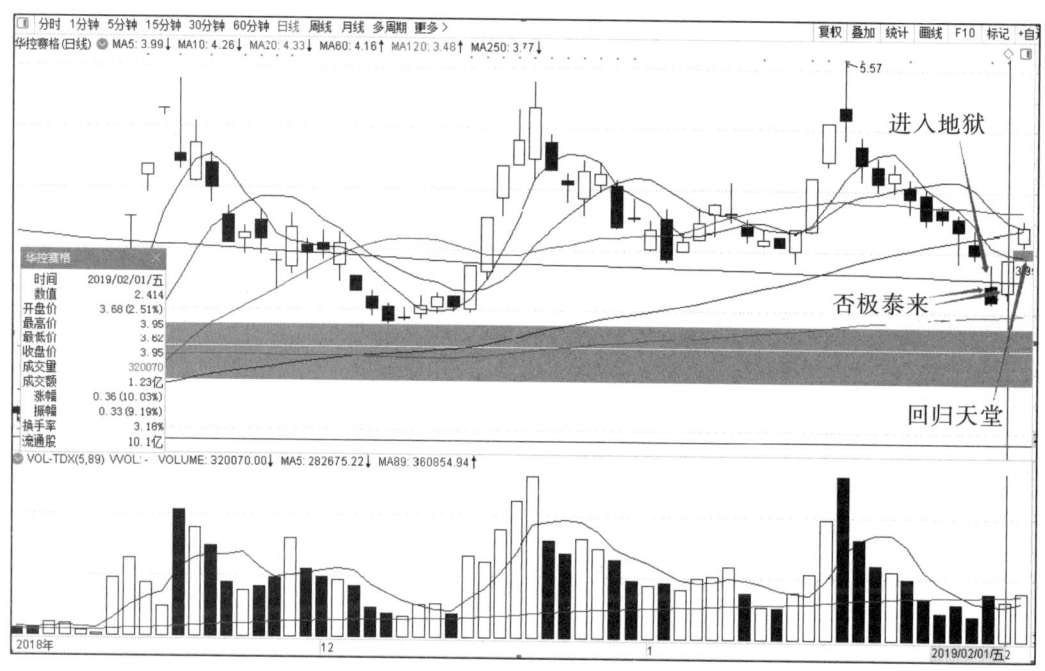

图 9-5 华控赛格（股票代码 000068）

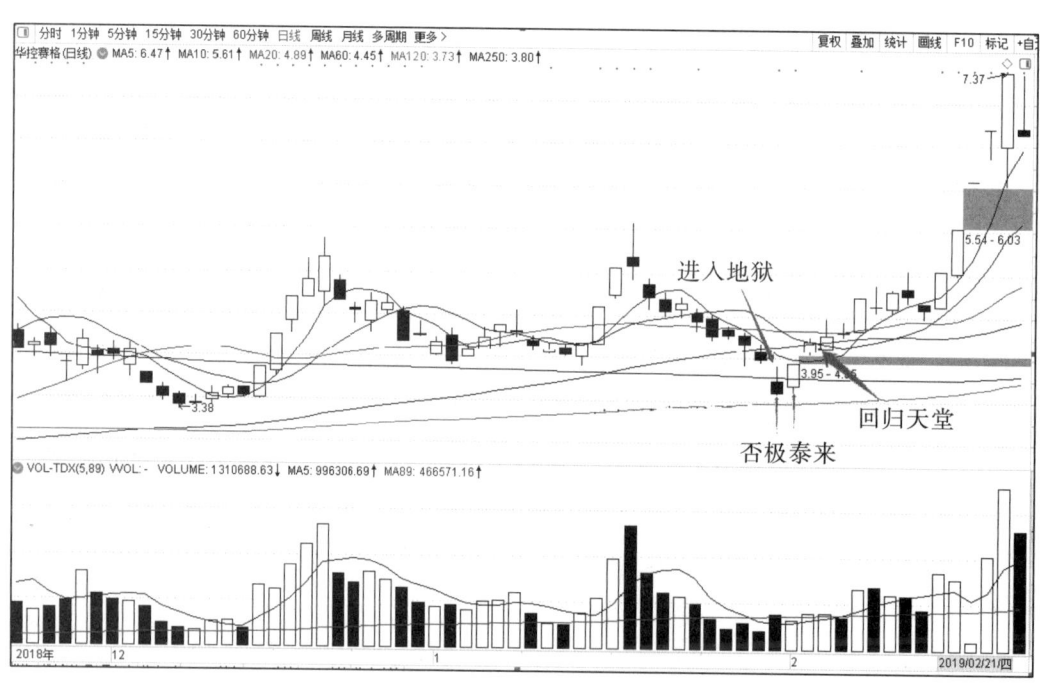

图 9-6 华控赛格（股票代码 000068）

实战案例四 如图 9-7 所示，宝德股份（股票代码 300023）经过一波短期的五连阴暴跌之后，2019 年 1 月 31 日用最后一根大阴线显示了空方已经是强弩之末。次日出现了

5.00元的双零抄底信号并且低开高走,股价尾盘以涨停板报收,否极泰来的暴涨形态组合形成。第二天虽然是跳空高开低走,但是没有跌破前一日的涨停板价格,说明主力还是很强势,随后股价震荡上行,14个交易日便走出了涨幅超过70%的行情(见图9-8)。

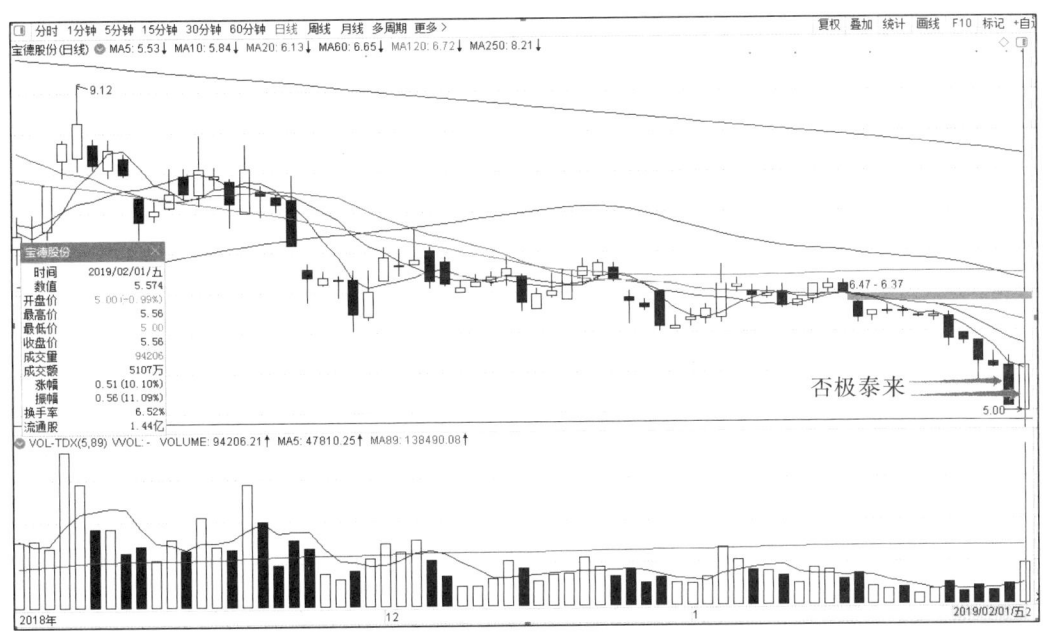

图9-7 宝德股份(股票代码300023)

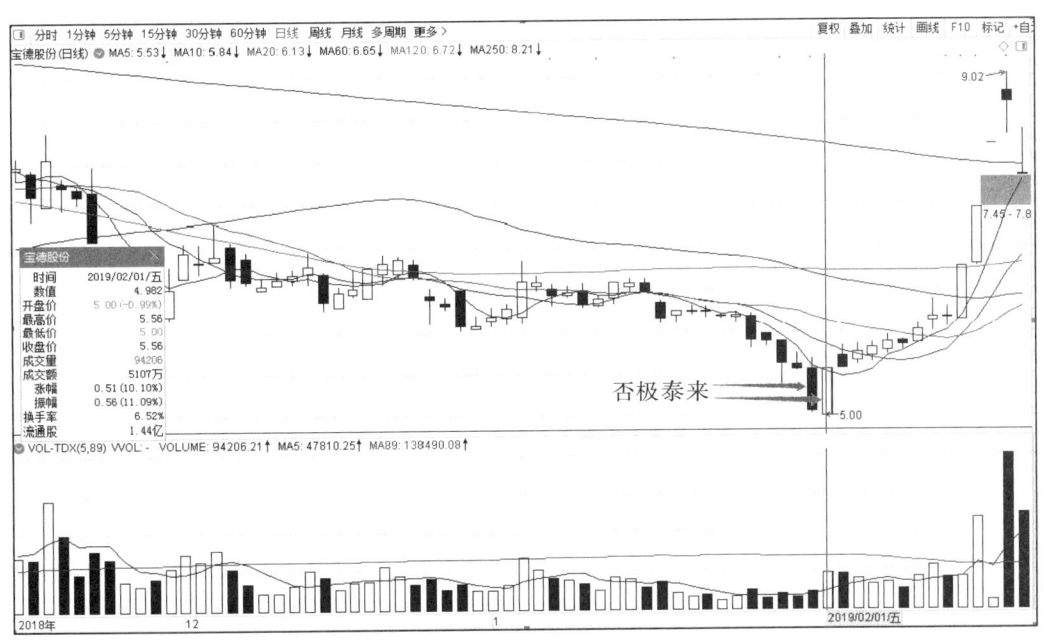

图9-8 宝德股份(股票代码300023)

实战案例五　如图9-9所示天山生物（股票代码300313）经过一波长期的暴跌之后，2019年5月7日和5月21日股价以涨停板报收，分别和前一日的大阴线完成两组否极泰来暴涨形态组合，形成底部双保险。5月22日又跳空高开，盘中股价下探，形成一条隐形护城河，股价完成了从地狱到天堂的华丽转身，成功逆袭，随后便走出了6个交易日收5个涨停板的暴涨行情（见图9-10）。

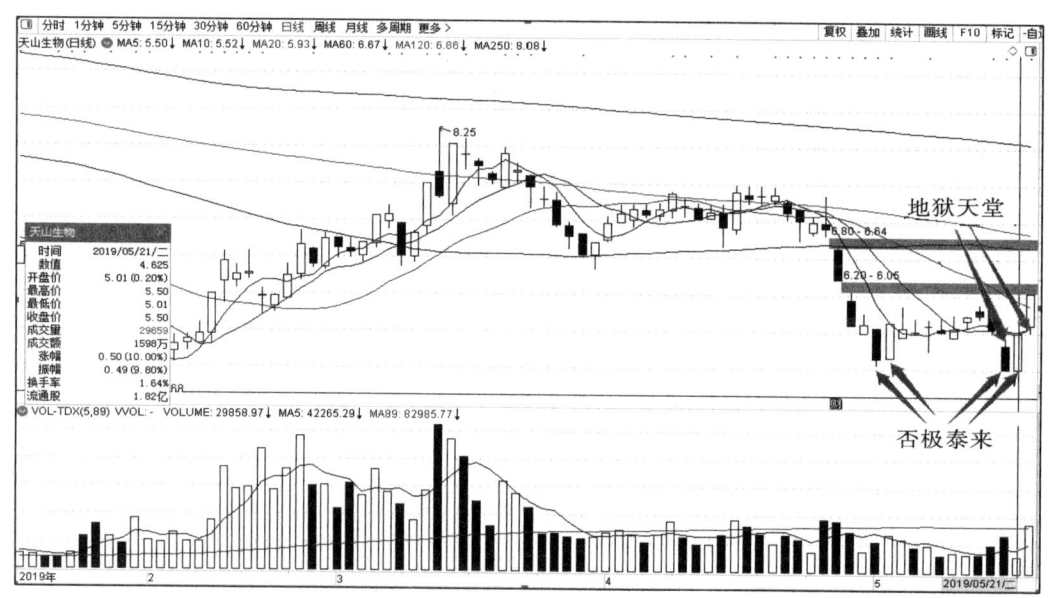

图9-9　天山生物（股票代码300313）

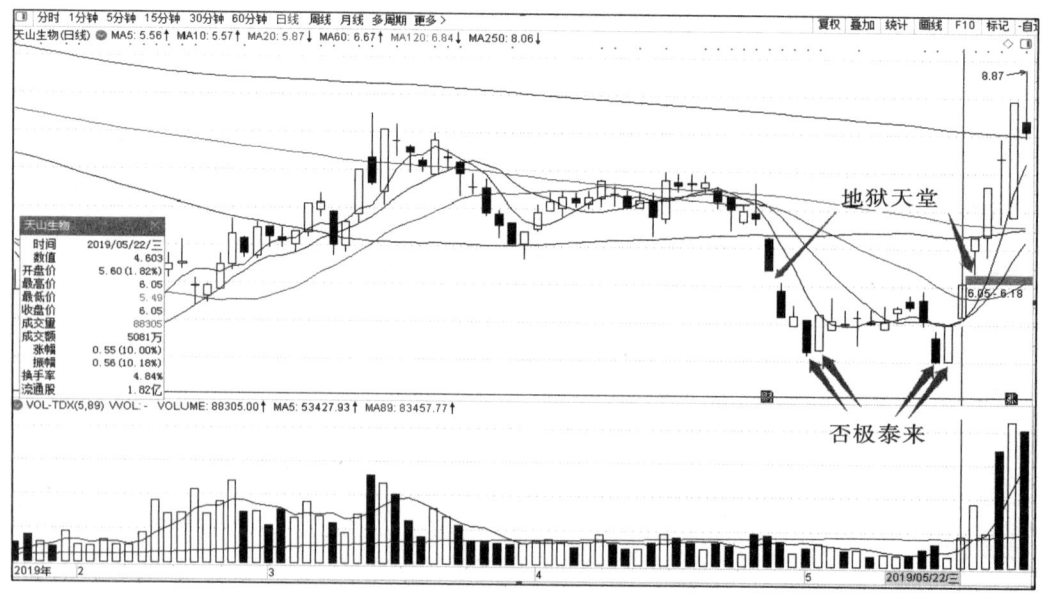

图9-10　天山生物（股票代码300313）

二、上涨中继的否极泰来

实战案例一 如图9-11所示,2019年3月13日,上升趋势很好的绿庭投资(股票代码600695)以涨停板报收,突破前高在即,但是次日便风云突变,突然下跌,尾盘股价更是以跌停价报收。第三日也就是3月15日主力便力挽狂澜,用一个低开高走的涨停板和前一日的跌停板完成了拉升之前的否极泰来暴涨形态组合,一波主升浪随即展开,随后又连续拉出三个涨停板(见图9-12)。

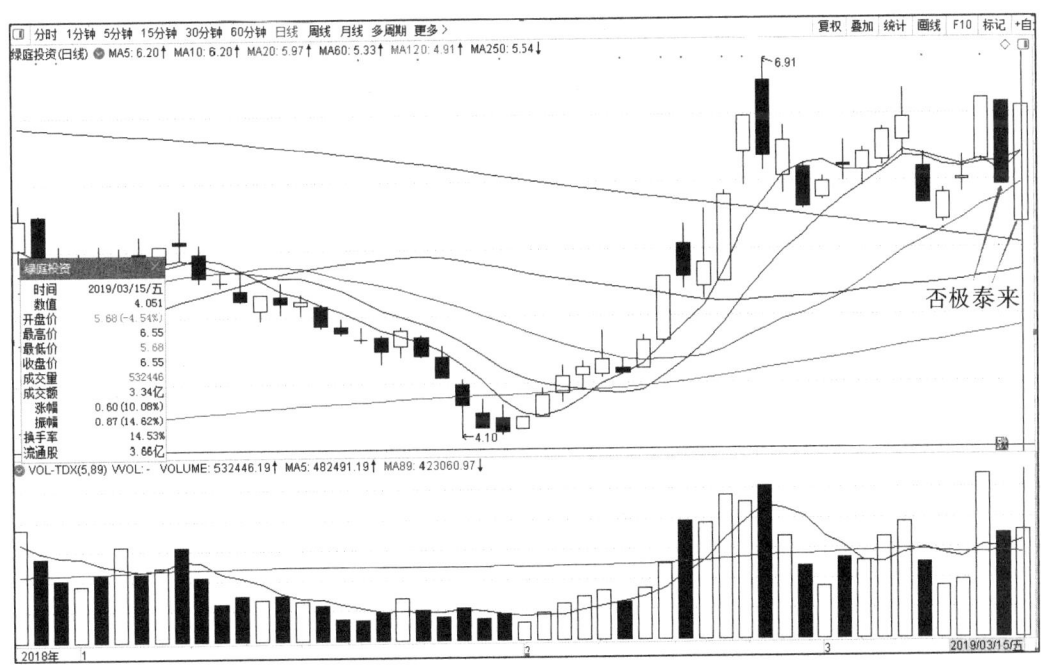

图9-11 绿庭投资(股票代码600695)

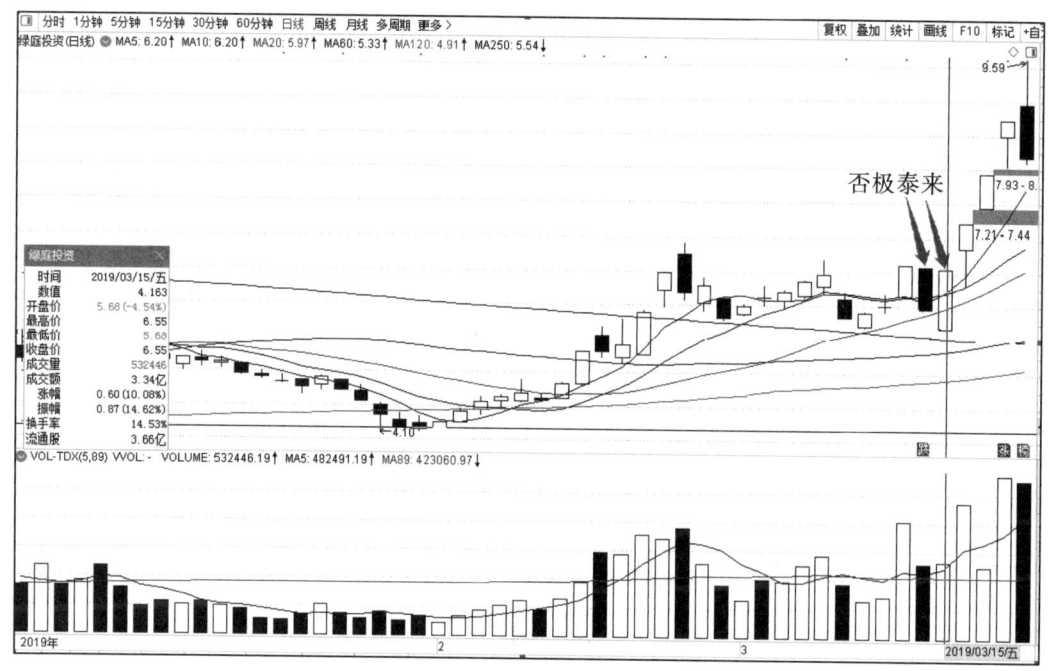

图9-12 绿庭投资（股票代码600695）

实战案例二 2015年6月12日上证指数还高高在上，但是次日便风云突变，突然下跌，开始了它的暴跌之旅。如图9-13所示，虽然上升趋势很好的九阳股份（股票代码002242）突破前高在即，但是也未能幸免，紧急停牌应急。7月7日复牌后连续2个无量跌停板预示着主力无法出逃，7月9日主力便力挽狂澜，用一个低开高走的涨停板和前一日的跌停板完成了拉升之前的否极泰来暴涨形态组合，一波主升浪随即展开，随后又连续拉出三个涨停板。7月27日股价再次跌停，次日主力又用一根低开高走的涨停板和前一日的跌停板完成了拉升之前的否极泰来暴涨形态组合。7月31日主力如法炮制，再次用涨停板和前一天的大阴线完成了拉升之前的否极泰来组合。别忘了这是在2015年股灾的时候，沧海横流方显英雄本色，出现三组否极泰来之后，股价走出了一波大幅上涨行情（见图9-14）。

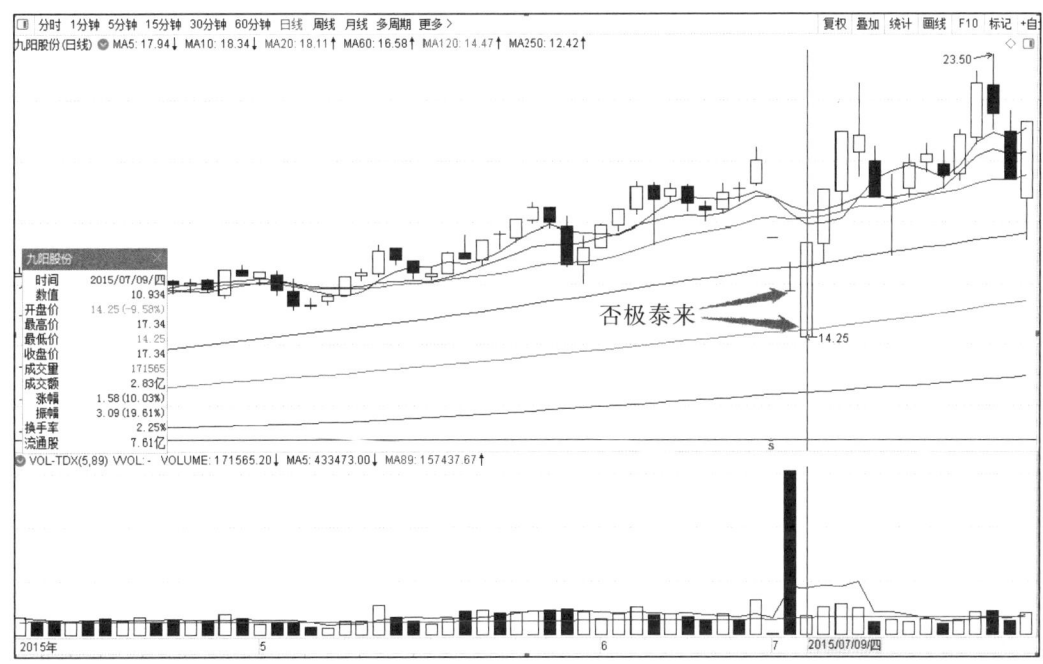

图 9-13 九阳股份（股票代码 002242）

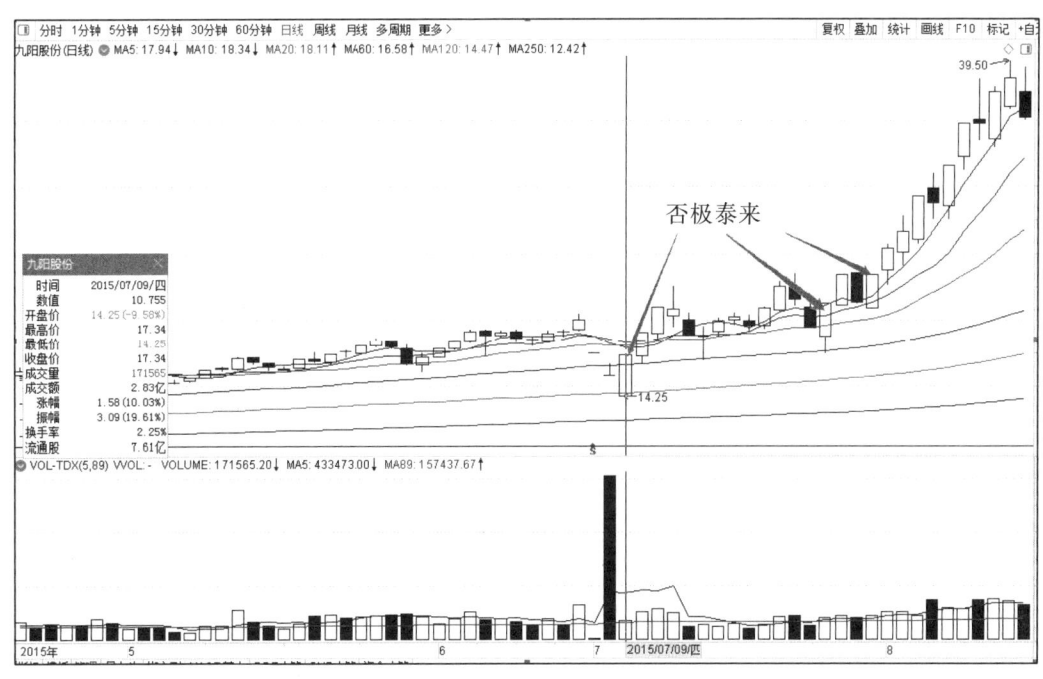

图 9-14 九阳股份（股票代码 002242）

实战案例三 如图 9-15 所示，2017 年 10 月 19 日，上升趋势很好的超声电子（股票代码 000823）突然下跌，用一根贯穿多根均线的大阴线完成了暴力吸筹，次日也就是 10 月 20 日主力便力挽狂澜，和前一日的跌停板完成了拉升之前的否极泰来暴涨形态组合，一波主升浪随即展开（见图 9-16）。

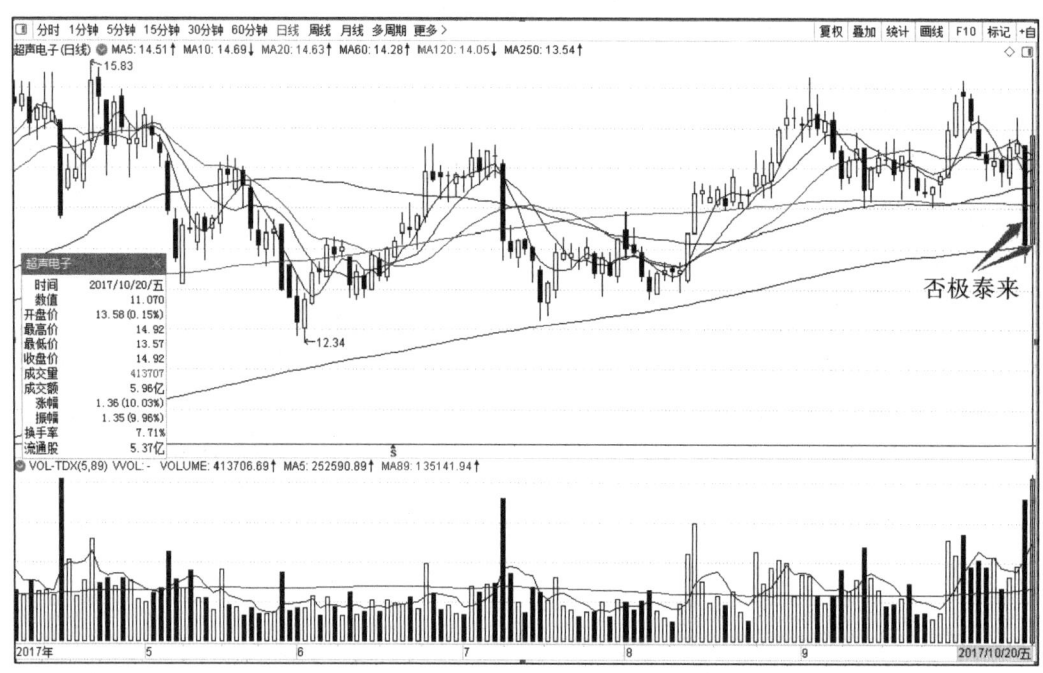

图 9-15　超声电子（股票代码 000823）

图 9-16　超声电子（股票代码 000823）

实战案例四 如图9-17所示，柘中股份（股票代码002346）2016年12月26日用一个放量涨停板吃掉了前一日的缩量跌停板，缩量证明主力没有出货，形成否极泰来暴涨形态，此后便连续拉升出多个涨停板，股价短短时间就翻倍（见图9-18）。

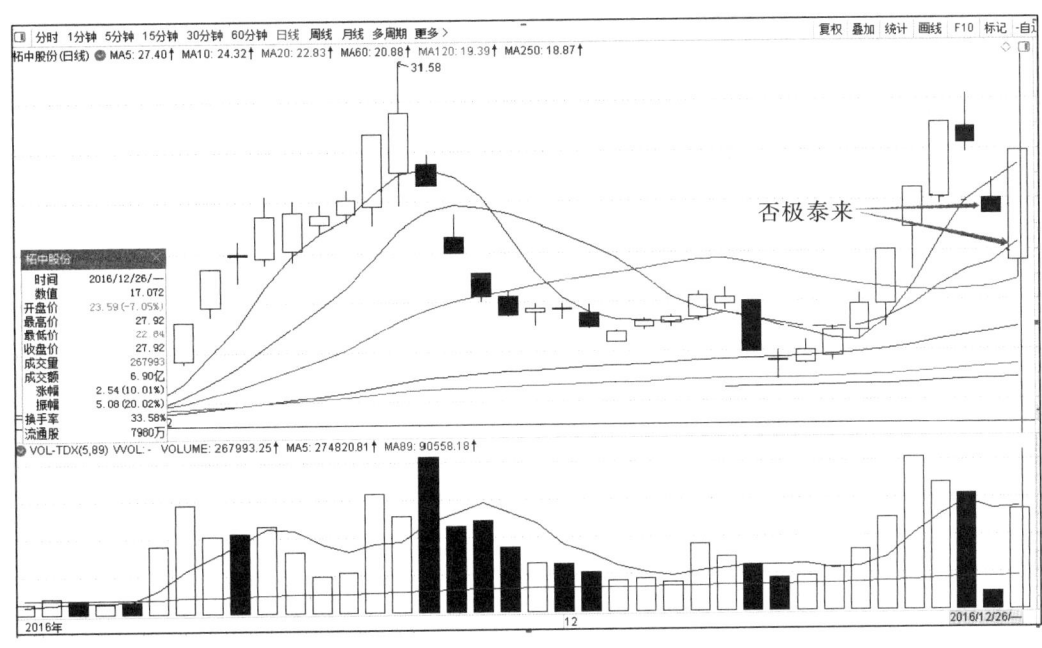

图9-17　柘中股份（股票代码002346）

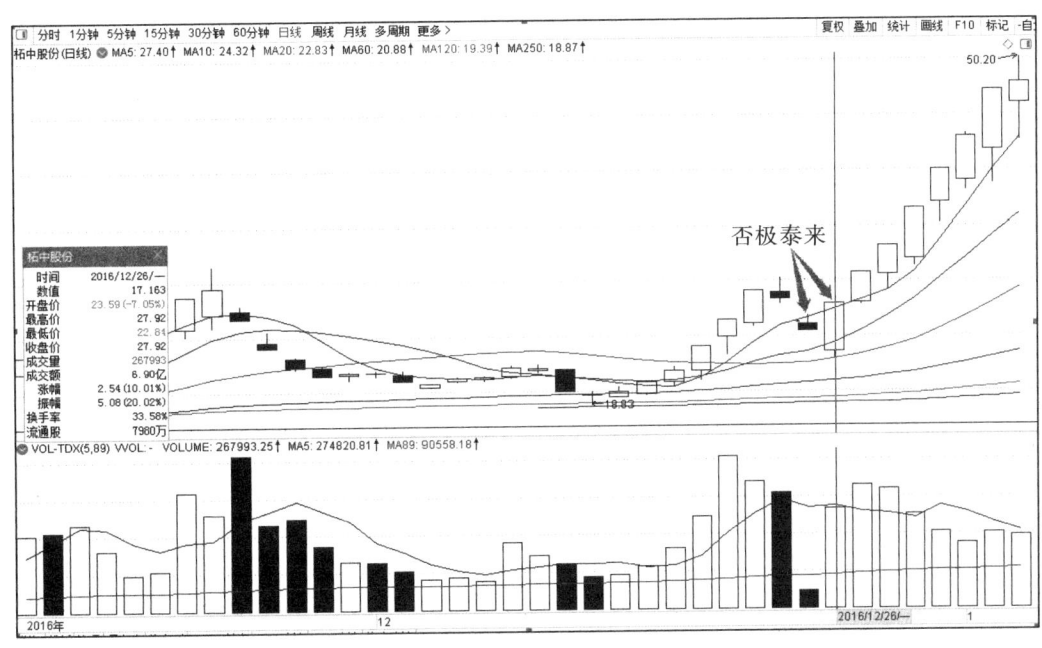

图9-18　柘中股份（股票代码002346）

实战案例五 如图9-19所示，ST昌鱼（股票代码600275）2016年9月29日用一个低开高走的放量涨停板吃掉了前一日的缩量大阴线，缩量证明主力没有出货，形成否极泰来暴涨形态，随后便展开了一波主升浪的拉升。短短13个交易日股价便完成了翻倍行情（见图9-20）。

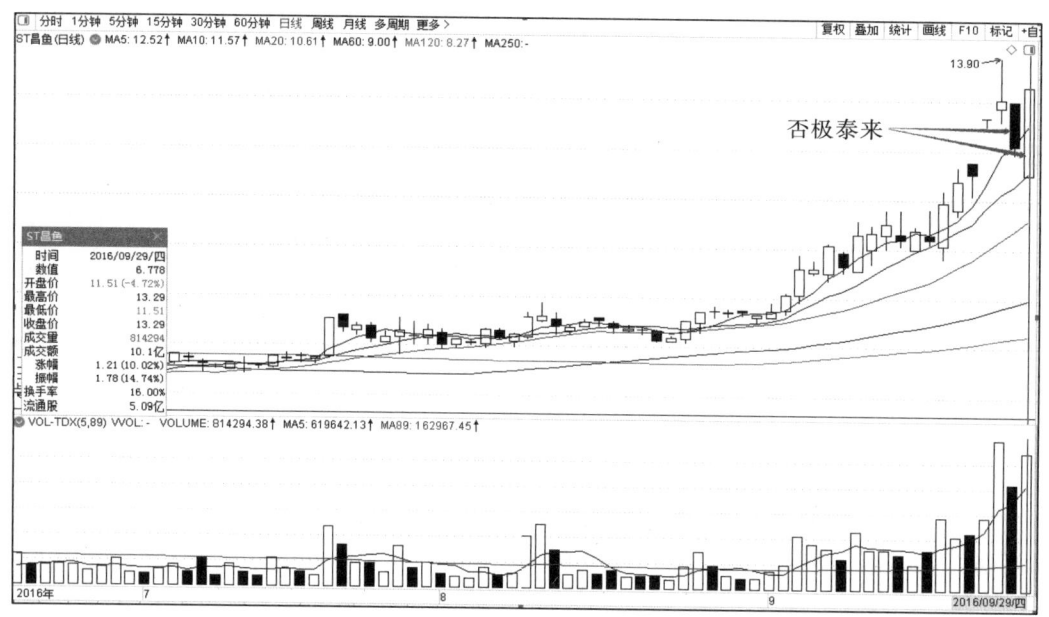

图9-19 ST昌鱼（股票代码600275）

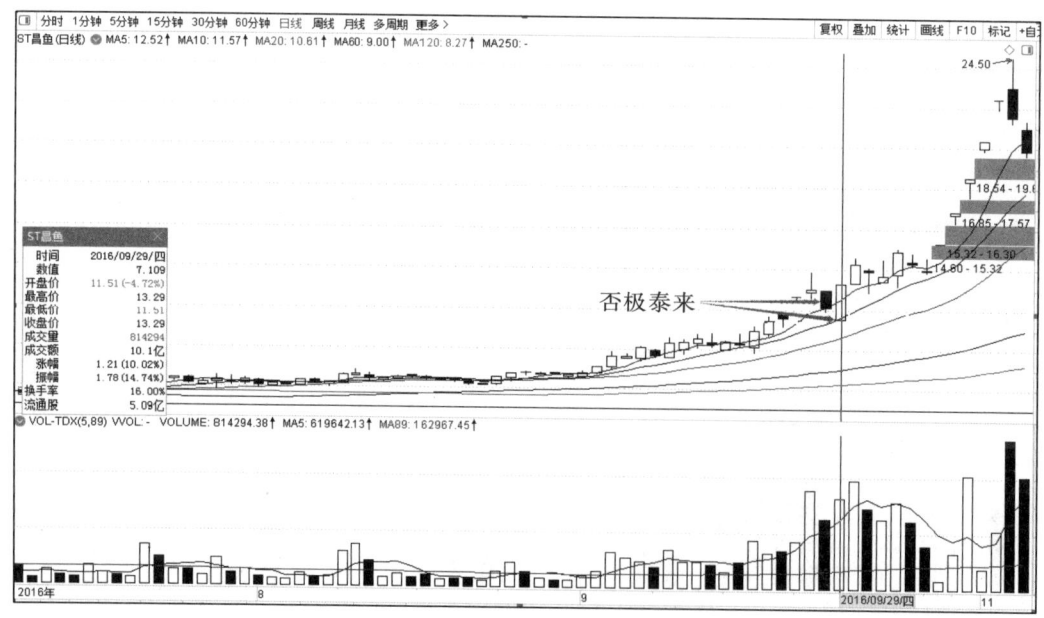

图9-20 ST昌鱼（股票代码600275）

实战案例六 如图9-21所示福建金森（股票代码002679）2019年2月1日收出一个跌停板，跌破了四根均线，同时也击穿了60日均线的重要支撑位，但是次日便以涨停板报收，否极泰来的暴涨形态组合形成。随后便是一波约40%的上涨（见图9-22）。

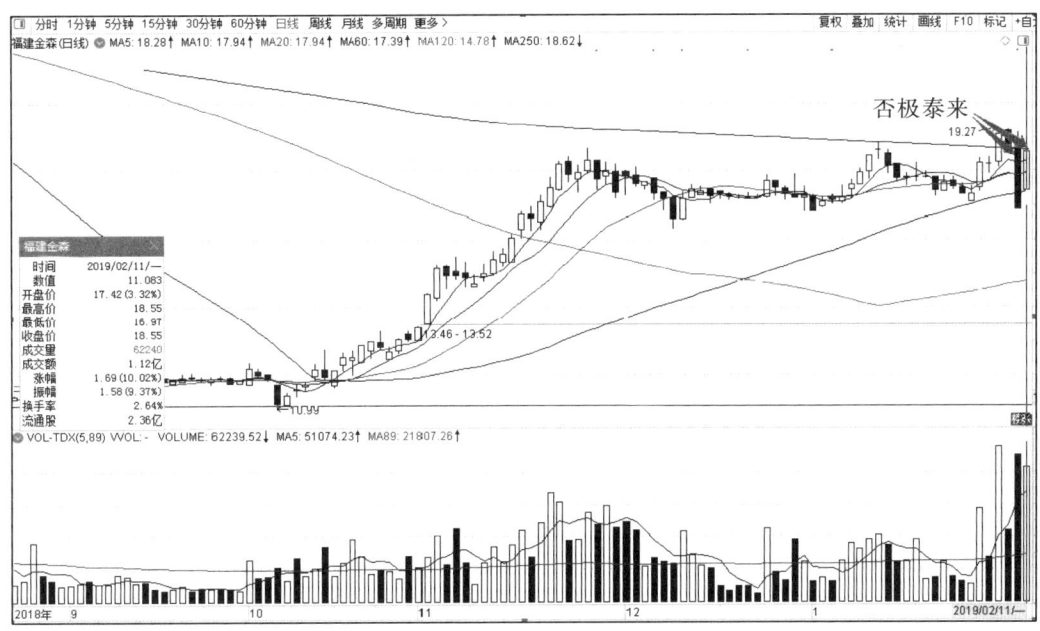

图9-21 福建金森（股票代码002679）

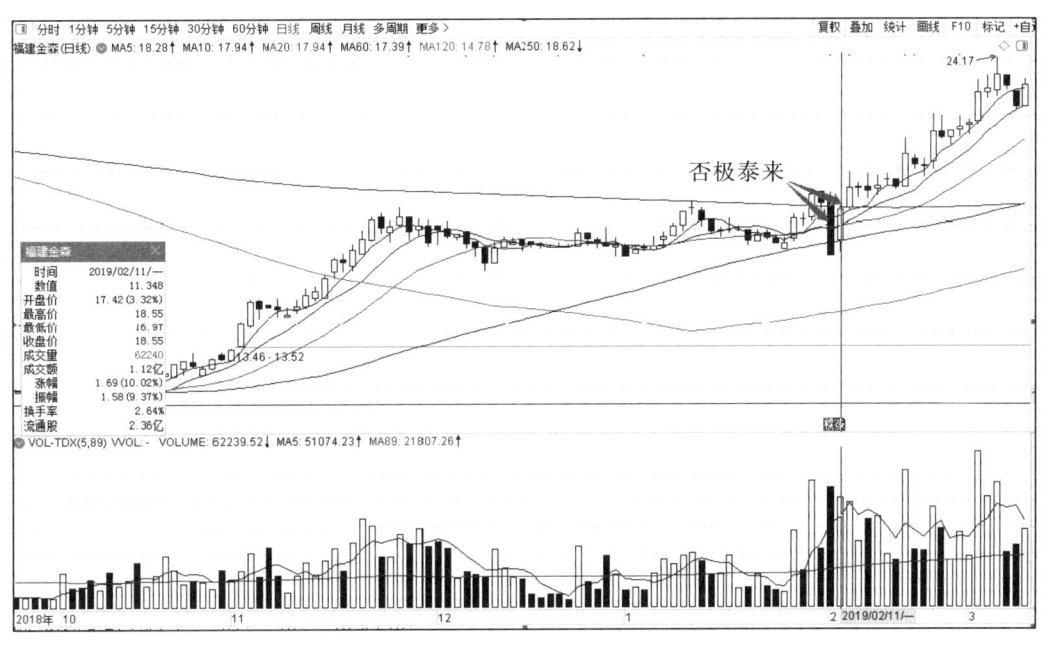

图9-22 福建金森（股票代码002679）

涨停板里有乾坤，跌停板里有黄金，出现一个跌停板，挺吓人的，但是，注意两点：一是跌停缩量，主力是出不了多少货的；二是跌停之后该股并没有往下破位，而是小阴小阳K线不断修复这个跌停破坏的形态，在此前提下，当后面均线多头排列再度进攻时，就可以判断出这样的跌停是洗盘了，可以大胆介入，等待短线爆发！

龙抬头

第十章
DISHIZHANG

在中国文化中，龙凤是喜庆、太平、人才、幸福、祥瑞的象征，拜龙崇凤是一种浓厚的民族情结。中国人赋予了龙凤很多美好的特征：美丽、吉祥、善良、宁静、有德、自然。

农历二月初二，传说是龙抬头的日子，它是我国的一个传统节日，名曰龙头节。俗话说："二月二，龙抬头，大家小户使耕牛。"此时，惊蛰过后，大地复苏，阳气上升，大地解冻，春耕将始，正是运粪备耕之际。一年之计在于春，春耕夏长秋收冬藏，没有春耕就没有秋收。传说此节起源于三皇之首伏羲氏时期。伏羲氏"重农桑，务耕田"，每年二月二这天，"皇娘送饭，御驾亲耕"，自理一亩三分地。所以笔者也把股票的"春耕阶段"——吸筹阶段的K线组合称为龙抬头，以示敬龙祈雨，保佑股票丰收。

图形特征：

1. 10根K线中至少有7根阳线。
2. 13根K线中至少有9根阳线。
3. 10根K线或13根K线都是阳线。
4. 所有K线的涨幅要求小于5%。理由是此时主力悄悄建仓，不希望被人跟风，如果是超过5%的大阳线，很容易引起散户跟风抢筹码。

均线趋势：10日均线必须上穿20日均线，且3日收盘价同时站稳10日均线和20日均线。

成交量特征：量柱一定要大于5日均量线，并且5日均量线必须上穿89日均量线。放量更好，说明多空双方成交意愿强烈（放量不能超过3.8倍，否则主力可能是真出货），缩量也可以，说明主力控盘程度已经很高。

市场逻辑：主力利用连续收阳线或者十字星线秘密建仓，不希望被人发现。但大军过后必留痕，均线为王战法就是透过主力运作的蛛丝马迹来发现主力的意图。

买入时机：见阳线买入，不能见阴线买。因为股票收阴K线一定是主力洗盘或者出货，不能确定回调幅度多大、回调时间多长。看见阳线是因为收盘价一定大于开盘价，说明主力做多意愿强烈，当日的盘中价格高于昨日的收盘价格时择机介入。

止损条件：跌破20日均线后先出局观望。

实战案例一 如图10-1所示，红星发展（股票代码600367）在2016年2月2日到2月23日、3月11日到3月23日、3月30日到4月15日、4月21日到5月5日共走出了四组龙抬头的走势，主力借着四次龙抬头的走势悄悄吸筹。5月6日主力通过大阴K线震仓洗盘，迫使获利盘或者套牢盘等浮筹出局，随后在5月12日，用8.88元作为双零抄底信号发动一波攻击，然后股价一路飙升。图10-2是形成四组龙抬头形态后的股票价格走势图。至7月25日，最高价以17.16元出现双零逃顶信号，短短5个月，主力差不多获得一倍的收益。

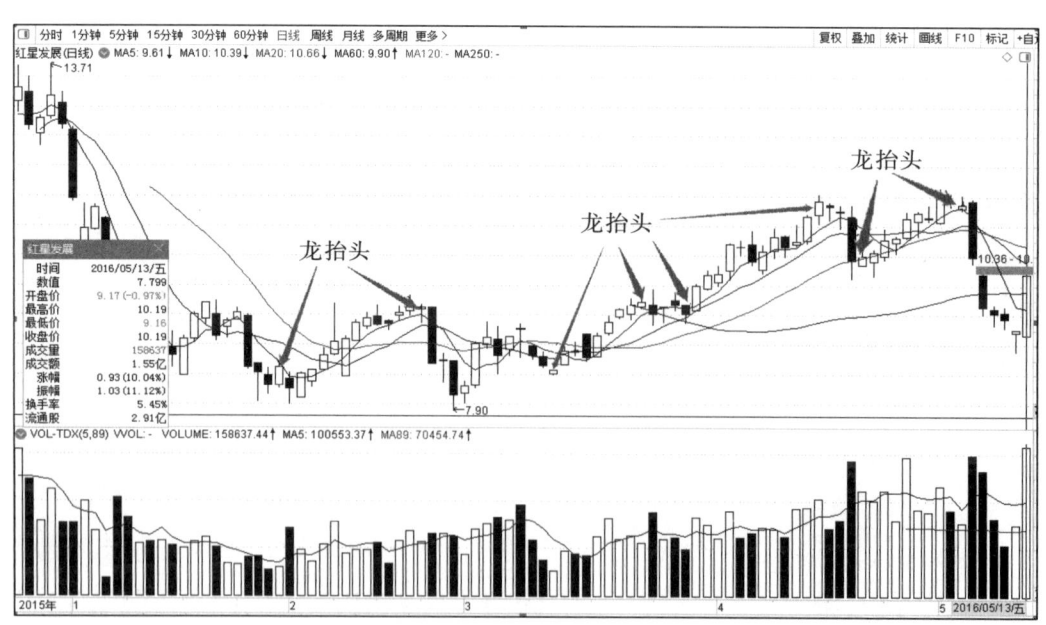

图10-1　红星发展（股票代码600367）

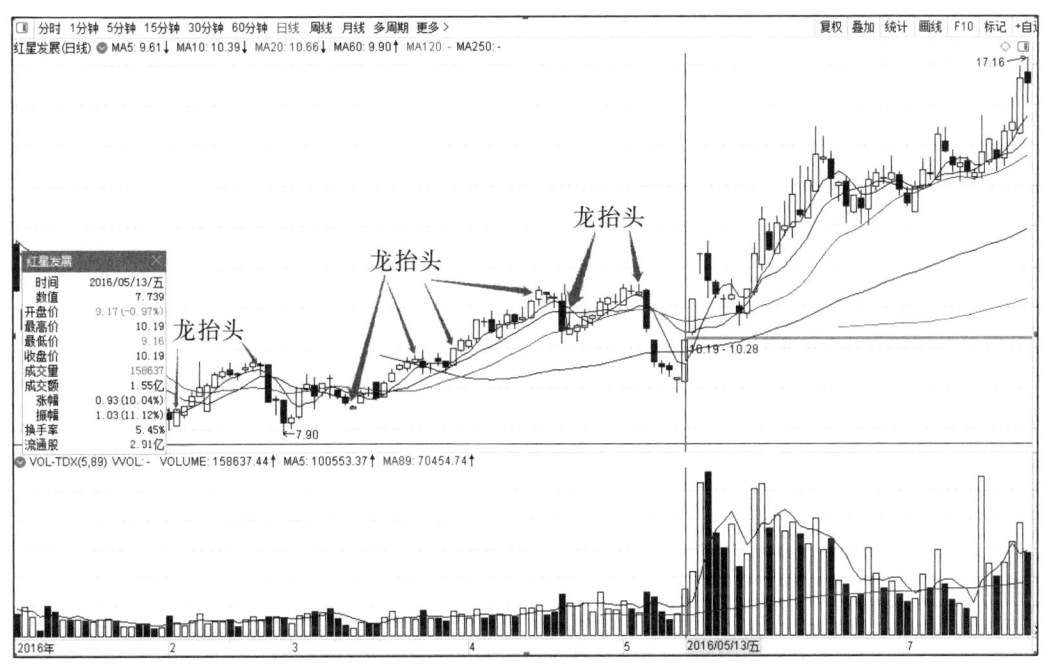

图 10-2 红星发展（股票代码 600367）

实战案例二 如图 10-3 所示，佐力药业（300181）股票经过一波长期下跌，在 2018 年 10 月 19 日出现了最低价 3.33 元的双零抄底信号，同时当天收出一根近乎光

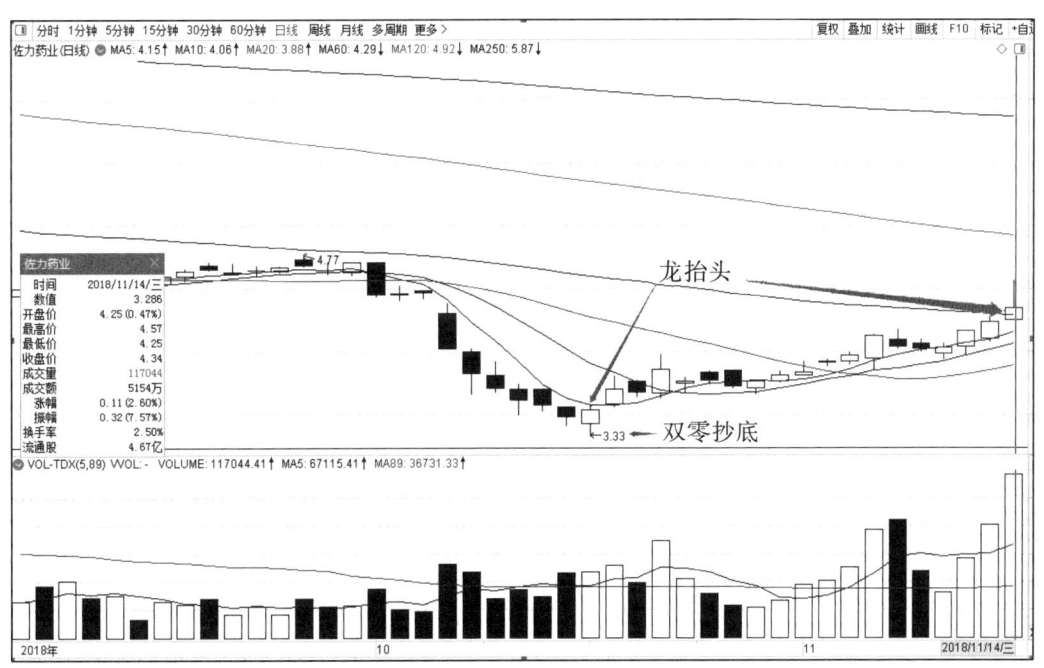

图 10-3 佐力药业（300181）

头的阳线，止跌信号成立。在随后的19个交易日，走出了14根阳线5根阴线的走势。10月25日和11月5日，5日均线分别上穿了10日均线和20日均线。同时，在11月5日，10日均线上穿20日均线，龙抬头形态成立。在11月7日和11月8日收出阴K线，不宜介入。股价在11月9日与12日遇到10日均线的支撑，11月14日突破生命线60日均线的重要压力位，随后拉升了一波超过40%涨幅的走势（见图10-4）。

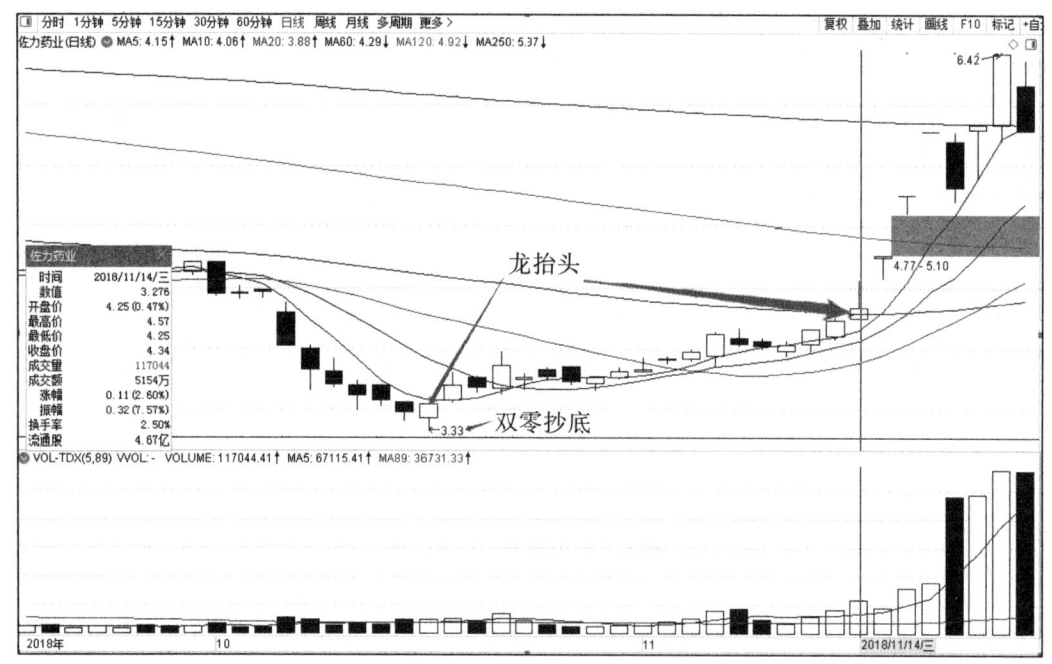

图10-4 佐力药业（300181）

实战案例三 如图10-5所示，张江高科（股票代码600895）股价经过长期下跌，从2018年10月19日到11月1日，10天内只出现2根缩量阴线，收出了8根阳线，符合龙抬头形态特征，并且股价在11月1日成功站稳了10日均线和20日均线，次日又突破生命线60日均线的压力位，收光头阳线，说明主力做多意愿强烈，再借助创投板块的题材热点，两周股价涨幅约100%（见图10-6）。

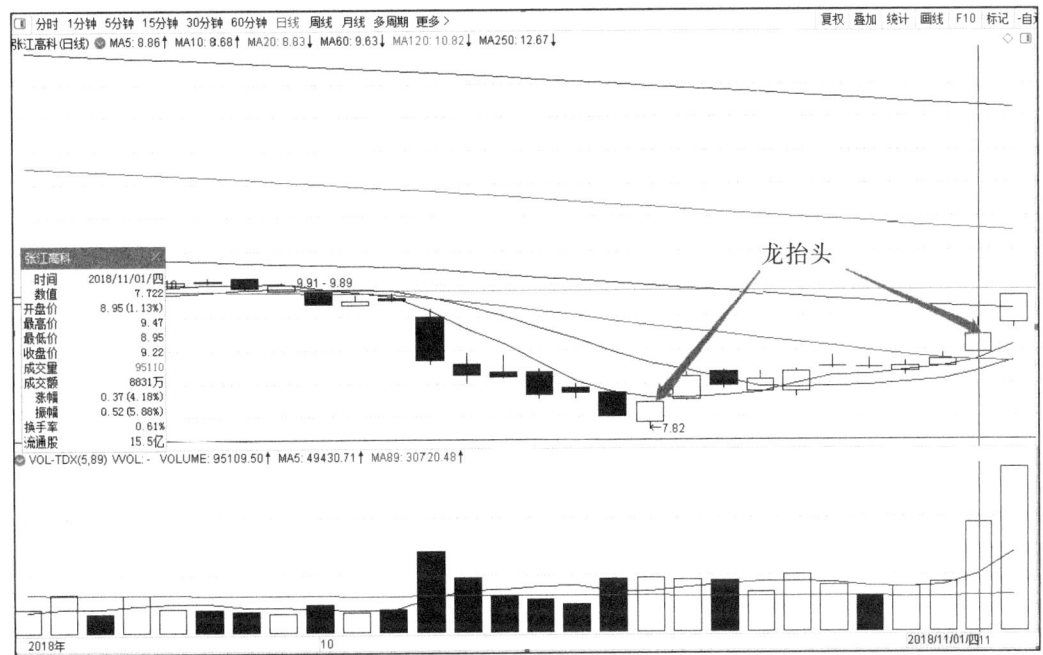

图 10-5 张江高科（股票代码600895）

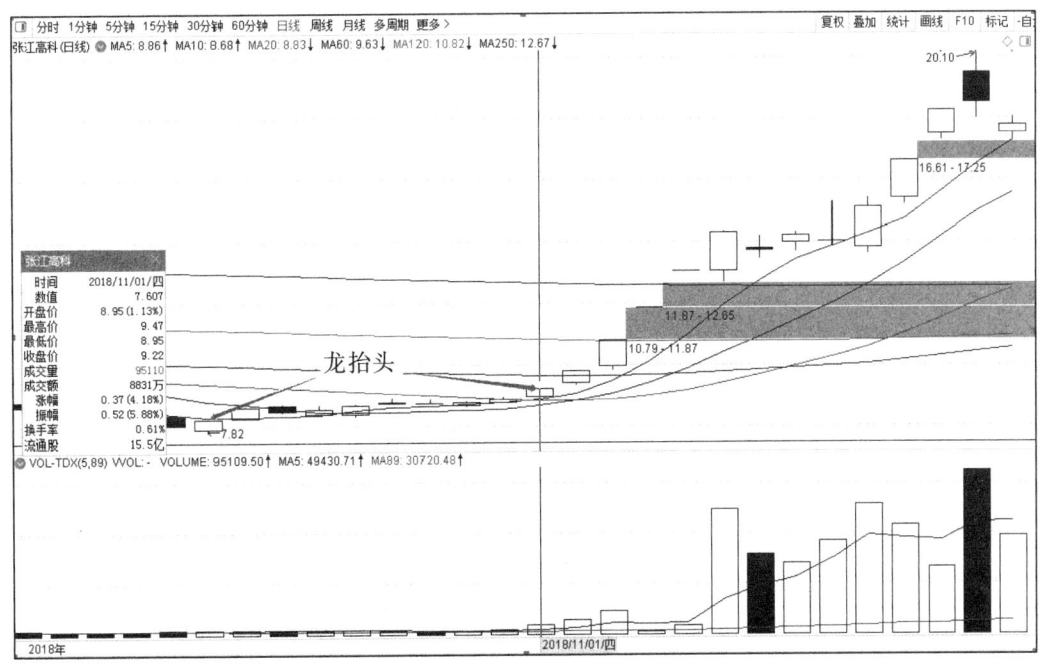

图 10-6 张江高科（股票代码600895）

实战案例四 如图 10-7 所示，方大炭素（股票代码 600516）从 2017 年 4 月 26 日到 5 月 18 日，经过跳空高开，股价形成护城河安全保障后的 16 个交易日出现了 12 根阳K线，明显符合龙抬头形态特征。龙抬头形成之后，主力又动用了跳空一线天、金凤还巢等多种暴涨组合形态，当然原材料石墨烯的涨价也和股价形成了风借火势、火借风威。短短不到3个月股价便有了超过200%的涨幅（见图10-8）。

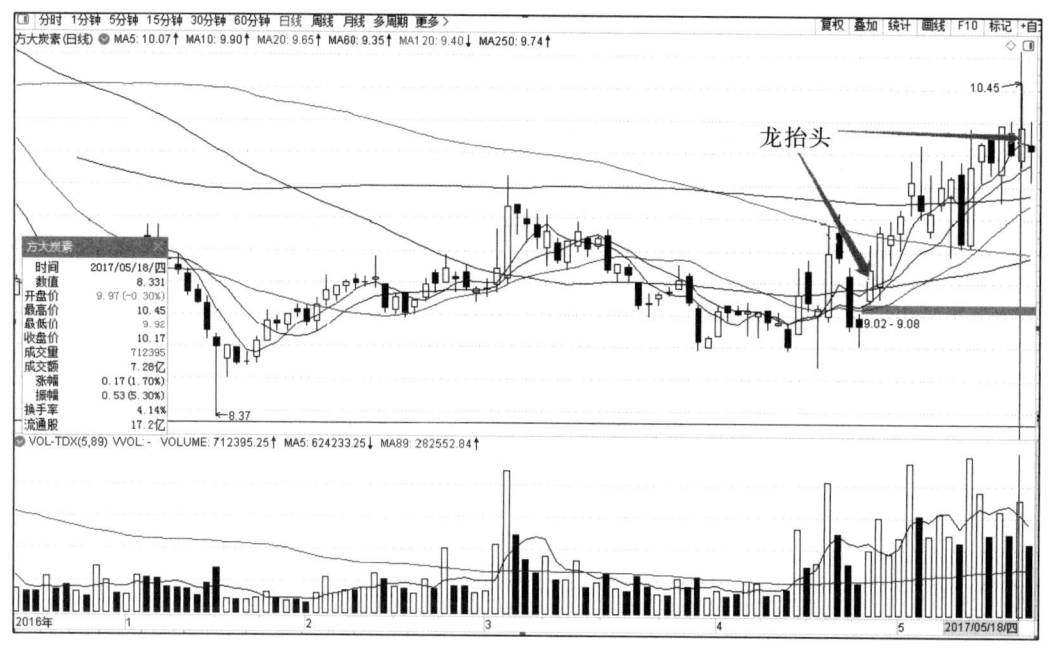

图10-7　方大炭素（股票代码600516）

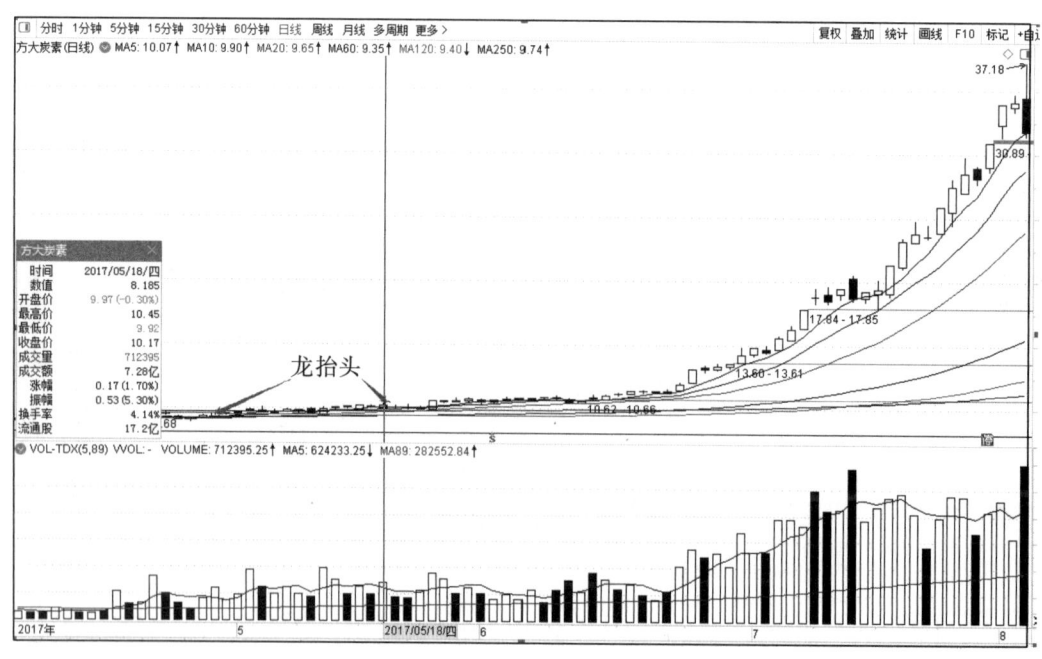

图10-8　方大炭素（股票代码600516）

实战案例五 随着区块链板块的大热,新晨科技(股票代码300542)与易见股份(股票代码600093)、科蓝软件(股票代码300663)组成了区块链的"三驾马车"。其股价不甘落后,如图10-9所示,2017年11月20日到12月7日,14个交易日出现了11根阳K线,明显符合龙抬头形态特征,龙抬头形成之后的次日股价便以涨停板报收。经过将近1个月的横盘整理,终于从12月29日股价开始了步步高升,2018年1月8日成功突破120日均线重要压力位,两周多的时间股价涨幅便超过了60%(见图10-10)。

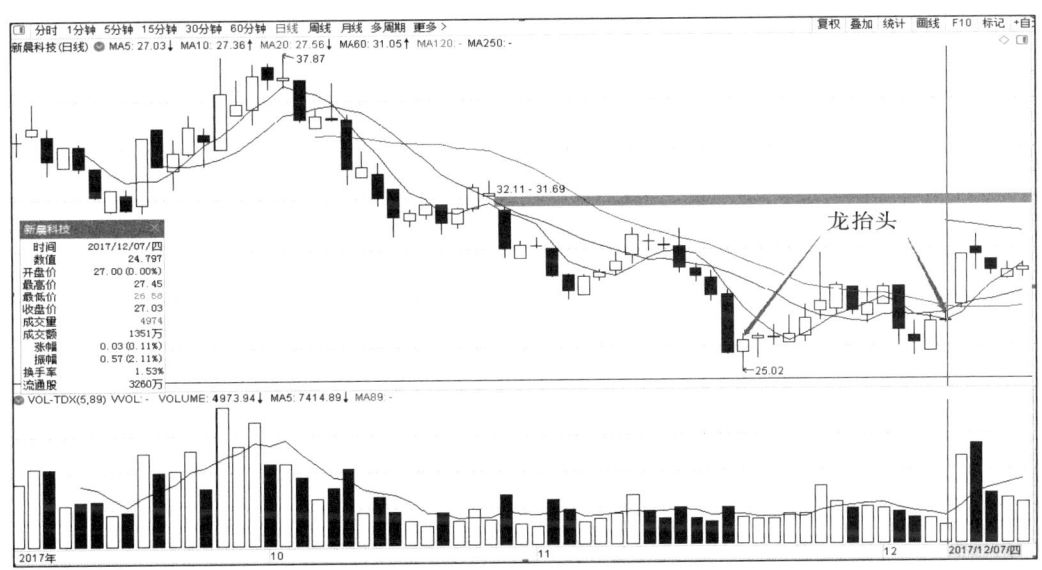

图10-9 新晨科技(股票代码300542)

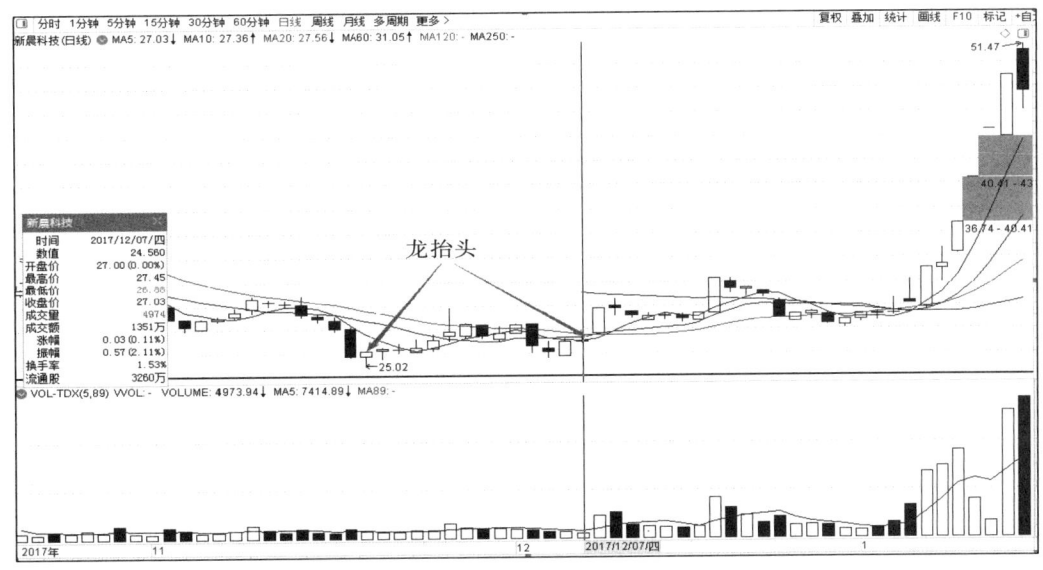

图10-10 新晨科技(股票代码300542)

实战案例六 很多人都说牛股基因是有涨停板，这话说得没有错，但是殊不知发动涨停板的基础是必须有足够的筹码，手中有粮，心里不慌。如图10-11所示，天山股份（股票代码000877）2016年12月30日到2017年1月24日，17个交易日出现了14根阳K线，只有3根阴K线，明显符合龙抬头形态特征。龙抬头形成之后的第五个交易日，股价便以涨停板报收。借助"一带一路"的东风，股价走出了一波让人叹为观止的暴涨行情（见图10-12）。

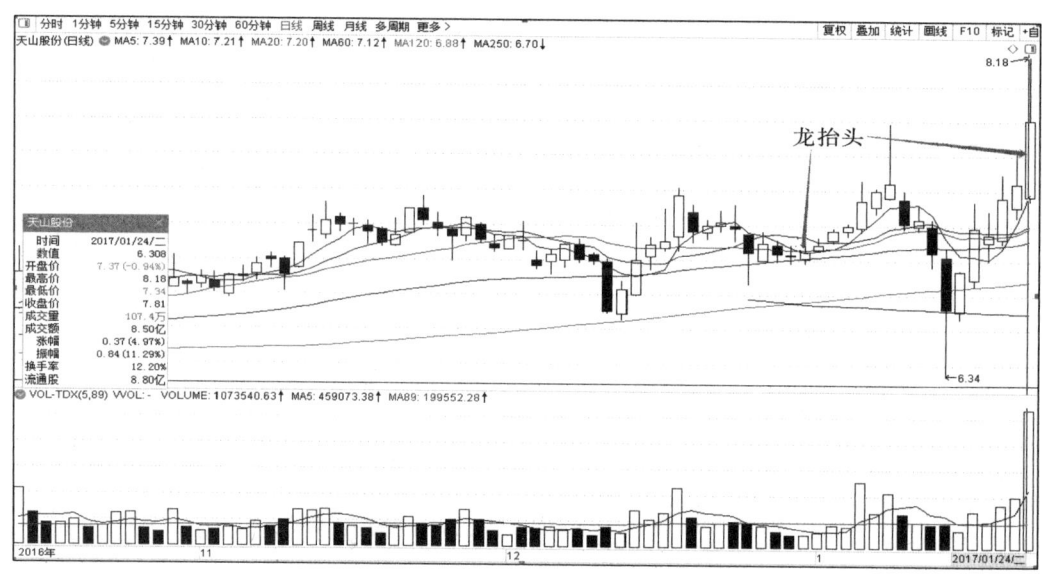

图10-11　天山股份（股票代码000877）

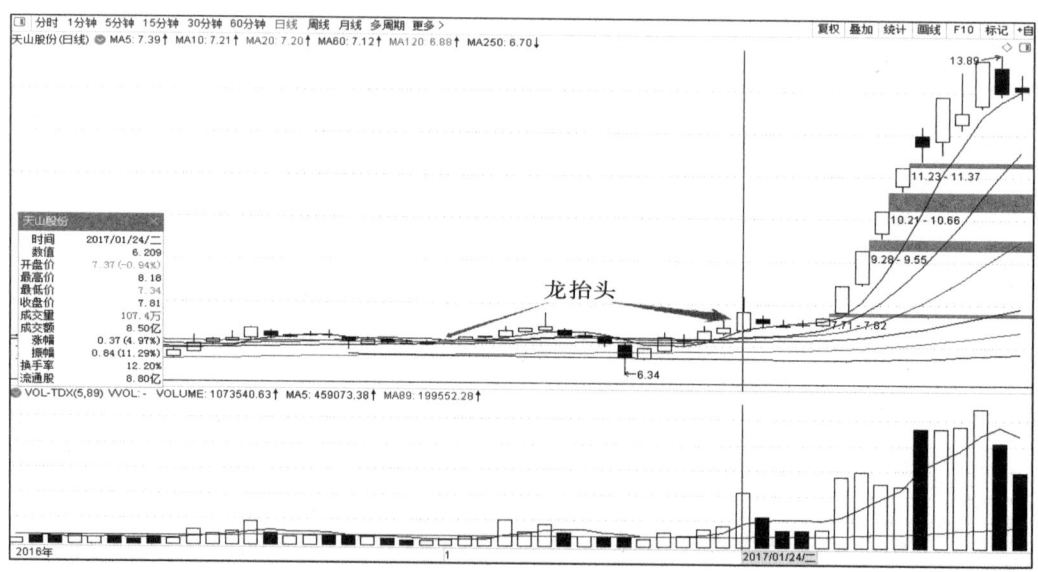

图10-12　天山股份（股票代码000877）

金凤还巢

第十一章
DISHIYIZHANG

要问股市中的哪种形态、哪种走势最具震撼力、最能代表股市的短期造富魅力，答案无疑就是涨停板。涨停板形态是一种价格走势极端的产物，它在沪、深两市中几乎每天都在出现。

涨停板的出现绝非偶然，如果我们仅仅认为涨停板的出现是个股随机波动的结果，那这种认识就显得过于肤浅了，技术分析方法的精髓就在于寻找出个股上涨或下跌的内因，只有更好地理解了事物形成的内因，我们才可以理解这种走势、运用这种前期走势去解读个股当前的走势并预测其后期走势。金凤还巢这种形态正是其中的典型代表。

图形特征：由 2—7 根 K 线组成，其中第一根是涨停板或者准涨停板，最后一根是大阳线且收盘价高于前面涨停板的收盘价，第二、三、四、五根 K 线可以是阴线，也可以是阳线，缩量更佳，回调时股价不能跌破第一个涨停板的开盘价。

图 11-1 是由 2 根 K 线形成的最强金凤还巢暴涨形态，前一日是涨停板，次日股价跳空高开，最低价没有跌破前一日涨停板收盘价。

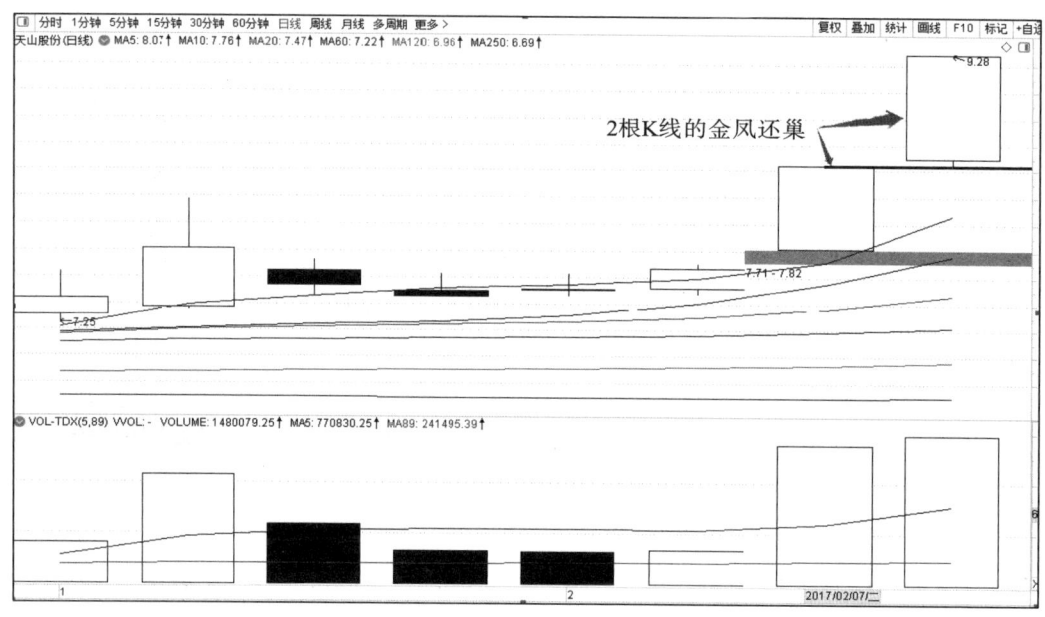

图 11-1

图 11-2 是由 3 根 K 线形成的金凤还巢暴涨形态，第一日是涨停板，次日股价跳空高开后，虽然收阴线，但是最低价没有跌破第一日涨停板收盘价，第三个交易日股价最低点仍然站在前面涨停板的收盘价上方，而且修复了前一日的阴 K 线，也是强势的金凤还巢暴涨形态。

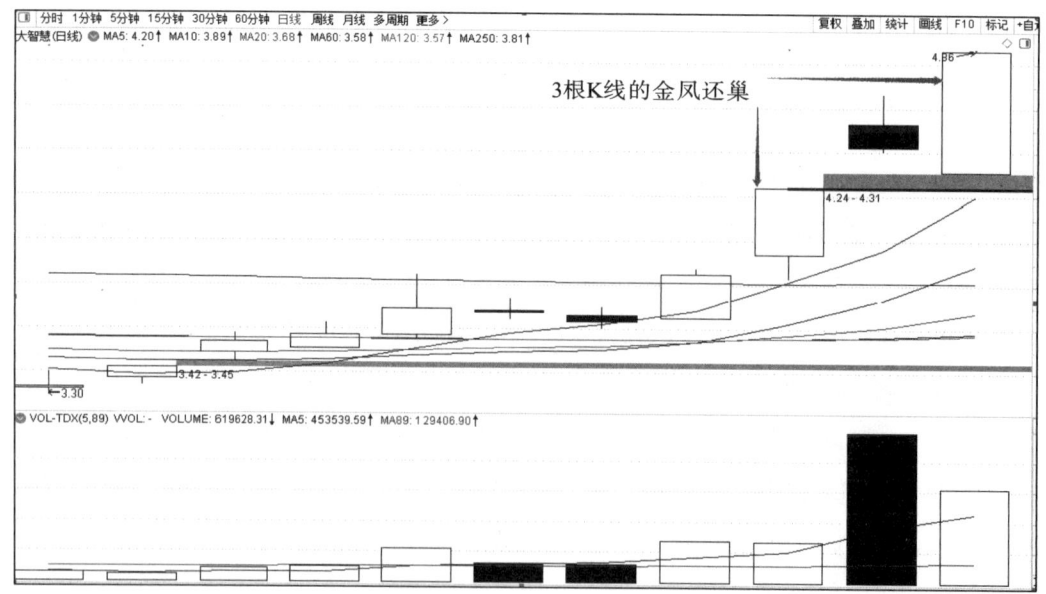

图 11-2

图 11-3 是由 4 根 K 线形成的金凤还巢暴涨形态，第一日是涨停板，次日股价跳空低开后，连续两日收盘价没有跌破前面涨停板，最后一根 K 线突破第一日涨停板收盘价时，金凤还巢暴涨形态形成。

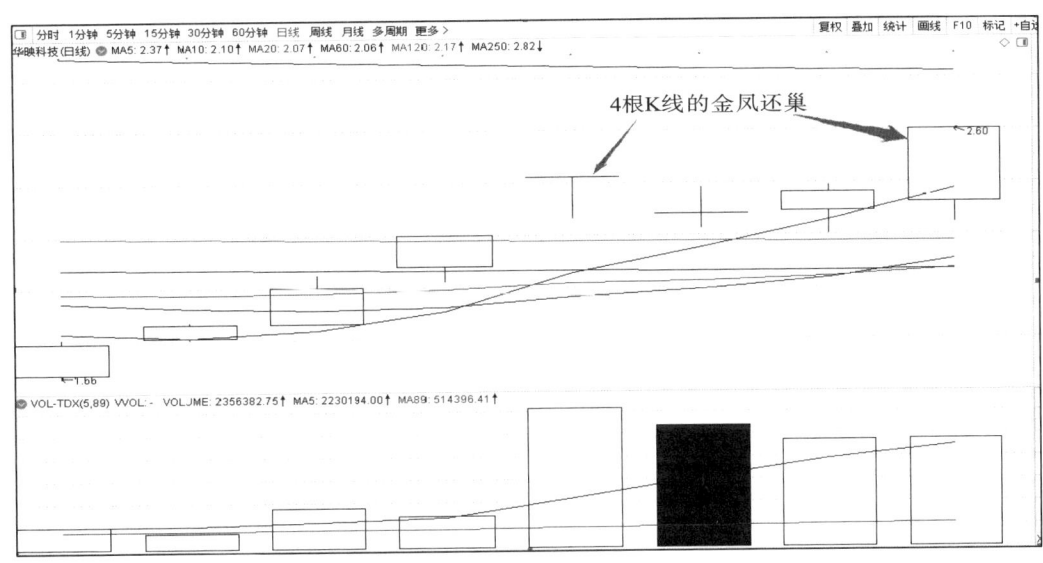

图 11-3

图 11-4 是由 5 根 K 线形成的金凤还巢暴涨形态，第一日是涨停板，次日股价跳空高开后，没有跌破前面涨停板收盘价，后面虽然连续两日收了 2 根阴 K 线，但收盘价都没有跌破前面涨停板的收盘价，最后一根大阳线出现时，金凤还巢暴涨形态形成。

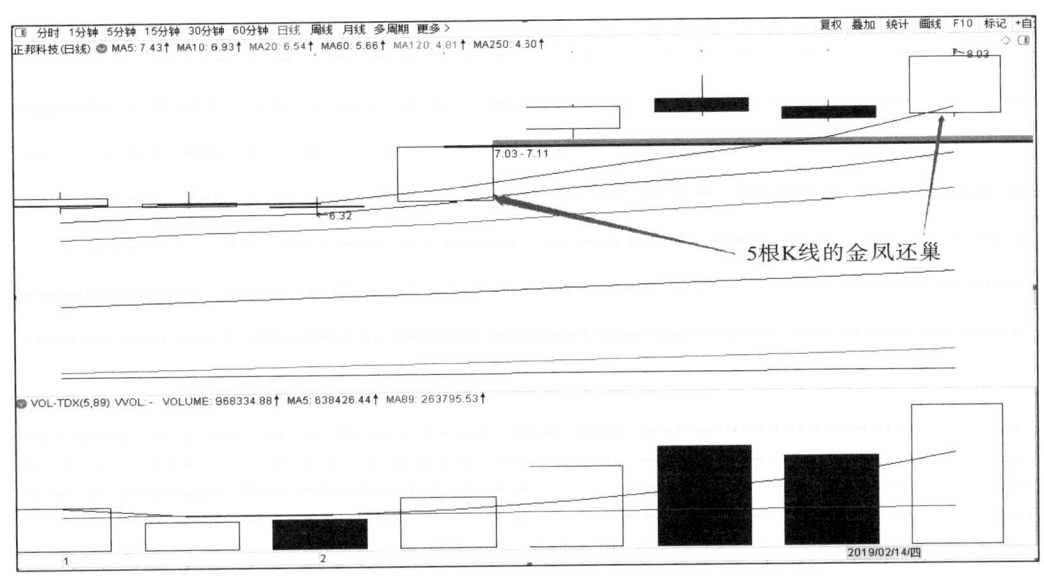

图 11-4

均线趋势：收盘价必须同时站稳10日均线和20日均线。10日均线必须上穿20日均线，且三日收盘价同时站稳10日均线和20日均线。

成交量特征：量柱一定要大于5日均量线，并且5日均量线必须上穿89日均量线，放量更好，说明多空双方成交意愿强烈（放量不能超过3.8倍，否则主力可能是真出货），缩量也可以，说明主力控盘程度已经很高。

市场逻辑：出现涨停板说明主力做多意愿强烈，并且没有跌破主力的建仓成本线。金凤还巢分两种形态，最强的形态就是二至五个交易日内收盘价不跌破第一个涨停板的收盘价涨幅的三分之二处，为举火烧天；次强状态是二至五个交易日内收盘价不跌破第一个涨停板的开盘价，为暗度陈仓。

买入条件：金凤还巢都是在突破前面涨停板收盘价时买入，因为害怕涨停板是假突破。如果涨停板是假突破，形成整理型K线，那么时间成本就太高了。注意三连板以后的涨停板，慎入。

止损条件：跌破涨停板开盘价止损。

一、金凤还巢之举火烧天

实战案例一 如图11-5所示，融捷股份（股票代码002192）2019年1月11日以涨停板收盘，此后的5个交易日的收盘价再也没有跌破前面涨停板涨幅的三分之二价

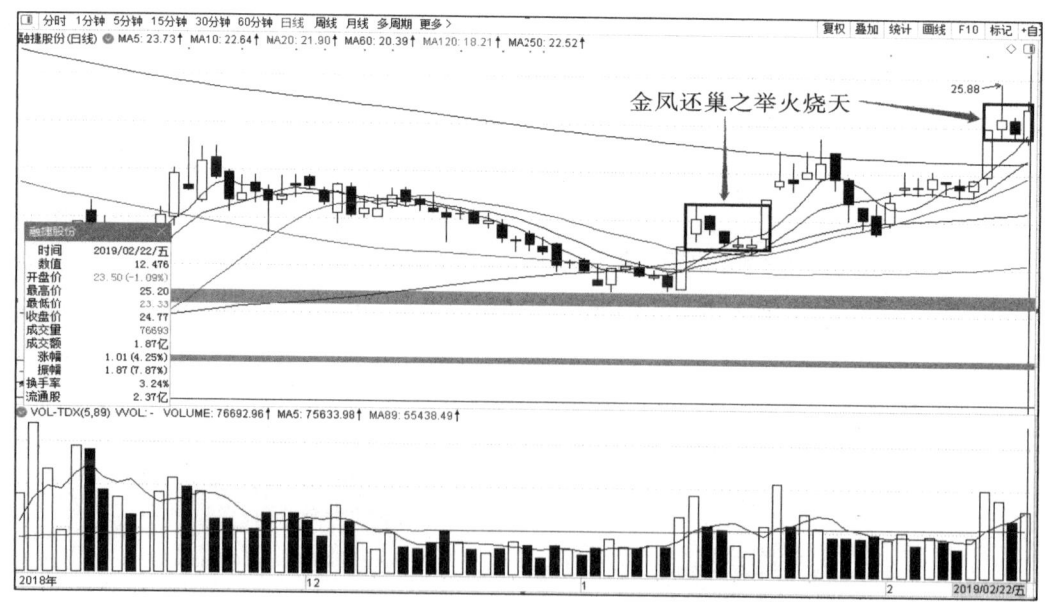

图11-5 融捷股份（股票代码002192）

格，第六个交易日收获1个涨停板，金凤还巢之举火烧天暴涨形态形成。2月22日，主力如法炮制，再次完成金凤还巢之举火烧天形态，不过这次只横盘2个交易日，说明力度更强。随后便是连续2个一字涨停板（见图11-6）。

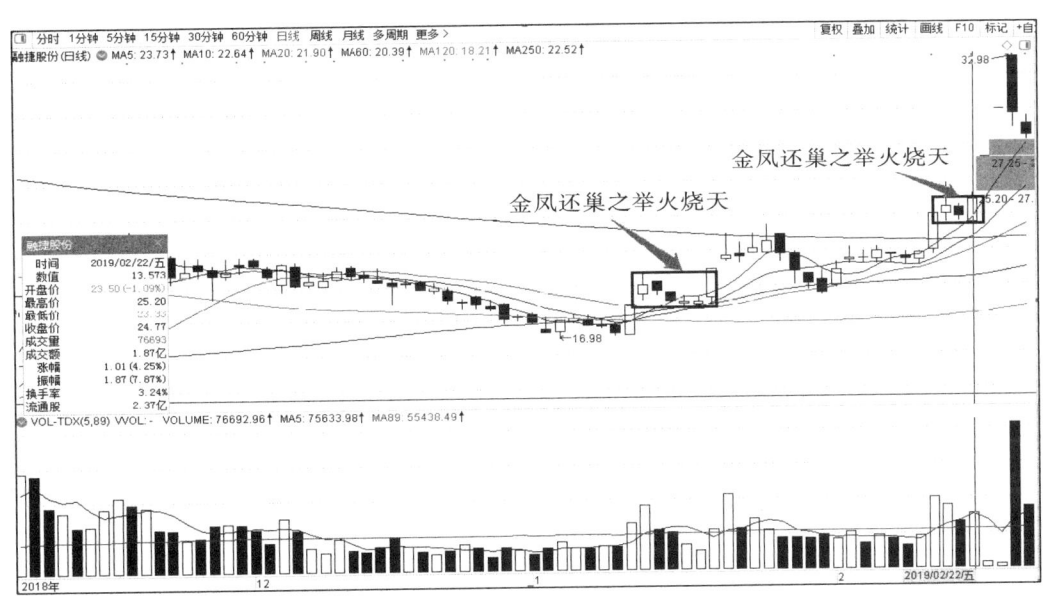

图11-6　融捷股份（股票代码002192）

实战案例二　如图11-7所示，八一钢铁（股票代码600581）2017年6月19日以涨停板收盘，此后5个交易日的收盘价再也没有跌破前面涨停板涨幅三分之二价格，

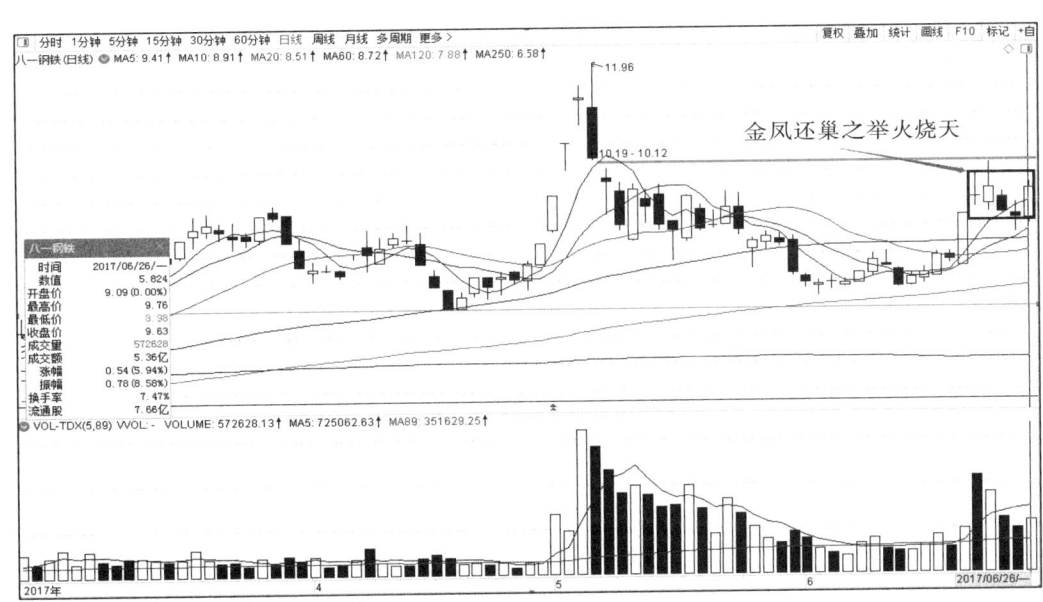

图11-7　八一钢铁（股票代码600581）

金凤还巢之举火烧天暴涨形态形成，后面的拉升也就顺理成章了。图 11-8 是形成金凤还巢之举火烧天暴涨形态后的股票价格走势图。短短 18 个交易日，股价涨幅便高达 70% 左右。

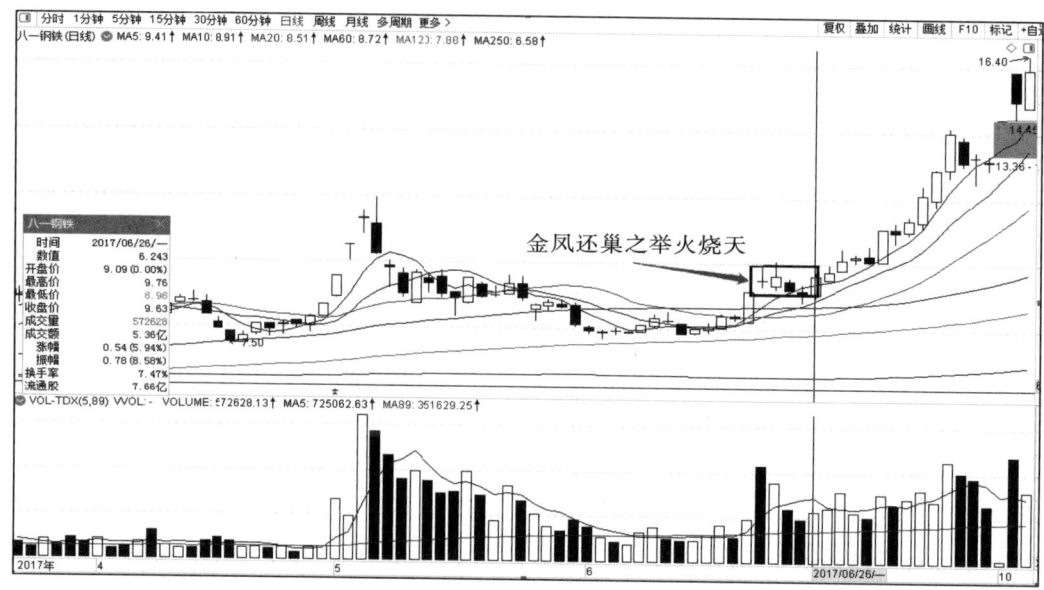

图 11-8　八一钢铁（股票代码 600581）

实战案例三　如图 11-9 所示，正邦科技（股票代码 002157）2019 年 2 月 11 日以涨停板收盘，此后 3 个交易日虽然收了 2 根小阴线，但是收盘价依然站在涨停板的收

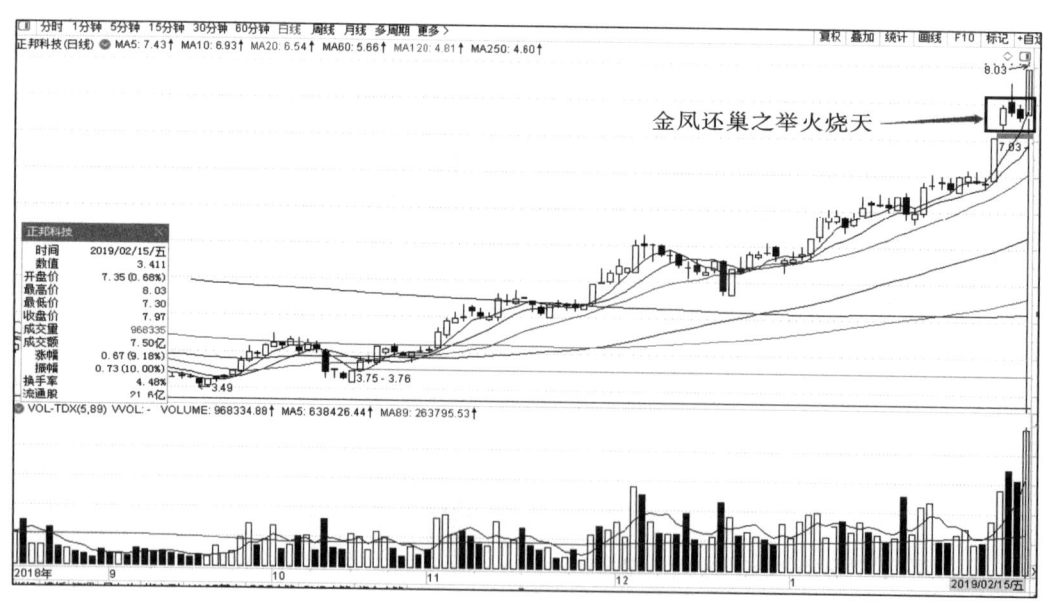

图 11-9　正邦科技（股票代码 002157）

盘价上方，跳空一线天依然有效支撑着股价，金凤还巢之举火烧天暴涨形态形成，后面的拉升指日可待。图11-10是形成金凤还巢之举火烧天暴涨形态后的股票价格走势图。短短不到20个交易日，股价涨幅便高达100%以上。

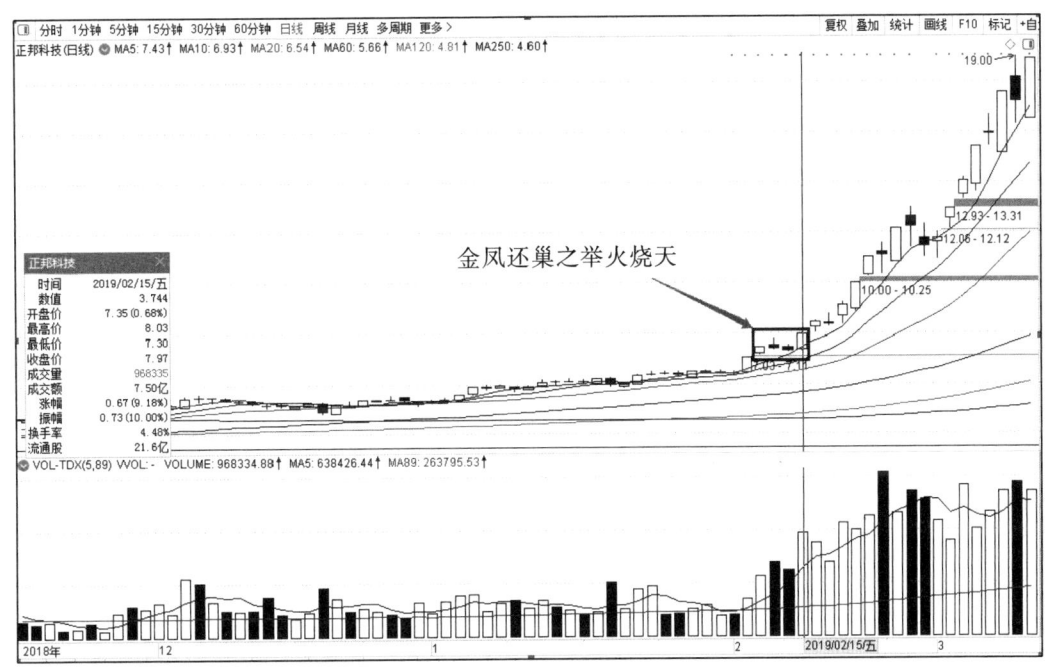

图11-10　正邦科技（股票代码002157）

实战案例四　如图11-11所示，健友股份（股票代码603707）2019年2月12日以涨停板收盘，同时也突破了120日均线的重要压力位，此后只隔了1个交易日，收盘价就站在前一个交易日涨停板的收盘价上方，金凤还巢之举火烧天暴涨形态形成，后面的拉升指日可待。图11-12所示是形成金凤还巢之举火烧天暴涨形态后的股票价格走势图。短短19个交易日，股价涨幅便高达70%以上。

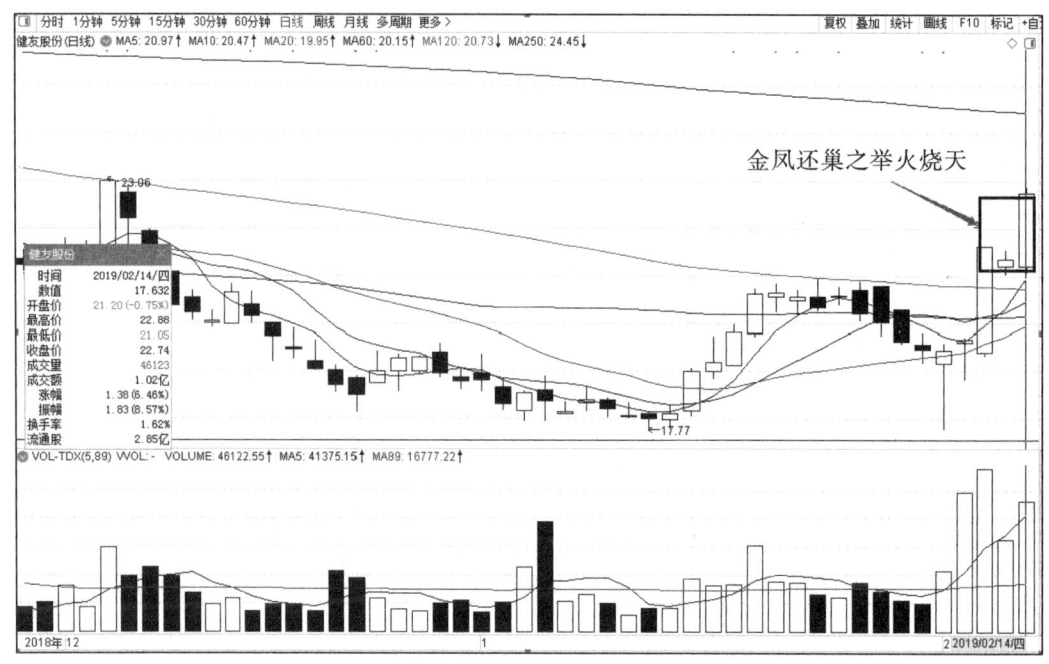

图 11-11　健友股份（股票代码 603707）

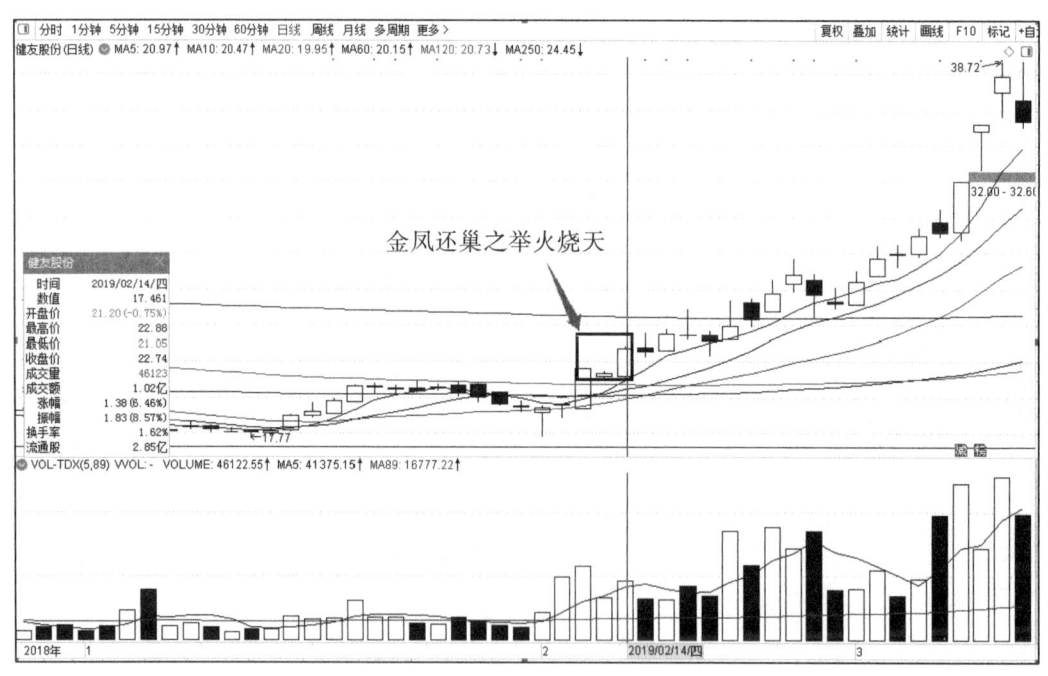

图 11-12　健友股份（股票代码 603707）

二、金凤还巢之暗度陈仓

实战案例一　如图11-13所示,德宏股份(股票代码603701)2019年5月21日以涨停板收盘,此后2个交易日虽然都收了阴线,但是收盘价依然站在前面涨停板的开盘价的上方,5月24日,股价便强势突破了前面涨停板的收盘价,金凤还巢之暗度陈仓暴涨形态形成,后面的拉升指日可待。图11-14是形成金凤还巢之暗度陈仓暴涨形态后的股票价格走势图。连续收出三个涨停板,股价涨幅高达30%以上。

图11-13　德宏股份(股票代码603701)

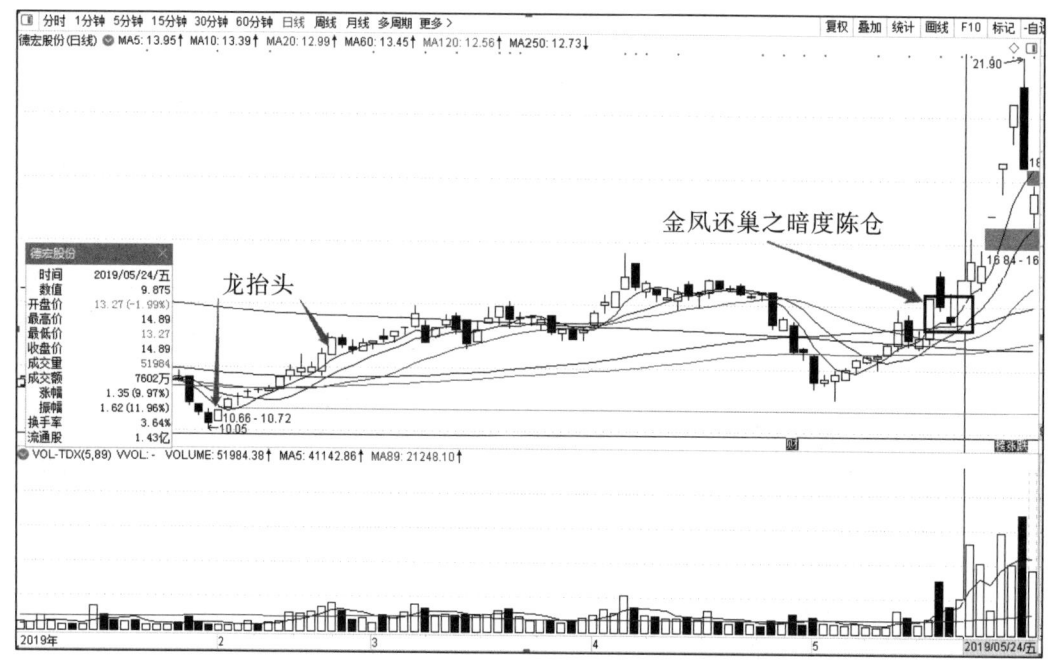

图 11-14 德宏股份（股票代码 603701）

实战案例二 如图 11-15 所示，张江高科（股票代码 600895）2018 年 11 月 8 日收出一个准涨停板，随后 3 个交易日缩量横盘整理，但都没有跌破前面准涨停板的开盘价。

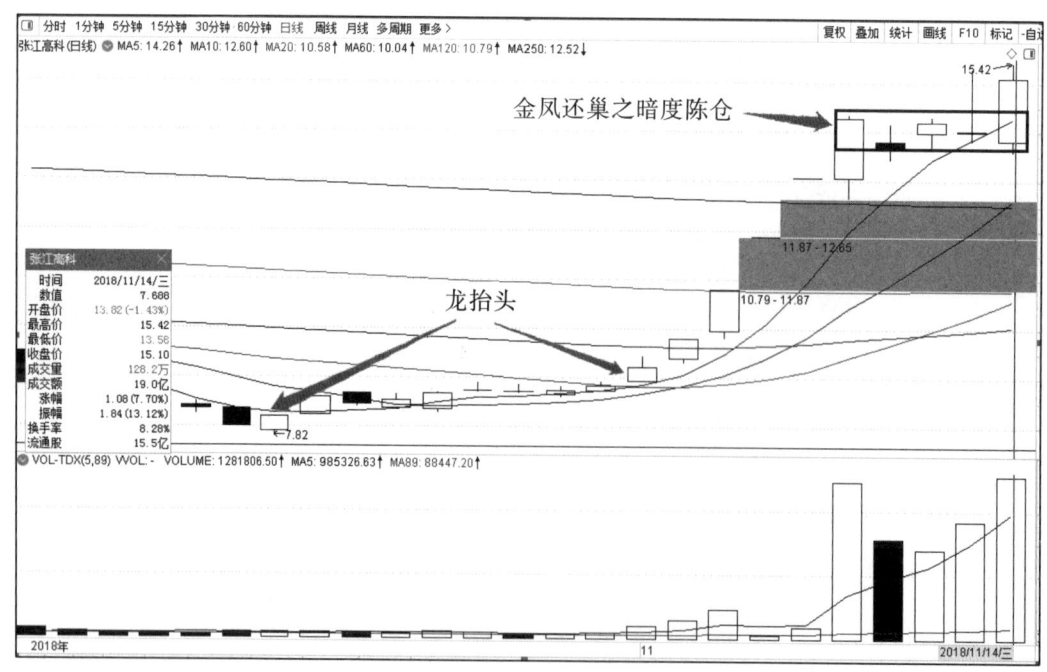

图 11-15 张江高科（股票代码 600895）

11月14日股价强势突破11月8日的准涨停板的收盘价，金凤还巢之暗度陈仓暴涨形态形成，加上科创板的题材热点，后面的拉升指日可待。后面主力果然不负众望，又连续拉升2个涨停板（见图11-16）。

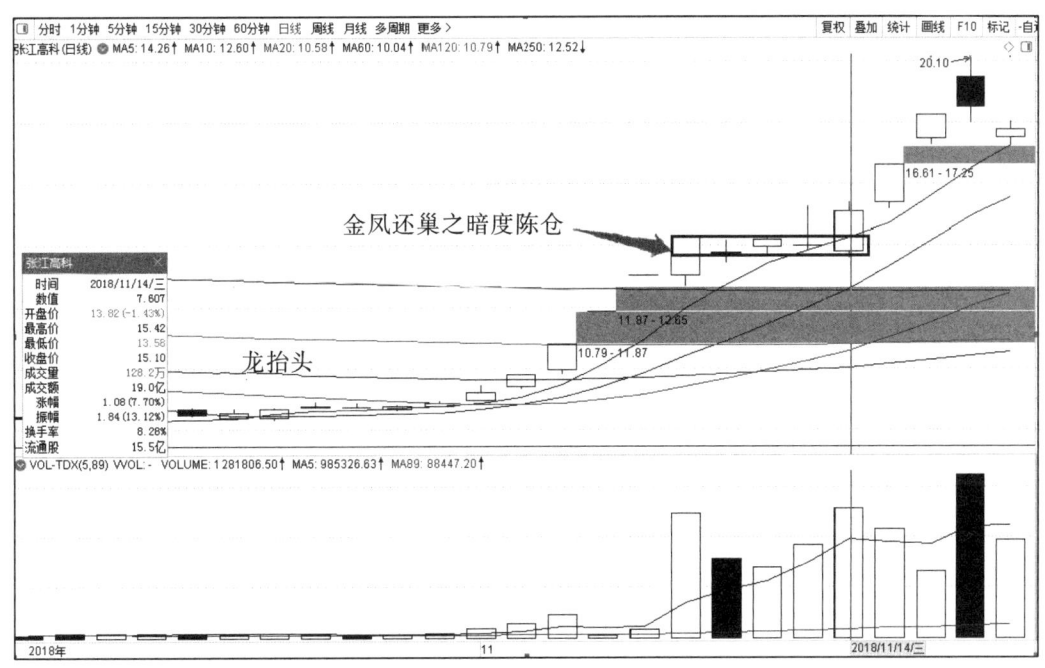

图11-16　张江高科（股票代码600895）

实战案例三　如图11-17所示，第一创业（股票代码002797）2018年10月22日收出一个涨停板，随后2个交易日横盘整理，但都没有跌破前面涨停板的开盘价。10月25日股价强势突破10月22日涨停板的收盘价，同时也突破了60日均线的重要压力位。金凤还巢之暗度陈仓暴涨形态形成，随后股价便一路震荡上行（见图11-18）。

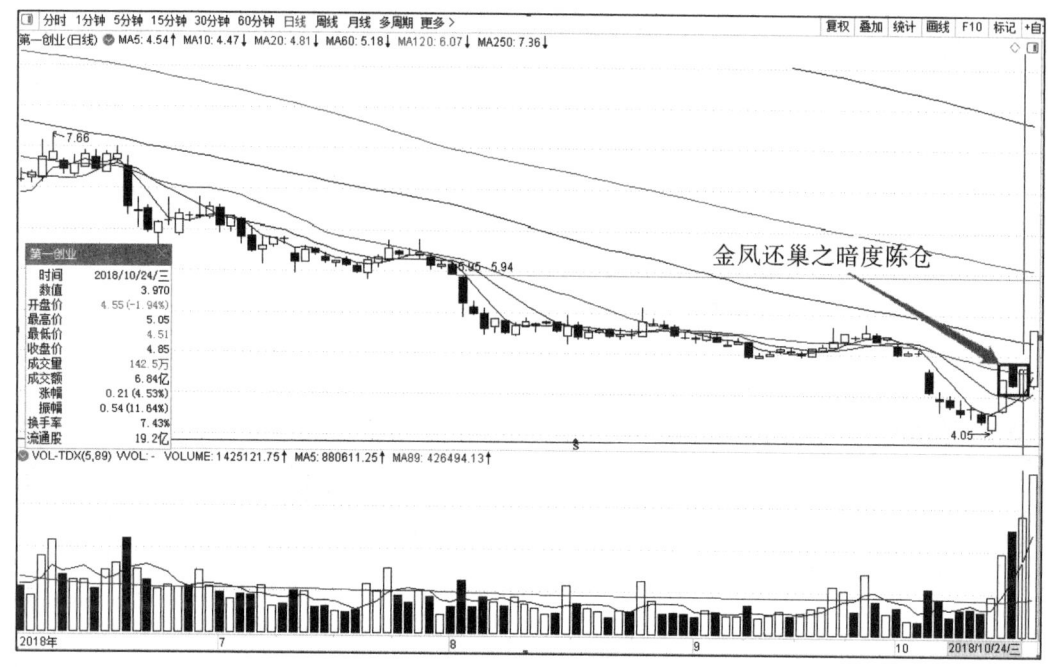

图 11-17　第一创业（股票代码 002797）

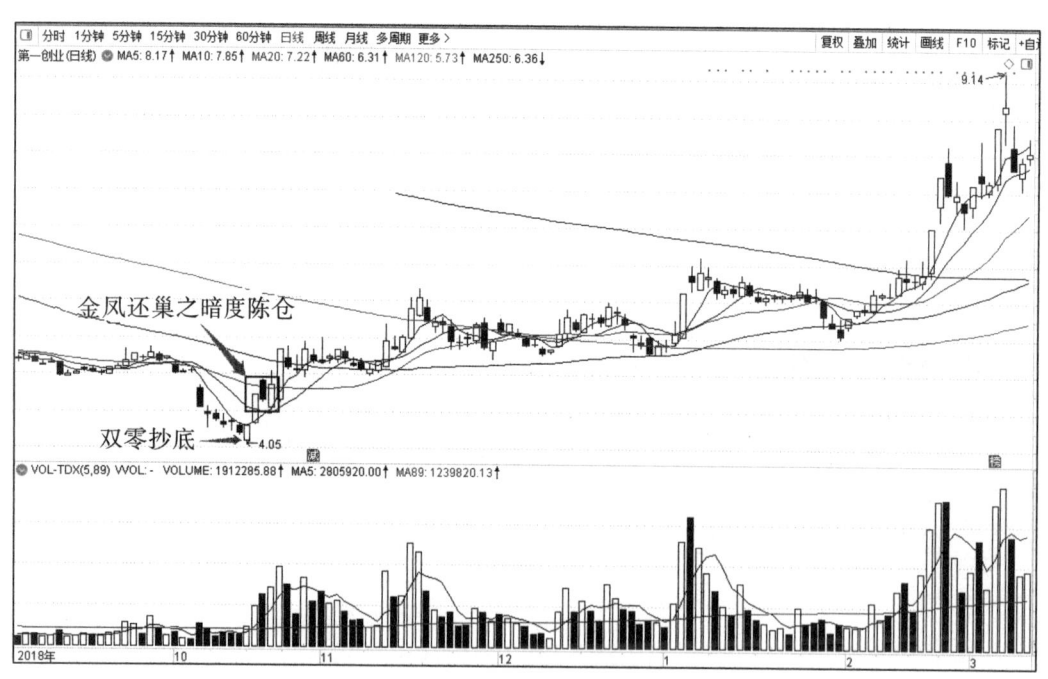

图 11-18　第一创业（股票代码 002797）

实战案例四　如图 11-19 所示，天铁股份（股票代码 300587）主力经过两次龙抬头吸筹完毕后，2019 年 2 月 18 日，股价收出 1 个涨停板，次日又收出 1 个涨停板。随后只缩量横盘整理了 1 个交易日，但股价没有跌破前面涨停板的开盘价。2 月 21 日，股价强势突破 2 月 19 日涨停板的收盘价，金凤还巢之暗度陈仓暴涨形态形成，随后股价又连续收出 2 个涨停板（见图 11-20）。

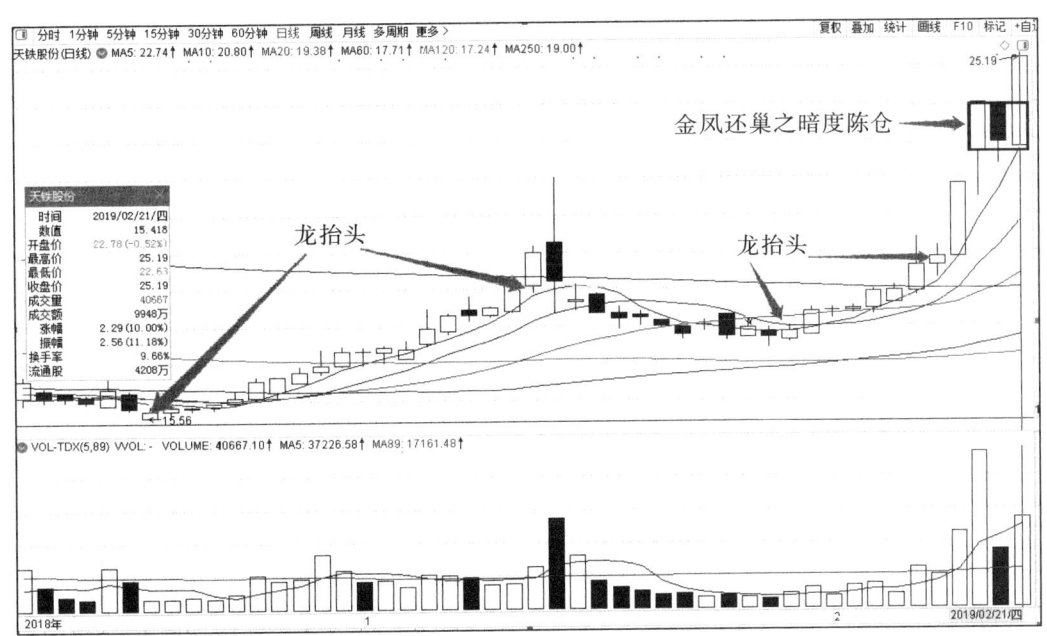

图 11-19　天铁股份（股票代码 300587）

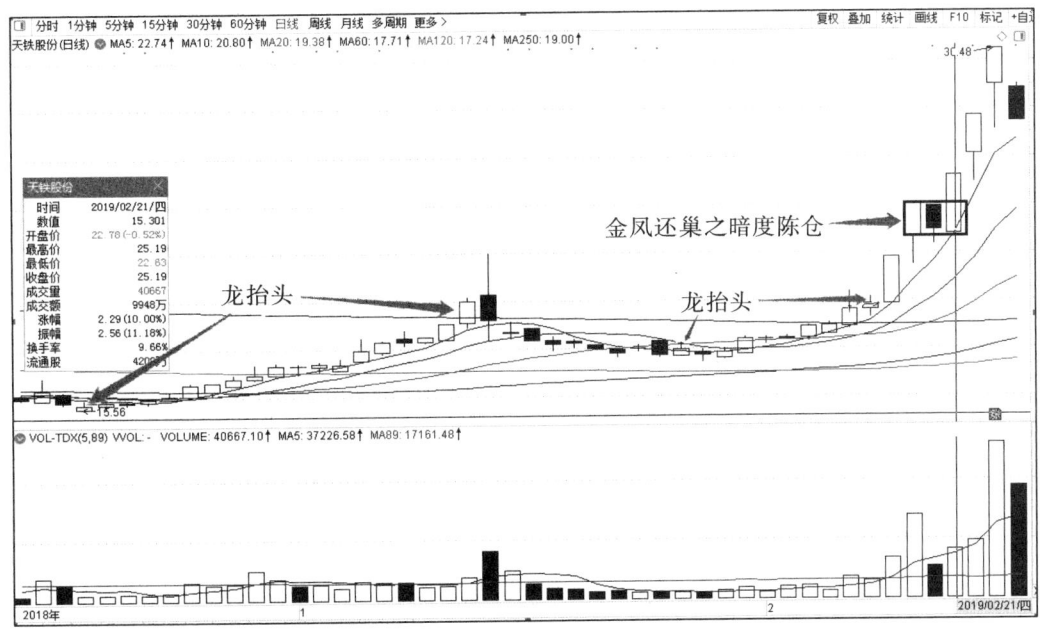

图 11-20　天铁股份（股票代码 300587）

失败案例 如图 11-21 所示，通产丽星（股票代码 002243）2018 年 8 月 14 日和 9 月 10 日分别收出了涨停板，但是随后几天都跌破了前面涨停板的开盘价，也就是我们常说的底部。所以一定要等到金凤还巢形态完全形成，否则被套就是"大面"一碗。

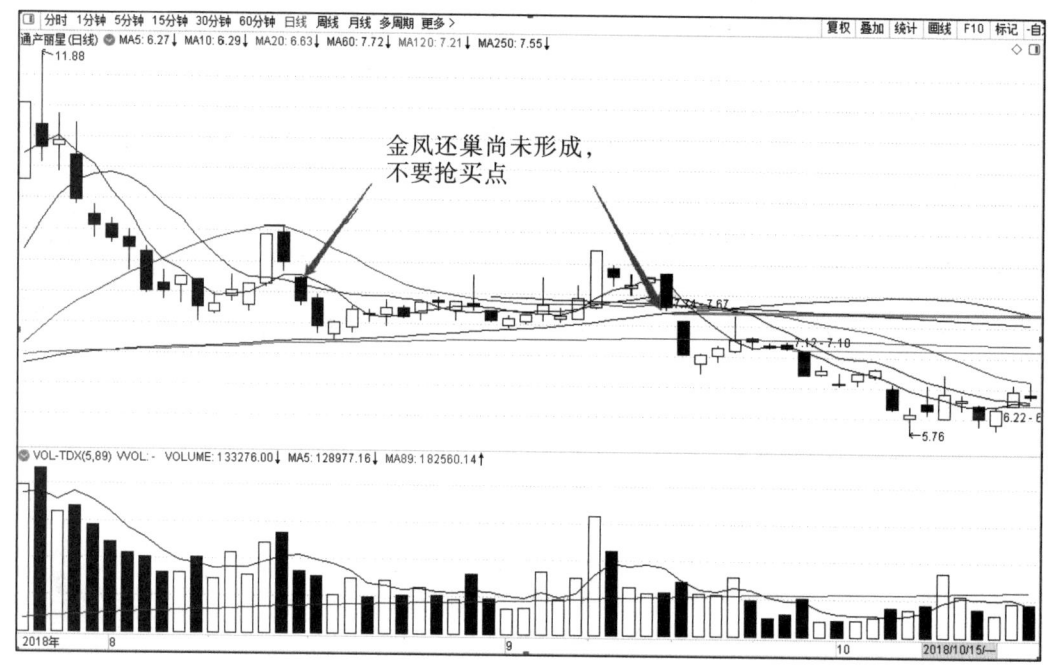

图 11-21 通产丽星（股票代码 002243）

栽下梧桐树，引得凤凰来。有了涨停板，人气自然来，资金也就随之而来，从而推动股价上升。

龙凤呈祥

第十二章
DISHIERZHANG

龙凤呈祥出自汉代孔鲋《孔丛子·记问》："天子布德，将致太平，则麟凤龟龙先为之呈祥。"龙有喜水、好飞、通天、善变、灵异、征瑞、兆祸、示威等神性。凤有喜火、向阳、秉德、兆瑞、崇高、尚洁、示美、喻情等神性。神性的互补和对应，使龙和凤走到了一起：一个是众兽之君，一个是百鸟之王；一个变化飞腾而灵异，一个高雅美善而祥瑞。两者之间美好的互助合作关系建立起来，便龙飞凤舞、龙凤呈祥了。龙与凤配合、对应的情形，广泛地流行于民众之间，反映在不同地域、不同民族的习俗之中。其寓意多是阴阳和谐，婚恋美满，求吉祈福。股票一旦出现龙凤呈祥的经典形态，预示着股票将大幅拉升。

图形特征：在出现龙抬头形态的情况下，紧接着出现1—3根阴K线，其中必须有超过5％的大阴线，经过大阴线震仓后的13个交易日内出现涨停板或者准涨停板，这才是最佳介入时期。如图12-1所示，前面出现龙抬头形态后，有一根超过5％的大阴线洗盘，次日出现涨停板为最强龙凤呈祥暴涨形态，大阴线后面可以有1—13根缩量小K线。

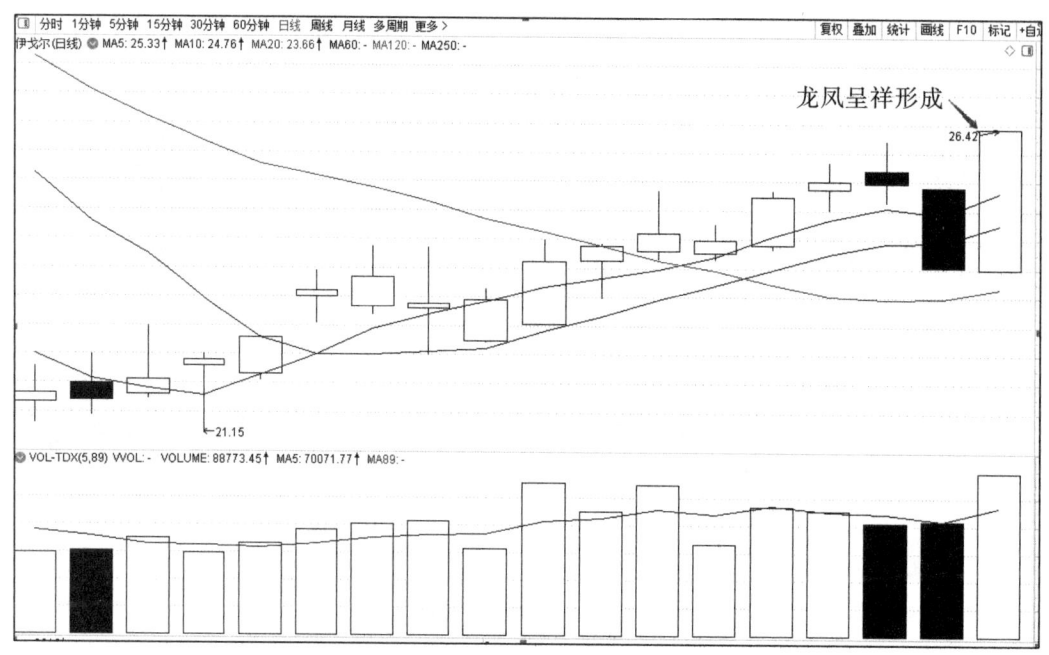

图 12-1

均线趋势：同龙抬头和金凤还巢一样，10 日均线必须上穿 20 日均线，且三日收盘价同时站稳 10 日均线和 20 日均线。其实龙凤呈祥就是龙抬头和金凤还巢的复合形态加强版，这样理解就简单了。

成交量特征：量柱一定要大于 5 日均量线，并且 5 日均量线必须上穿 89 日均量线，放量更好，说明多空双方成交意愿强烈（放量不能超过 3.8 倍，否则主力可能是真出货），缩量也可以，说明主力控盘程度已经很高。

市场逻辑：通过龙抬头形态悄悄吸筹，主力完成了建仓。想要拉升就需要先让左峰的套牢盘和获利跟风盘快速出局，于是主力用大阴线或者跌停板进行暴力洗盘，给中小投资者一个股价大跌的假象，好让持仓者尽快交出手里的筹码，以减轻后来拉升的压力。

买入条件：大阴线的中心位轻仓试探介入，过了大阴线顶部加仓。

止损条件：跌破大阴线的收盘价出局观望。

实战案例一 如图 12-2 所示，伊戈尔（股票代码 002922）自 2018 年 2 月 14 日起连续走出 13 根阳线，符合龙抬头暴涨形态的走势。同时在 3 月 8 日，10 日均线上穿 20 日均线，完成了多条均线的强支撑。随后 3 月 13 日出现一根跌幅为 5.62% 的大阴 K 线震仓洗盘，给人出货的假象，目的是洗走获利盘或者套牢盘。第二个交易日股价不但不跌反而收涨停板，出现了金凤还巢暴涨形态的雏形——第一个涨停板，龙凤呈祥暴涨形态完成。从此几乎断定主力已经急不可耐地要拉升，此后股价果然不负众望，一周内走出了30%以上的涨幅（见图12-3）。

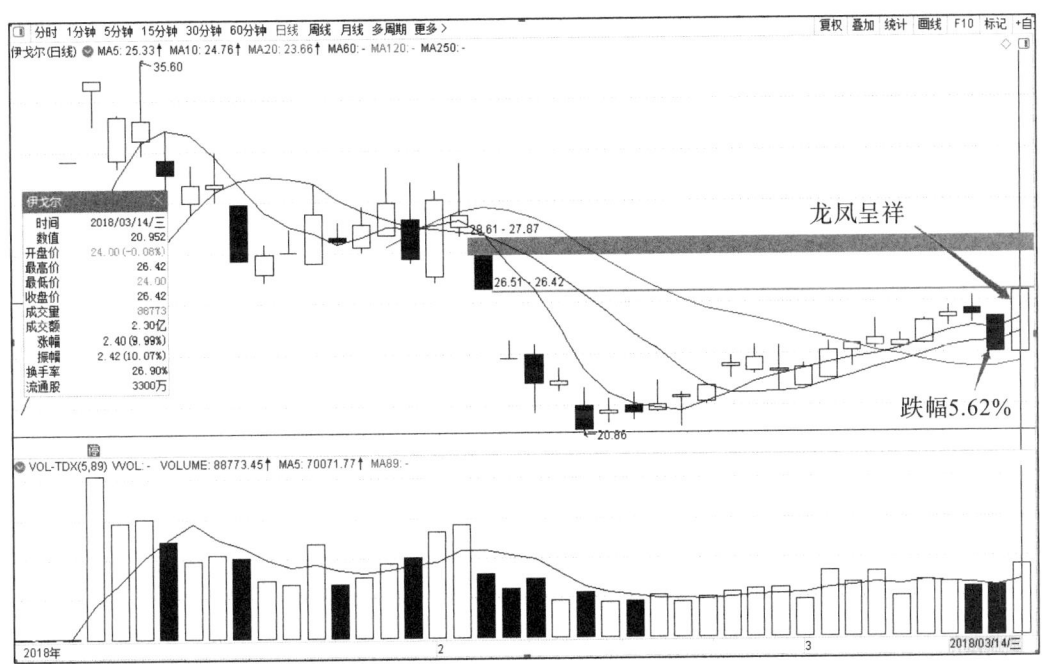

图12-2　伊戈尔（股票代码002922）

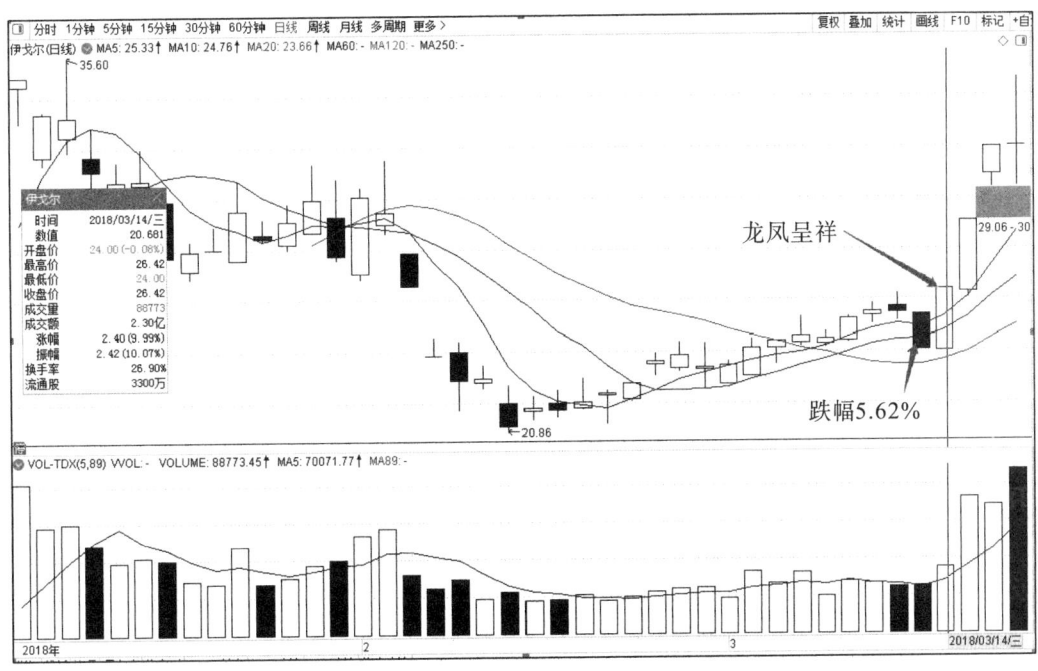

图12-3　伊戈尔（股票代码002922）

实战案例二 如图12-4所示,联诚精密(股票代码002921)自2018年2月22日起连续走出9根阳线,符合龙抬头暴涨形态的走势。并且在3月6日,10日均线上穿20日均线,完成了多条均线的强支撑。随后在3月15日用1根跌幅为7.87%的大阴K线震仓洗盘,给人出货的假象,目的是洗走获利盘或者套牢盘,连续两个交易日回踩20日均线支撑,单根均线支撑强劲。第二天不但不跌反而收涨停板,出现了金凤还巢暴涨形态的雏形——第一个涨停板,龙凤呈祥暴涨形态完成。从此几乎断定主力拉升在即。果不其然,连续涨停板让人赚得盆满钵满(见图12-5)。

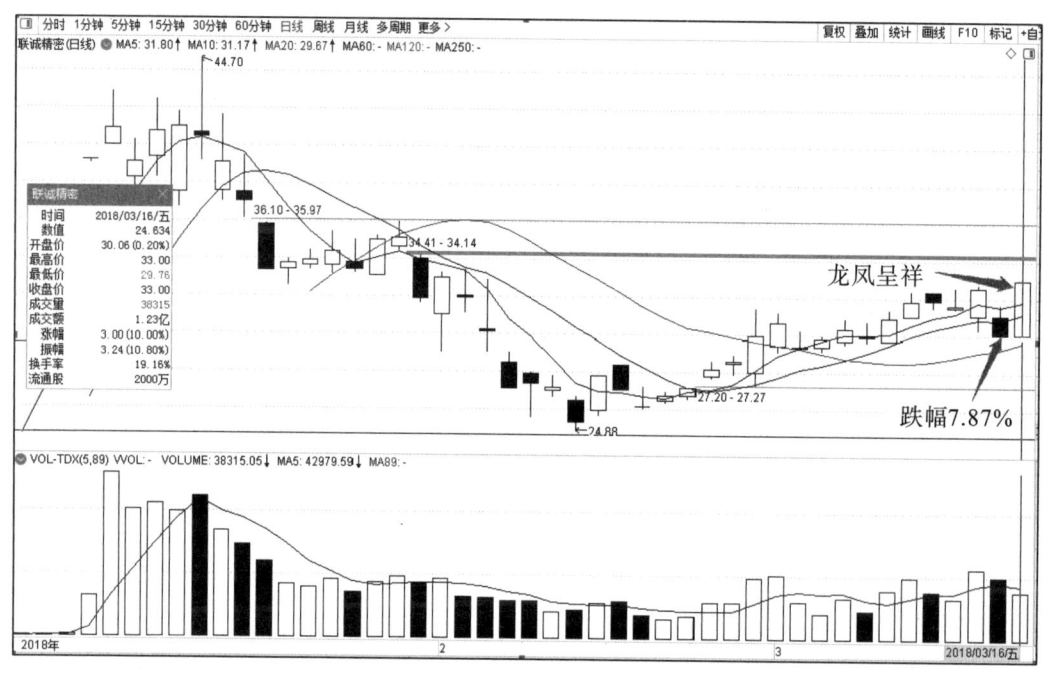

图12-4 联诚精密(股票代码002921)

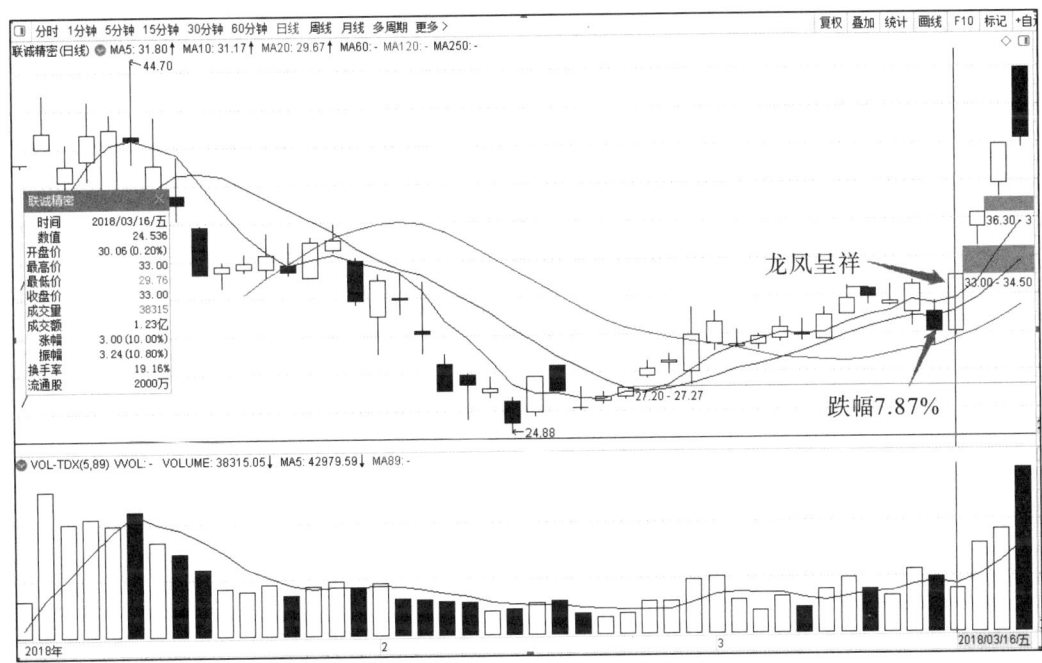

图 12-5 联诚精密（股票代码002921）

实战案例三 如图 12-6 所示，*ST 新海（股票代码002089）2018 年 10 月 30 日收涨停板后，单根大阳线支撑确立。随后自 11 月 5 日起，走出了 10 根 K 线 9 阳 1 阴的龙

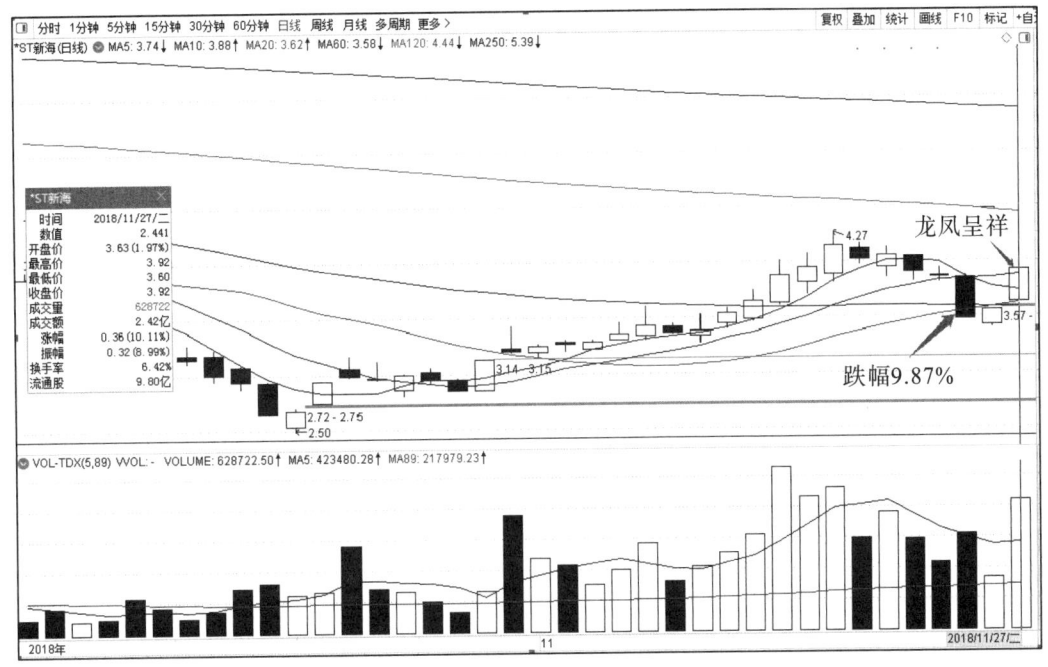

图 12-6 *ST 新海（股票代码002089）

抬头形态的走势。11 月 23 日用一根跌幅为 9.87% 的大阴 K 线震仓洗盘。11 月 27 日出现跳空高开一线天涨停板，接着走出一波金凤还巢暴涨形态，龙凤呈祥暴涨形态完成。股价两周内实现 30% 以上的惊人涨幅（见图 12-7）。

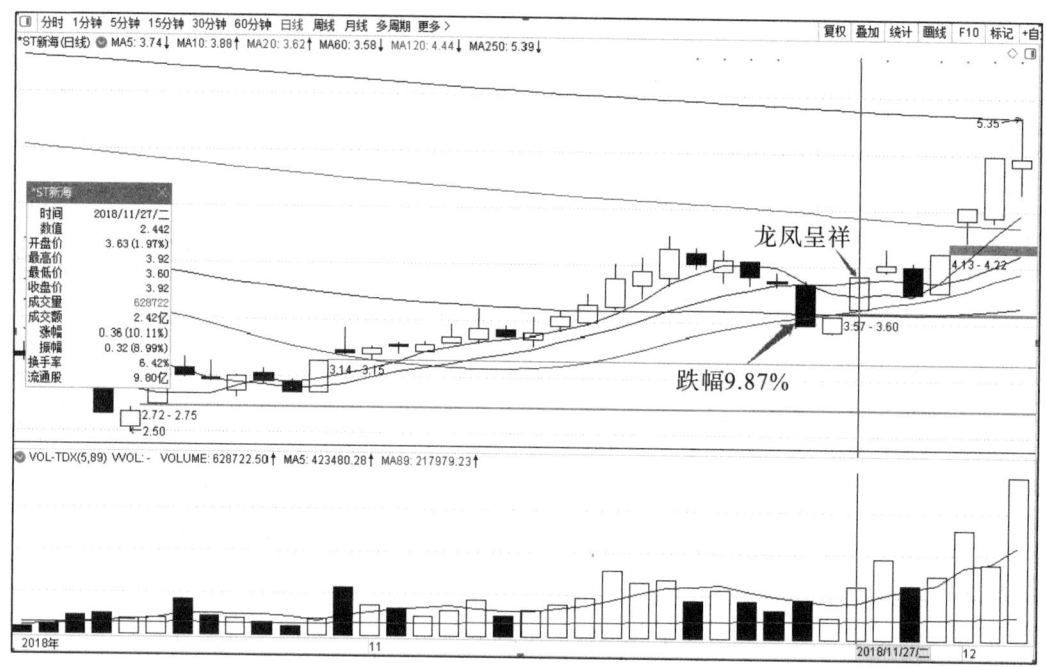

图 12-7 *ST 新海（股票代码 002089）

实战案例四 如图 12-8 所示，江龙船艇（股票代码 300589）经过一波长期大幅的下跌，主力觉得筹码已经足够便宜，于 2018 年 2 月 12 日走出一根光头光脚的阳线，代表着止跌信号确定。2 月 22 日起股价连续走出了 9 连阳的龙抬头形态的走势。随后窄幅回调，虽然没有单日跌幅大于 5% 的大阴 K 线洗盘，但是 3 月 13 日的光头阴 K 线也够恐怖的，随后的 3 个交易日的跌幅也让主力达到了清洗浮筹的目的。3 月 15 日至 3 月 20 日持续受到 20 日均线的强力支撑。3 月 21 日收出准涨停板，龙凤呈祥暴涨形态完成。随后股价一波快速上涨，短短三周的时间，涨幅便达到了 60% 以上（见图 12-9）。

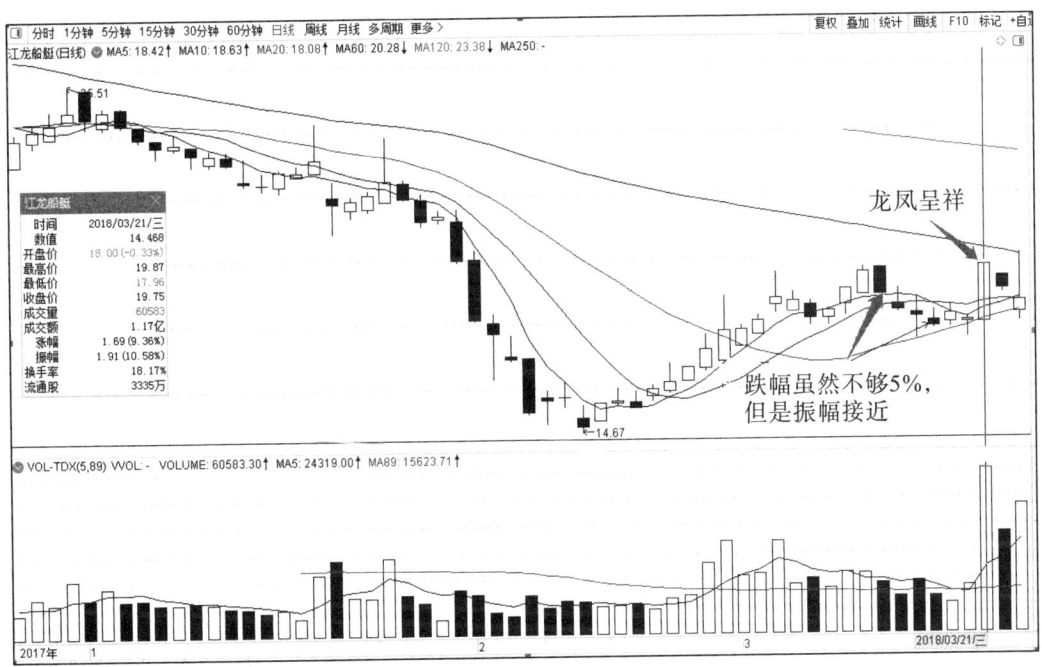

图 12-8　江龙船艇（股票代码 300589）

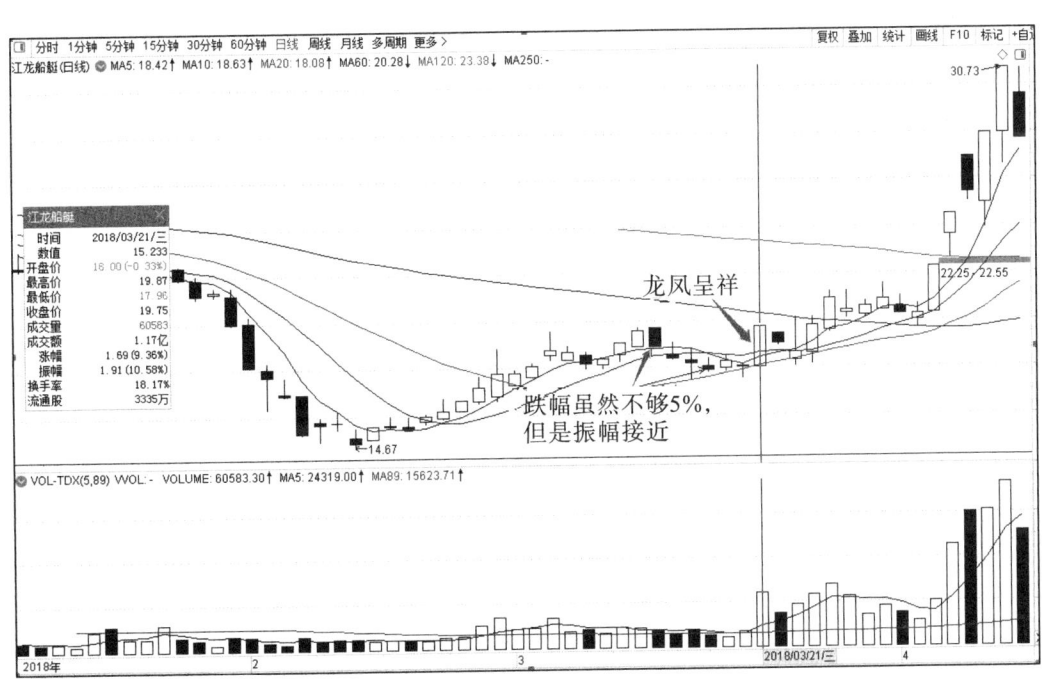

图 12-9　江龙船艇（股票代码 300589）

实战案例五　如图 12-10 所示，湖南发展（股票代码 000722）2018 年 10 月 25 日至 11 月 19 日走出了 18 个交易日 15 根阳线的抢筹行情。并于 11 月 23 日用一根跌幅为

8.37%的大阴K线震仓洗盘。11月27日站稳20日均线,股价止跌。11月28日股价用一根涨停板收复左侧大阴K线,龙凤呈祥暴涨形态完成。于是一波拉升随即展开(见图12-11)。

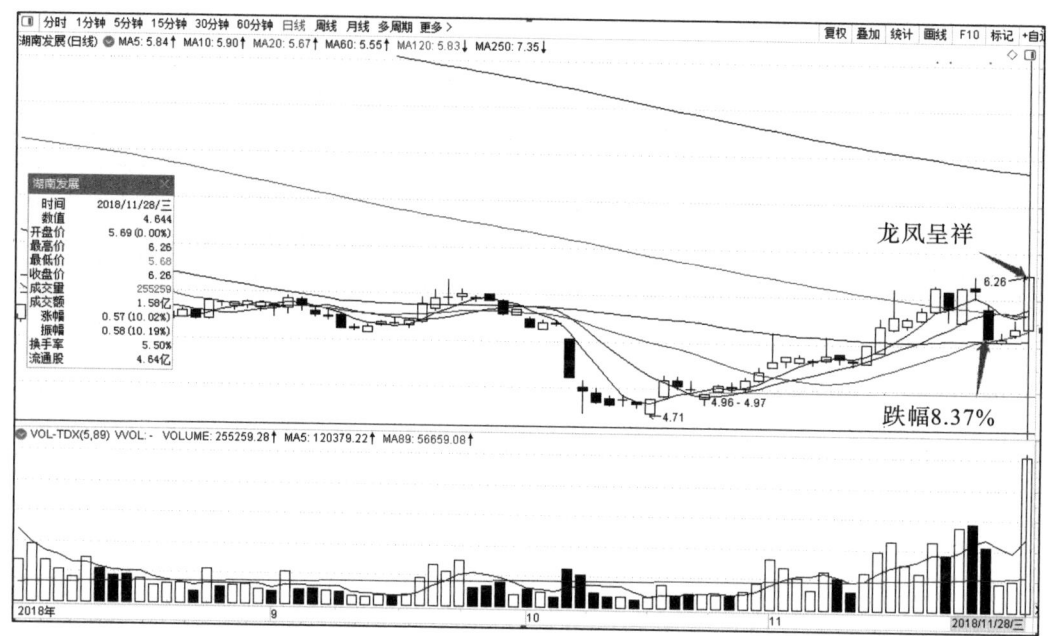

图12-10 湖南发展(股票代码000722)

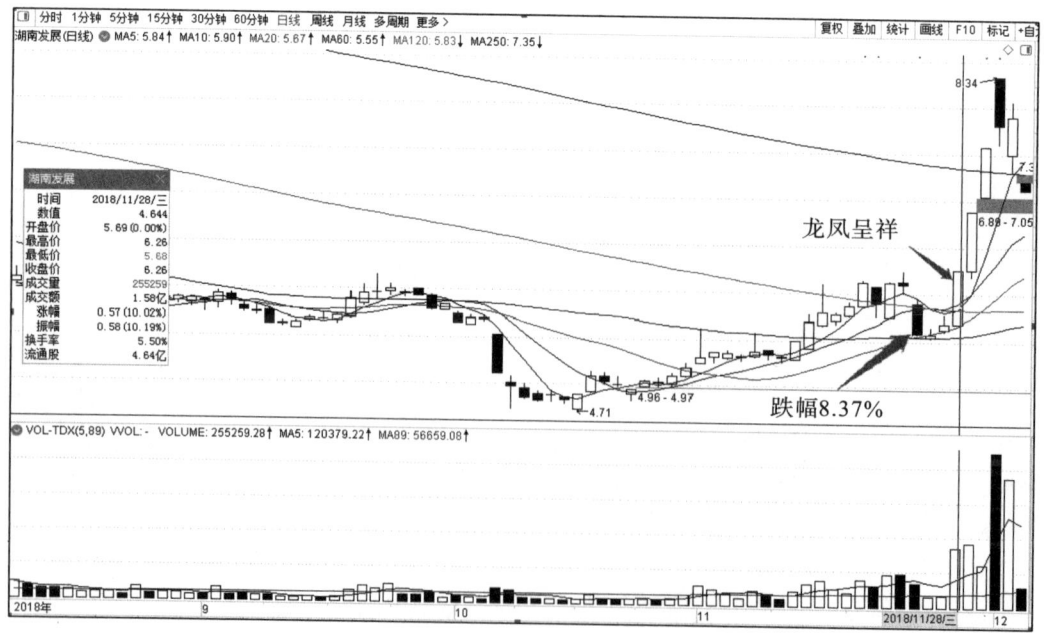

图12-11 湖南发展(股票代码000722)

实战案例六 如图 12-12 所示，光一科技（股票代码 300356）2018 年 10 月 19 日至 11 月 16 日走出了 21 个交易日 17 根阳线的抢筹行情，并于 11 月 19 日用一个一字涨停板突破了 120 日均线重要压力位，可见主力实力非同小可。随后几天短暂回调，11 月 23 日用一根跌幅为 6.28% 的大阴 K 线震仓洗盘后再次拉升。11 月 30 日用一根涨停板完成了双剑合璧（详情见本书第十三章）和龙凤呈祥复合暴涨形态，短期暴涨也就在情理之中了（见图 12-13）。

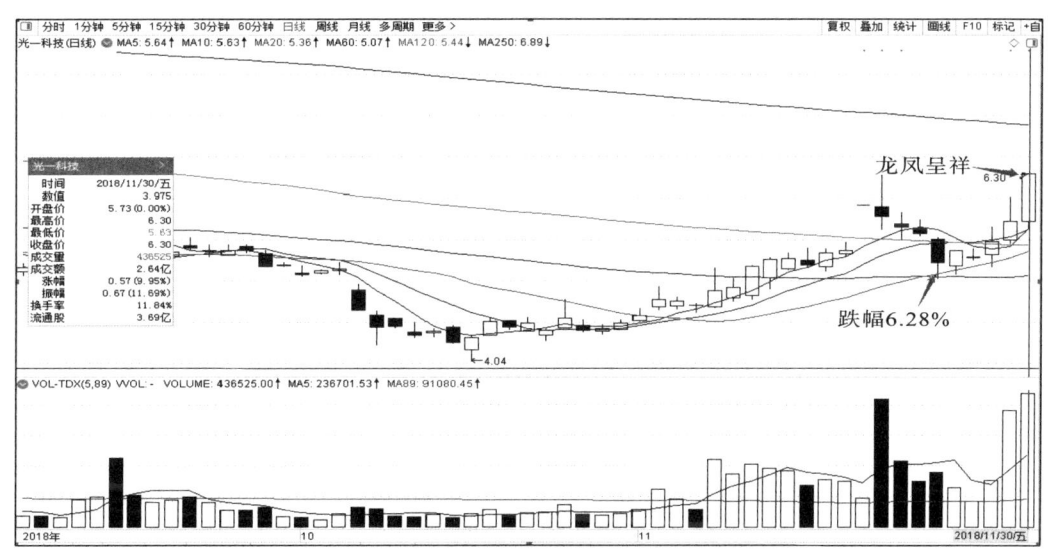

图 12-12 光一科技（股票代码 300356）

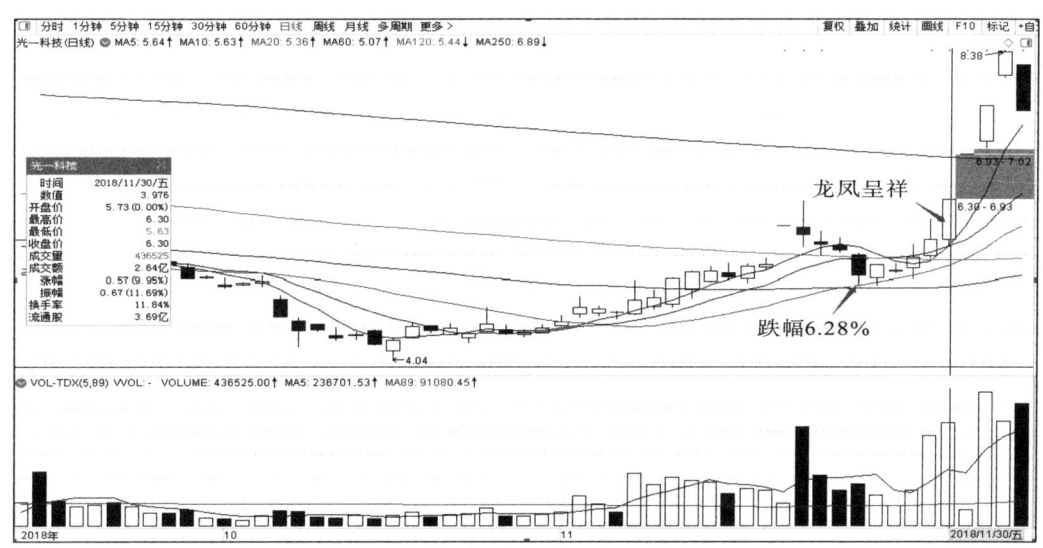

图 12-13 光一科技（股票代码 300356）

龙抬头是股票的小趋势，有这样走势的股票未必能长成大牛股，但是它产生了连锁反应，也说明主力已经悄悄建仓，直到出现金凤还巢的涨停板，一波大的拉升才能强势展开。一般会走出连续涨停板行情，主升浪随即出现。

双剑合璧

第十三章
DISHISANZHANG

双剑合璧常见于武侠小说所描述的一种剑术绝技。原意是把两把剑合在一起用，使其威力大增。也用来形容两个人的优点合并在一起，或指双人团队合作。

图形特征：如图13-1所示，左边一根长上影线K线，可以是阴线也可以是阳线，阳线为最佳，尤其是光脚的长上影线阳线；右边是一根带有下影线的光头阳K线，下影线可长可短，尾盘为全天最高价，收一根光头阳线，最好是涨停板。

均线趋势：5日均线、10日均线、20日均线多头排列，并且收盘价大于5日均线。

成交量特征：左边量柱一定要大于5日均量线，并且5日均量线必须上穿89日均量线，放量更好，说明多空双方成交意愿强烈（放量不能超过3.8倍，否则主力可能是真出货），缩量也可以，说明主力控盘程度已经很高。

市场逻辑：主力拉升前一定会甩开前面的获利盘，左边长上影线是诱骗中小投资者离场的动作，同时也是在试探上方的抛盘压力有多大。一方面原来的底部跟风盘已经赚钱，利用中小投资者小富即安的心理，长上影线会迫使他们落袋为安。另一方面也给前面的套牢盘压力，给人造成一种我拉高出货的假象，诱骗套牢盘快速出局，以便捡到更便宜的筹码，同时也减轻了未来拉升时这些跟风盘卖股票的压力。右边的下影线是在试探下方的支撑有多强劲。

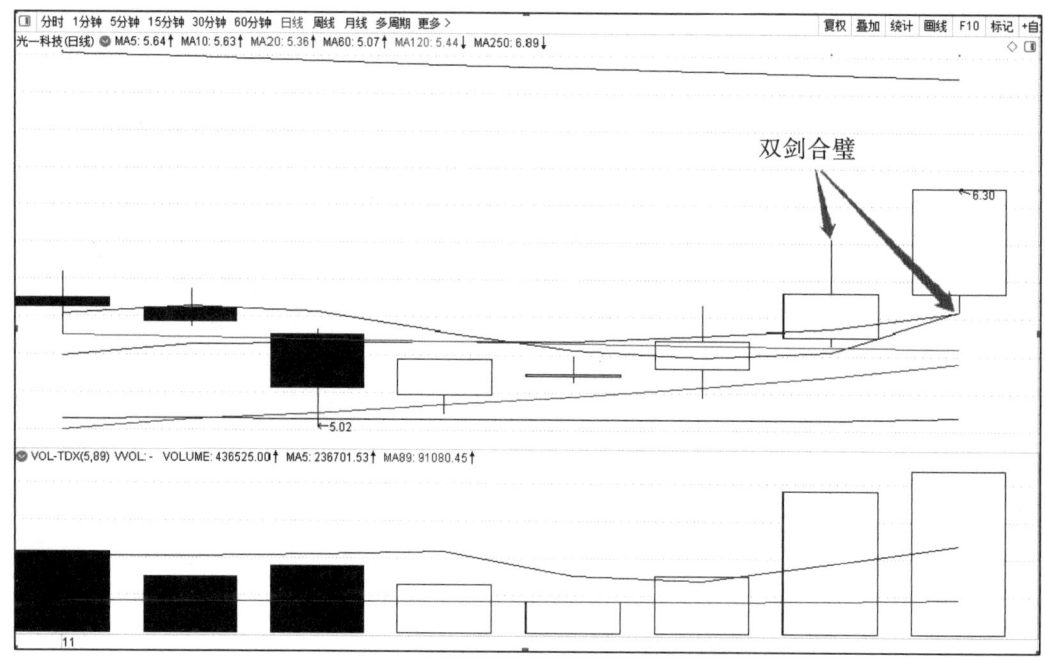

图 13-1

买入时机：次日的盘中价格高于前一日的收盘价格时择机介入。

止损条件：跌破左边带上影线 K 线的开盘价（或最低价）时先出局观望。

实战案例一　如图 13-2 所示，航天通信（股票代码 600677）2018 年 10 月 19 日主力用 7.47 元的双零抄底信号开始了建仓之旅。随后股价开始震荡上行，期间曾在 11 月 20 日、11 月 28 日、12 月 11 日三次试探左侧均线密码压力（详情见《均线为王之一：均线 100 分》），由于左侧压力太大，再加上 250 日均线的重要压力，股价不得不再次回调。直到 12 月 28 日，主力再次用一根带有长上影线的大阳线穿过 250 日均线压力位，同时也解放了左侧均线密码处密集的套牢盘，股价稳稳地站在 250 日均线之上。次日开盘，股价快速下探后便反身上攻，不到 10：30 便封死了涨停板，带上影线的左边 K 线和带短下影线的右边涨停板 K 线，形成了双剑合璧的暴涨形态。随后便走出了 6 个交易日连续 5 个涨停板的暴涨行情（见图 13-3）。

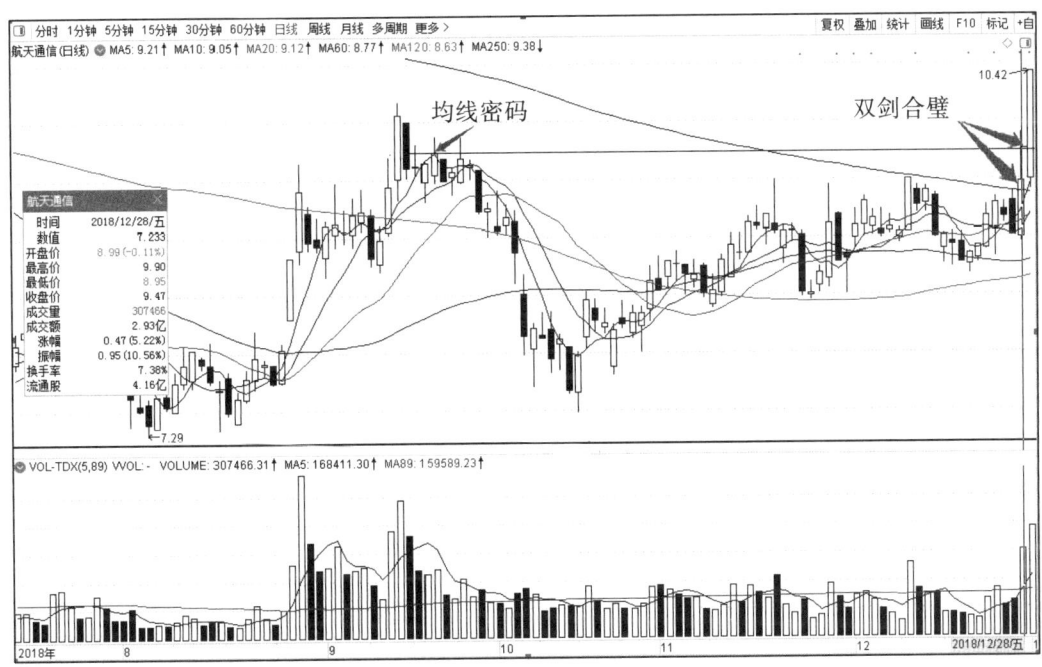

图 13-2 航天通信（股票代码 600677）

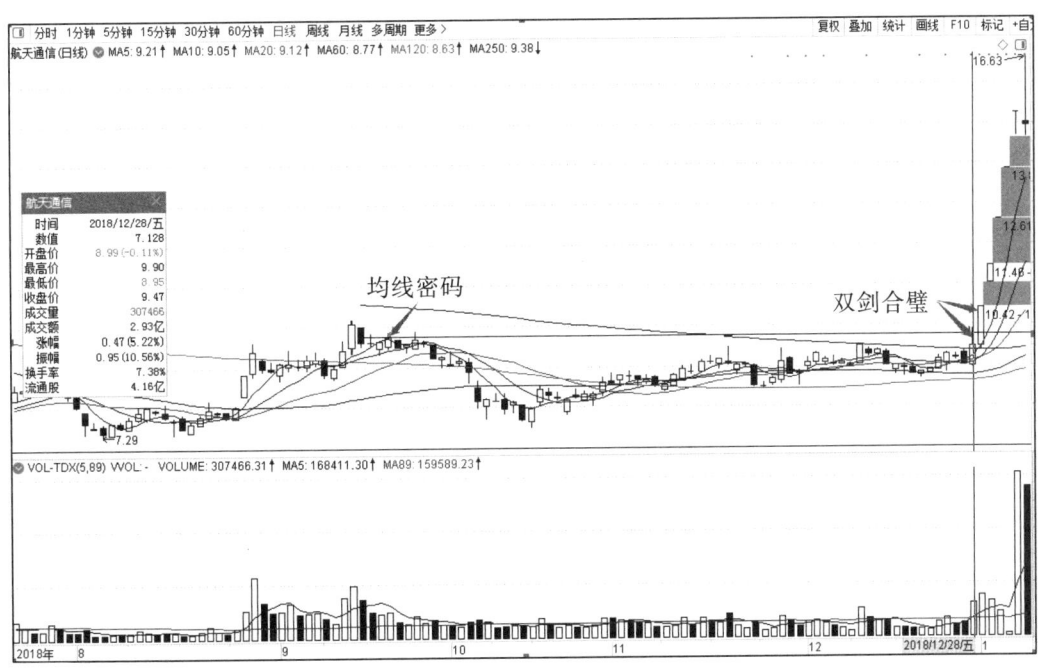

图 13-3 航天通信（股票代码 600677）

实战案例二 如图 13-4 所示，宜安科技（股票代码 300328）2018 年 12 月 3 日、12 月 11 日两次试探 120 日均线压力，由于左侧压力太大，股价不得不再次回调。直到

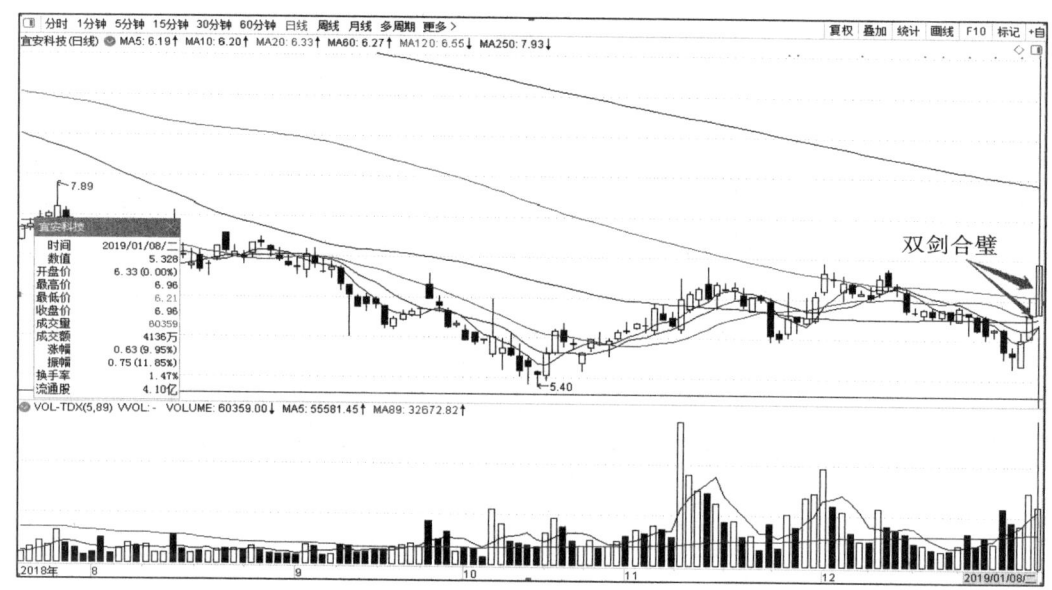

图 13-4 宜安科技（股票代码 300328）

2019 年 1 月 4 日和 7 日，主力用了两根几乎一模一样的带有长上影线的大阳线准备反攻，并且 1 月 7 日的上影线再次触碰了 120 日均线压力位。次日开盘，股价快速下探后便反身上攻，股价势如破竹，开盘不到 3 分钟便封死了涨停板，带上影线的左边 K 线和带下影线的右边涨停板 K 线，形成了双剑合璧的暴涨形态。次日再次跳空高开封死涨停板，第三个交易日一字涨停板打开后可以获利了结。一波快速获利行情完美收官（见图 13-5）。

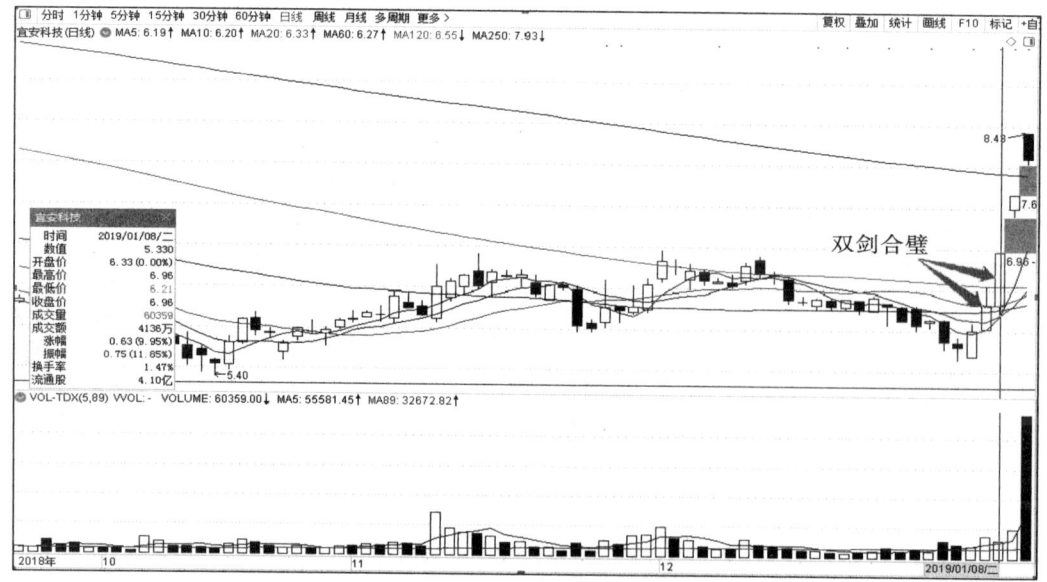

图 13-5 宜安科技（股票代码 300328）

实战案例三　如图 13-6 所示，光力科技（股票代码 300480）经过一波大幅下跌，股价已经有了建仓价值，主力便在 2019 年 5 月 7 日、5 月 8 日收出两个几乎一模一样的小阳 K 线，5 月 9 日的涨停板和 5 月 6 日的跌停板完成了左右开弓的暴涨形态（详情见本书第十五章）。次日的跳空高开一字涨停板，突破了所有均线的压力位。留下的宽宽的护城河也为股价上了双保险。5 月 14 日的上影线同时试探了左侧的抛压盘和近期获利盘，利用上蹿下跳的洗盘方式，将大部分不坚定的中小投资者斩落马下，但是股价始终没有跌破护城河。5 月 22 日主力用一根带有上影线的阳 K 线再次试探上方的抛压盘，次日股价平开高走，盘中经过短暂下探 10 日均线，留下短短的下影线后封死涨停板，带上影线的左边 K 线和带下影线的右边涨停板 K 线，形成了双剑合璧的暴涨形态。次日再次跳空高开封死涨停板，随后走出了 5 交易日收获 4 个涨停板的暴涨行情（见图 13-7）。

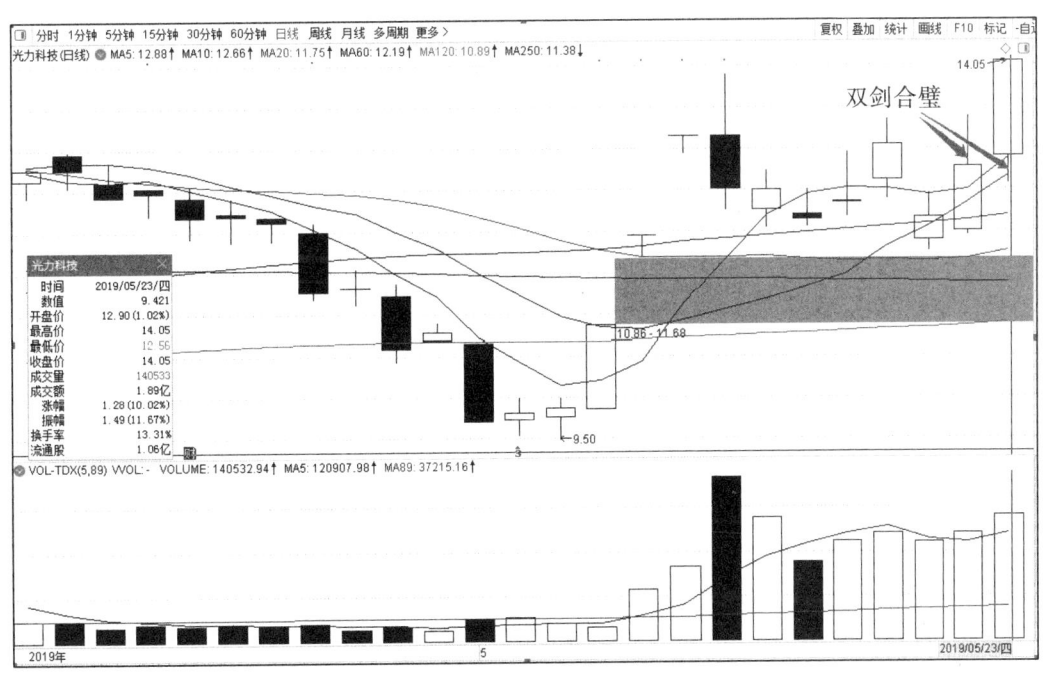

图 13-6　光力科技（股票代码 300480）

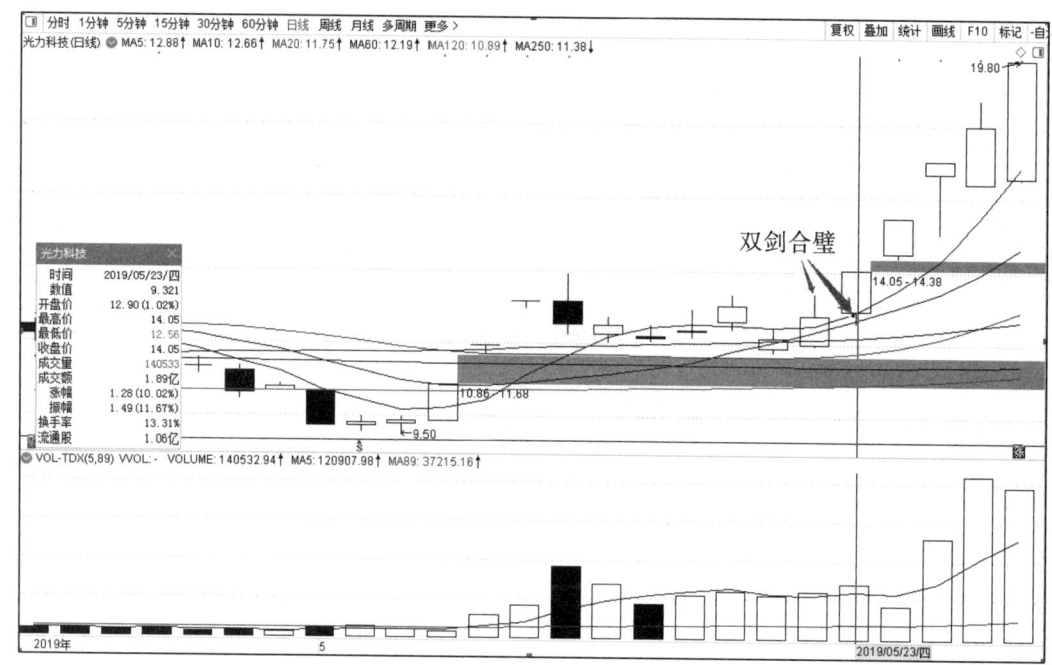

图 13-7　光力科技（股票代码 300480）

实战案例四　如图 13-8 所示广电电气（股票代码 601616）2018 年 11 月 16 日、12 月 3 日和 11 日多次站上 250 日均线，由于年线附近是一年的套牢盘，所以主力采用了横盘震荡磨的方式加上破位洗盘让股价再次回调。但是股价没有跌破 120 日均线的支撑。直到 2019 年 1 月 4 日，主力用了一根带有长上影线的大阳线开始反攻，并成功地突破了包括 250 日均线的所有压力位。次日开盘，股价快速下探后便反身上攻，股价势如破竹，开盘不到 15 分钟便冲击了涨停板，随后横盘震荡了一个半小时左右，但股价始终没有跌破均价线，直到 11:10 封死涨停板，再也没有打开过。带上影线的左边 K 线和带下影线的右边涨停板 K 线，形成了双剑合璧的暴涨形态。次日再次跳空高开封死涨停板，走出了 4 个交易日收获 3 个涨停板的快速获利行情（见图 13-9）。

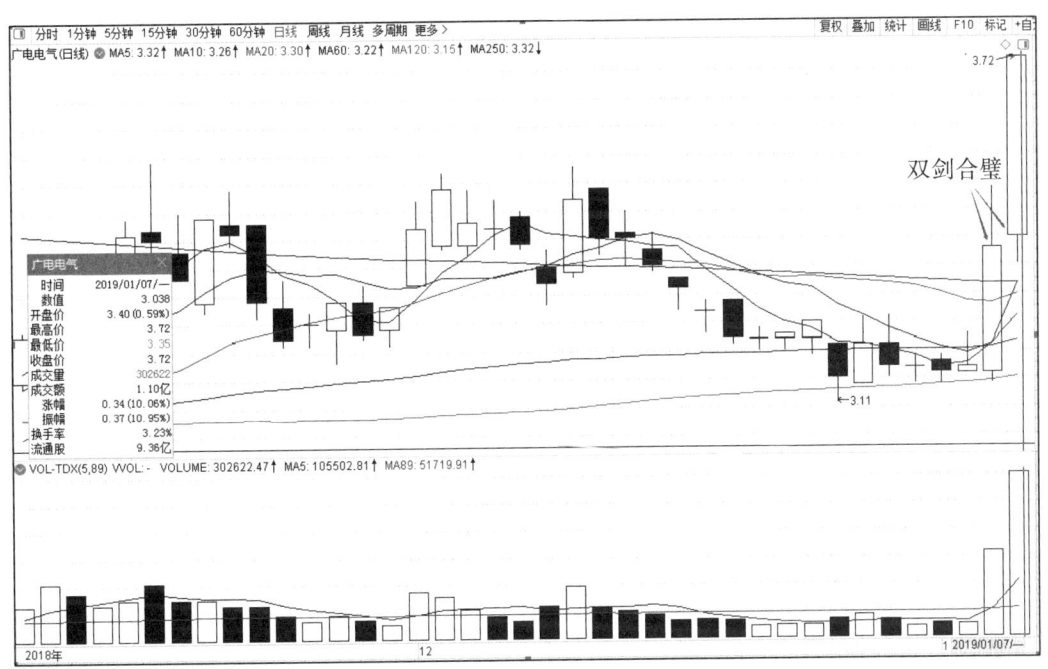

图 13-8　广电电气（股票代码 601616）

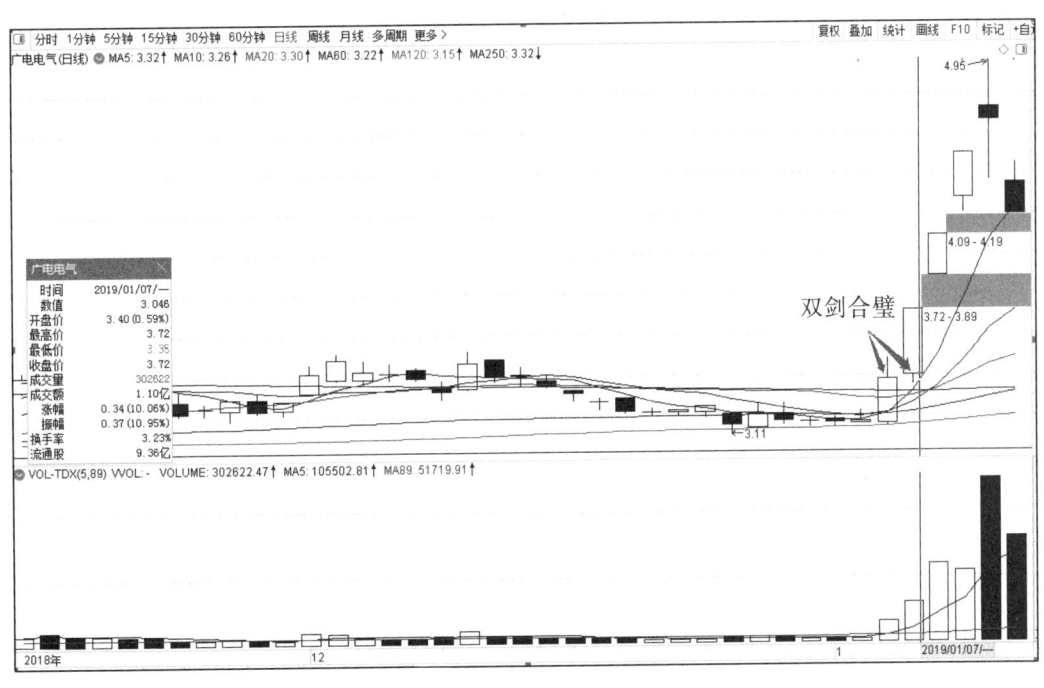

图 13-9　广电电气（股票代码 601616）

实战案例五　如图 13-10 所示，宝塔实业（股票代码 000595）主力于 2018 年 12 月 27 日用 2.46 元开始了建仓之旅。2019 年 1 月 4 日，主力便用一根带有上影线的光脚 K

线试探上方压力,次日的带有短短下影线的涨停板和前一日K线完成了双剑合璧的暴涨形态。1月8日股价再次跳空高开封死涨停板,走出了6个交易日收获5个涨停板的快速获利行情(见图13-11)。

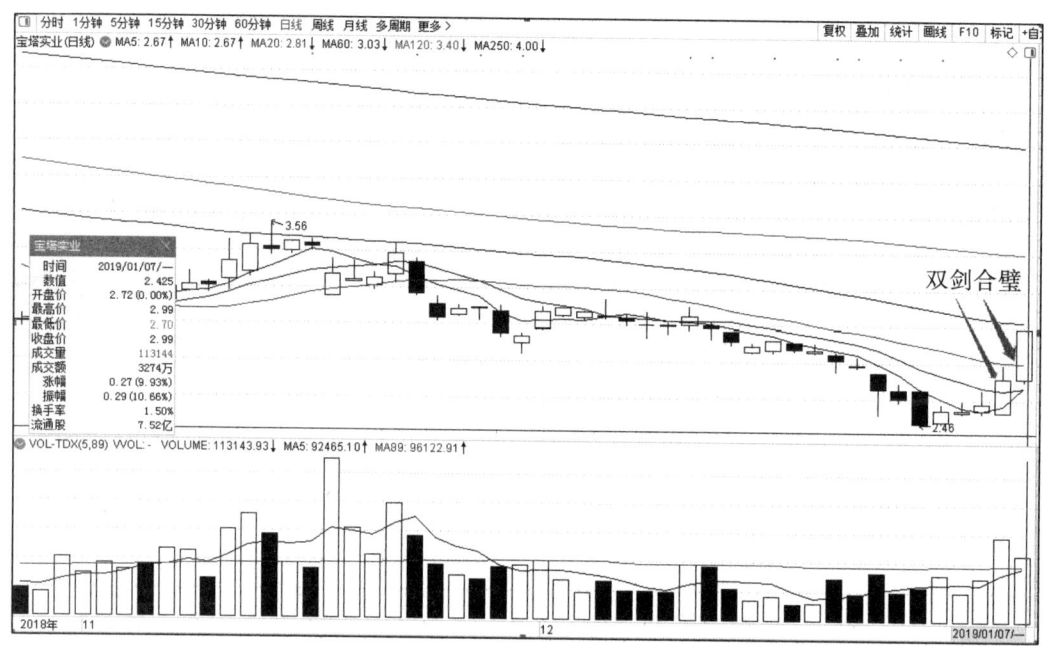

图 13-10　宝塔实业(股票代码000595)

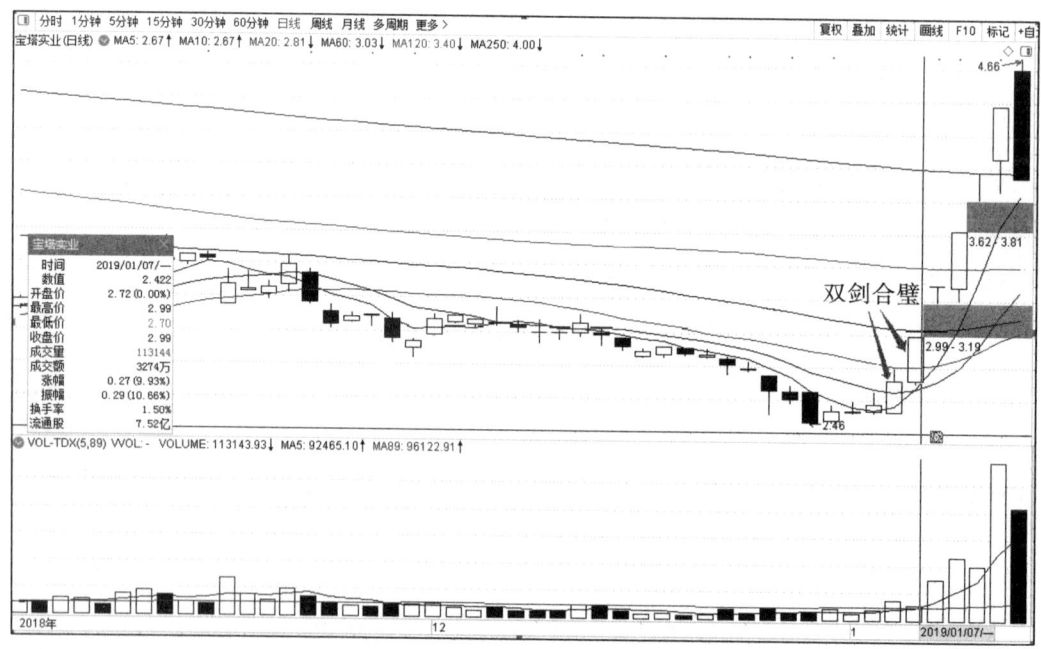

图 13-11　宝塔实业(股票代码000595)

实战案例六 如图 13-12 所示，2018 年 12 月 28 日，法尔胜（股票代码 000890）主力用 4.24 元的夹板双零抄底信号开始了建仓之旅。2019 年 1 月 2 日主力便用一根带有上影线的光脚 K 线试探上方压力，次日的带有下影线的涨停板和前一日 K 线完成了双剑合璧的暴涨形态。1 月 4 日再次收获涨停板，股价走出了 5 个交易日收获 4 个涨停板的快速获利行情（见图 13-13）。

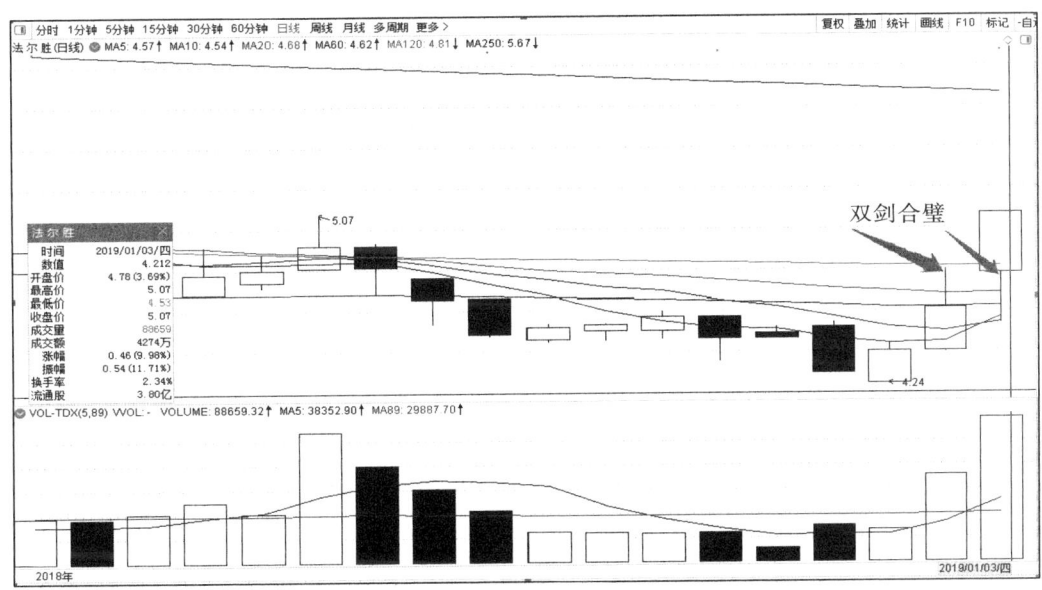

图 13-12　法尔胜（股票代码 000890）

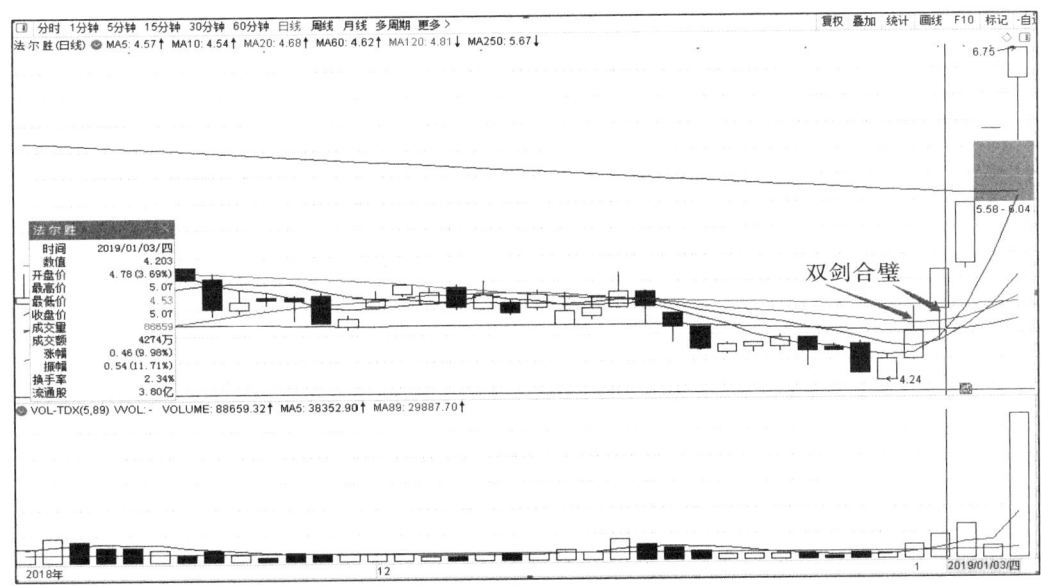

图 13-13　法尔胜（股票代码 000890）

实战案例七 如图13-14所示,宁波东力(股票代码002164)经过一波大幅下跌,股价已经有了建仓价值,主力用2019年4月29日的涨停板和4月26日的大阴K线完成左右开弓的暴涨形态。4月30日的跳空高开一字涨停板,5月6日再收涨停板,突破了所有均线的压力位。留下的宽宽的护城河,也为股价上了双保险。5月8日的上影线同时试探了左侧的抛压盘和近期获利盘,利用上蹿下跳的洗盘方式,将大部分不坚定的中小投资者斩落马下,但是股价始终没有跌破护城河。5月9日主力用一根带有上影线的阳K线再次试探上方的抛压盘,次日股价平开高走,盘中经过短暂下探之后,留下短短的下影线后封死涨停板,带上影线的左边K线和带下影线的右边涨停板K线,形成了双剑合璧的暴涨形态。5月15日主力如法炮制,当日K线再次和前一日的K线形成双剑合璧的暴涨形态,股价随后走出了涨幅30%的暴涨行情(见图13-15)。

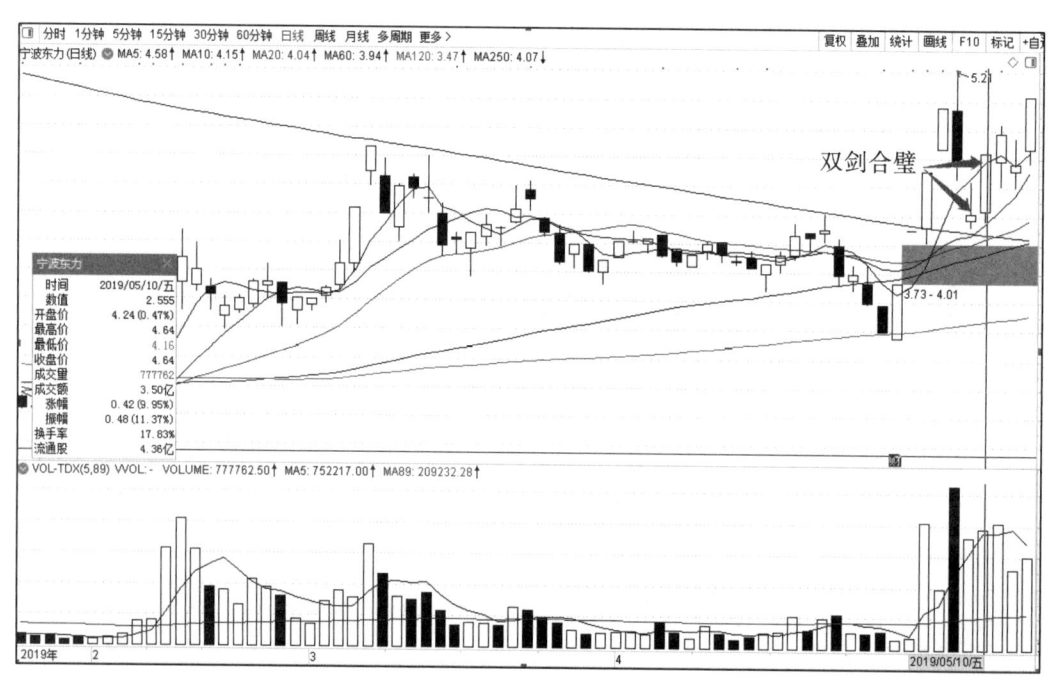

图13-14 宁波东力(股票代码002164)

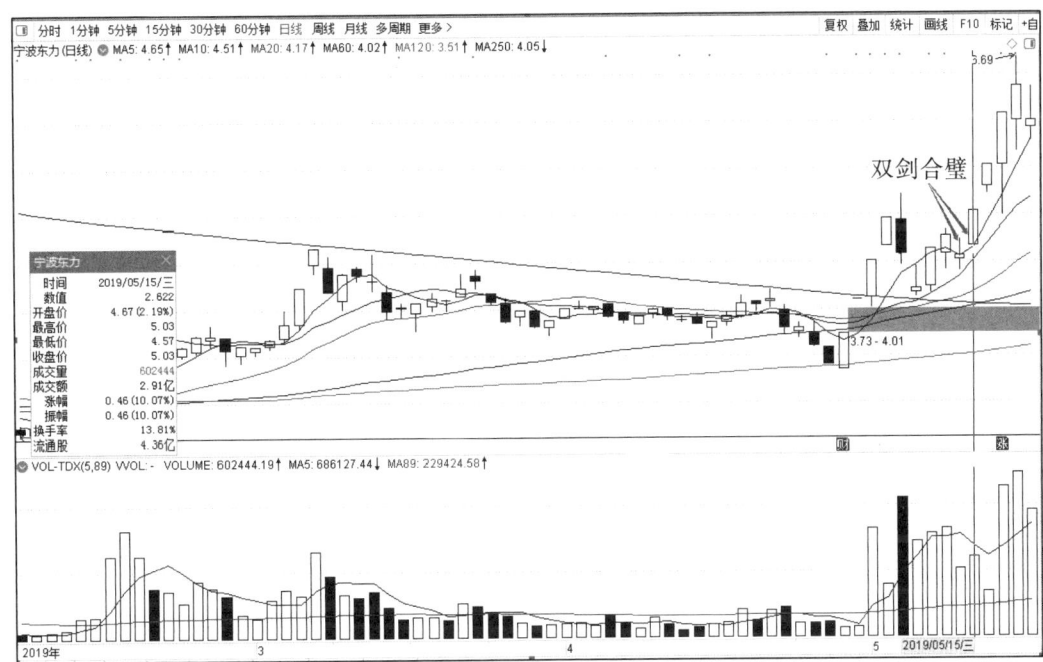

图 13-15　宁波东力（股票代码 002164）

双剑合璧，威力无比。我们看一个人都看形象气质，看股票也一样。对股票而言，形就是形态，看清股票形态，赢利就很简单。

投石问路

第十四章 DISHISIZHANG

投石问路原指夜间潜入某处前，先投以石子，看看有无反应，借以探测情况。后用以比喻进行试探。清代石玉昆《三侠五义》第十二回："（展昭）到了墙头，将身爬伏，又在囊中取一块石子轻轻抛下，侧耳细听。（此名为'投石问路'。下面或是有沟，或是有水，就是落在实地，再没有听不出来的。）又将钢爪转过，手搂丝绦，顺手而下。"

股价经过连阳吸筹后，收盘价越来越高，表明有增量资金在悄悄地买入，这种K线出现通常为主力试盘的结果，就如同夜行侠向前方投出石子测勘前方的动静一样。主力通过高开引起注意，测试上档的压力情况，通过低走测试散户的抛压及支撑情况。主力在下探过程中还会吸货，随着散户的不断卖出，成交量有可能放大。但随着主力控盘惜售，缩量是最完美的。

图形特征：至少五连阳之后的次日，通常是在五连阳或者六、七、八连阳之后的次日，出现一根阴K线。这根阴K线可以是十字星线，可以有长下影线，总之，实体不能太大。图14-1是五连阳后的缩量十字星线的投石问路。图14-2是七连阳后的并肩量十字星线的投石问路。图14-3是七连阳后的微微放量十字星线的投石问路。

· 第十四章 ·

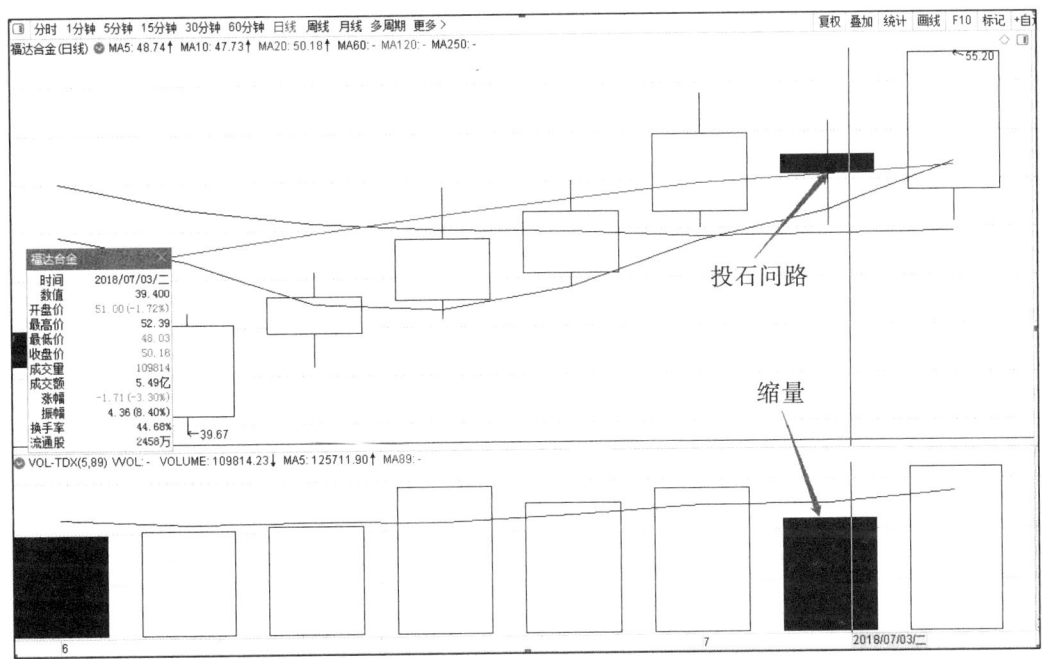

图 14-1

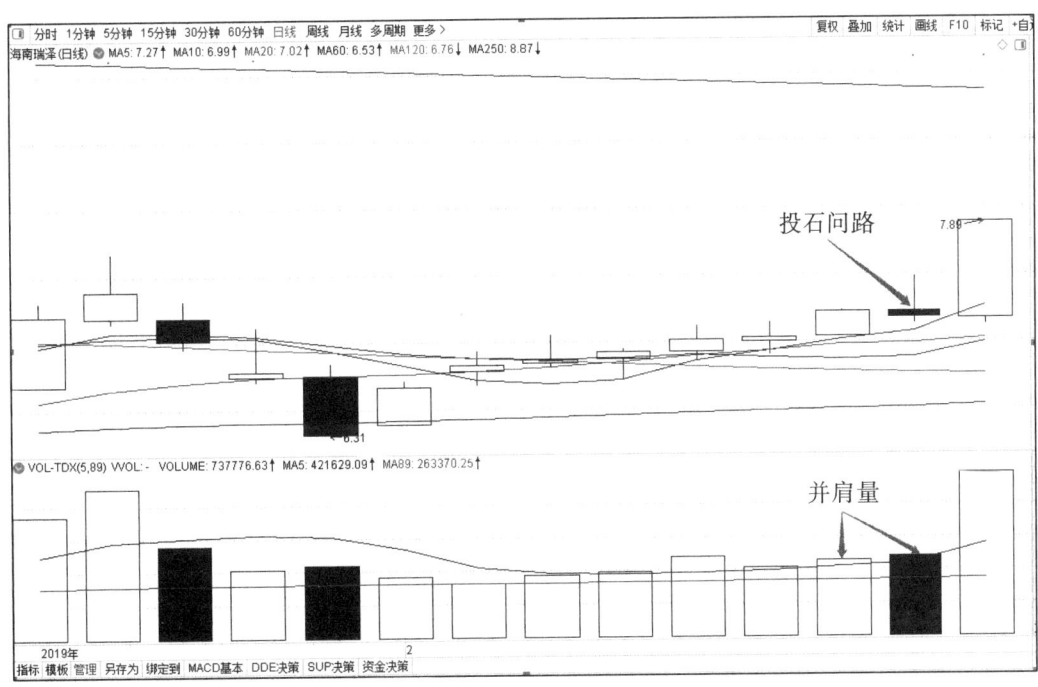

图 14-2

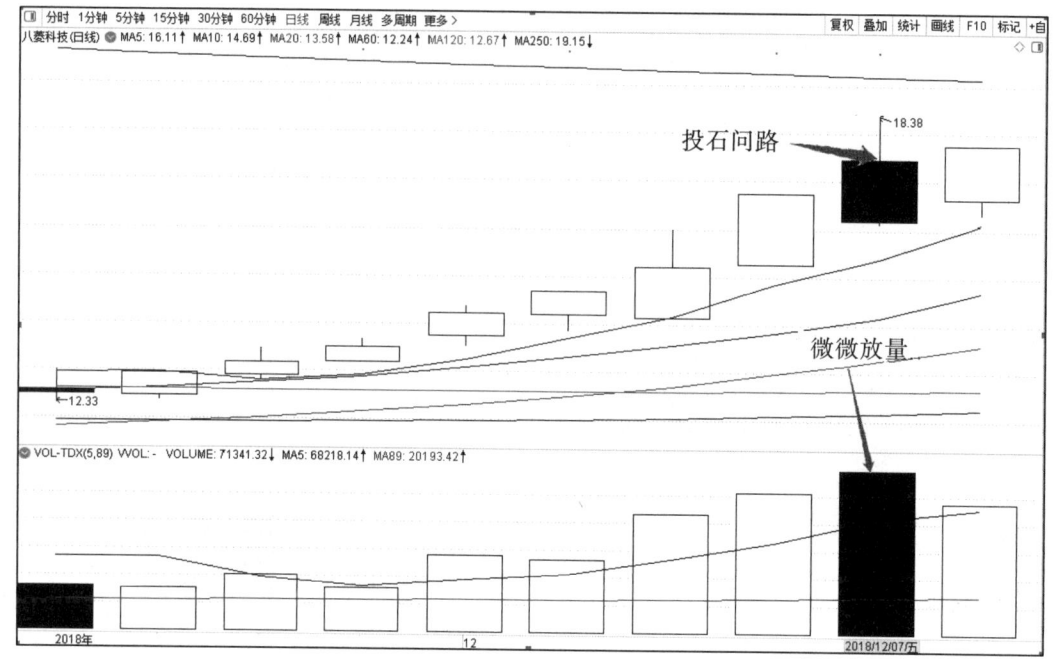

图 14-3

均线趋势：10 日均线必须上穿 20 日均线，且三日收盘价同时站稳 10 日均线和 20 日均线。

成交量特征：量柱最好状态是较前一天缩量或并肩量，因为缩量代表着筹码锁定良好，微微放量也是可以的，但不能放出顶格量，同时 5 日均量线在 89 日均量线之上。

并肩量，指当日成交量量柱和前一日成交量量柱几乎相等；顶格量，指当日成交量的量柱为 60 个交易日最高量。如图 14-4 所示。

市场逻辑：主力经过连阳吸筹之后，通常会用阴 K 线来试探跟风盘或者抛压盘的筹码情况，如果抛盘压力大可能会继续洗盘，同理获利盘大也一样，为了今后的拉升轻松，所以必须甩掉跟风盘，这也是主力洗盘的一种方法。如果第二天没有用大阳 K 线收复，则投石问路失败。很多人会在五连阳或者八连阳之后追高，认为小阳推进必有大阳，殊不知千里马爬坡以后也会歇歇脚，这个阴 K 线就是主力歇脚的时候。

买入条件：次日股价高于前一日阴 K 线的开盘价时轻仓试探买入，待完全高于前一日最高价时加大仓位。

止损条件：跌破阴 K 线前一日阳 K 线的最低价止损出局。

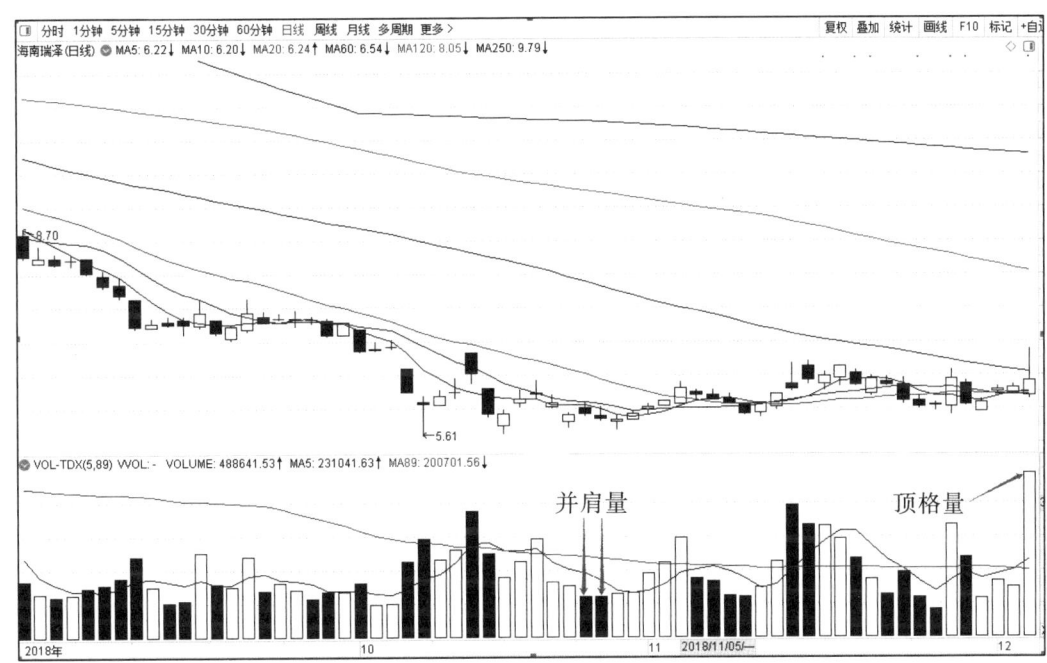

图 14-4

实战案例一 如图 14-5 所示，福达合金（股票代码 603045）2018 年 6 月 22 日出现跌停板，随后又出现五连阳。股价不跌反涨，必有缘由。7 月 3 日出现十字星阴 K 线，

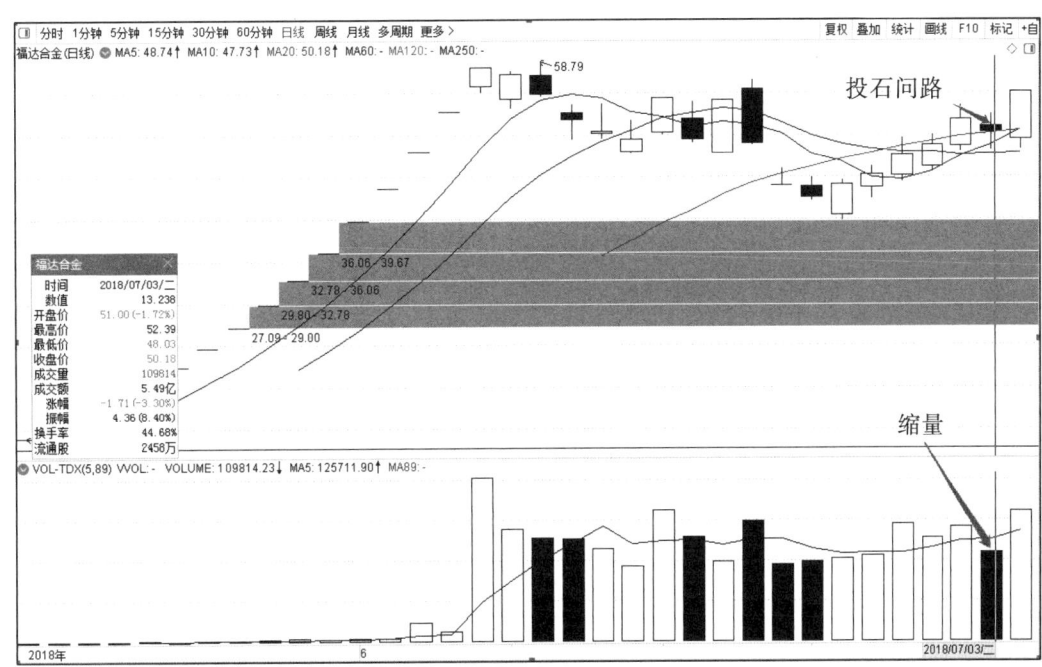

图 14-5 福达合金（股票代码 603045）

同时伴随着成交量的萎缩，说明主力在用这个十字星阴 K 线试探抛压盘和获利盘，第二个交易日以涨停板报收，完成投石问路形态，随后开启一波主升浪，5 个交易日连续收出涨停板（见图 14-6）。

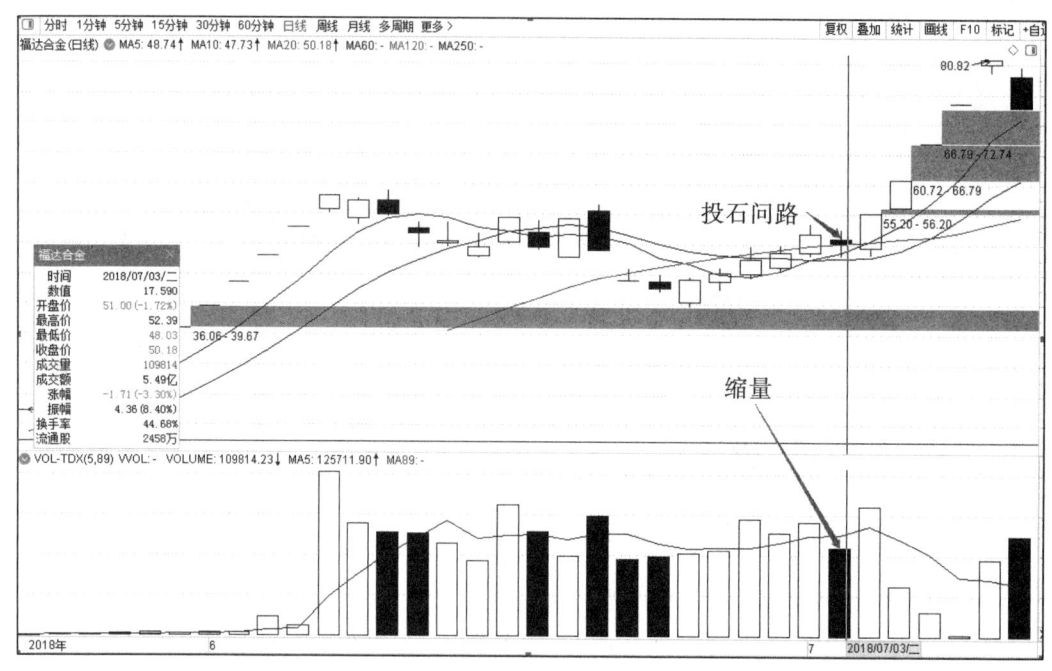

图 14-6　福达合金（股票代码 603045）

实战案例二　来看看八菱科技（股票代码 002592）的主力运作手法。如图 14-7 所示，2018 年 11 月，主力先用一组小阳 K 线吸筹蓄势，中间夹杂着小阴 K 线。接着一波回调洗盘，七连阳后再用投石问路试探抛压盘和获利盘，将拉升设计得天衣无缝。重点解释下，这个投石问路为什么是放量的。这也是正常的，说明该跑的都跑了，所以成交量放大，第二天缩量继续上涨，说明主力依然高度控盘，后面的拉升也是在意料之中。图 14-8 是形成投石问路形态以后的股票价格走势图，短短两周的时间，股价便有超过 50％的涨幅。

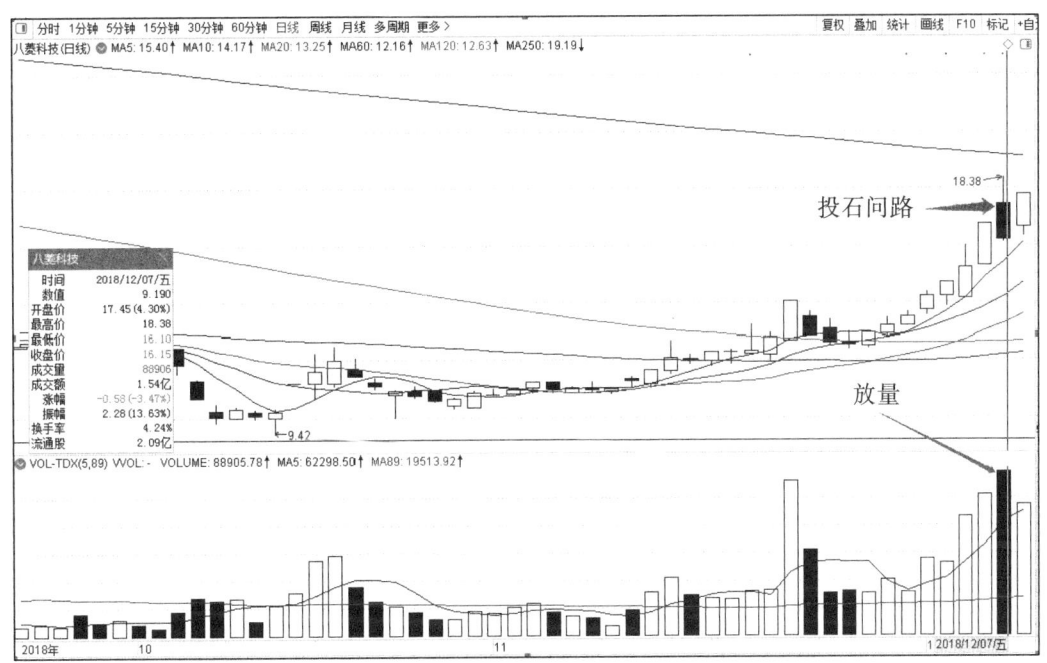

图 14-7 八菱科技（股票代码 002592）

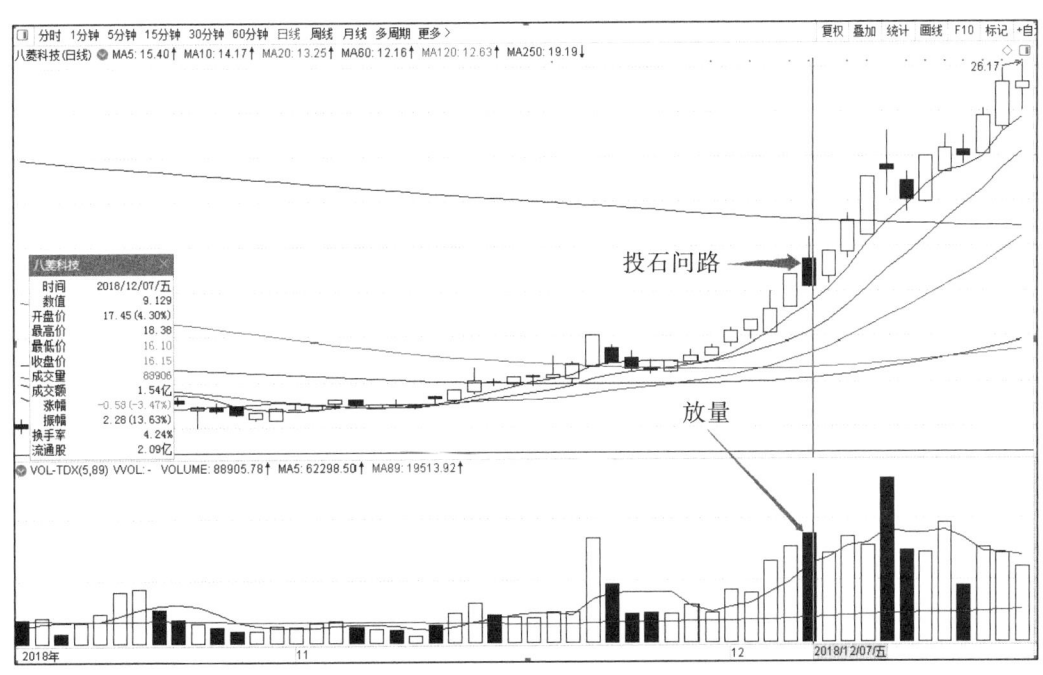

图 14-8 八菱科技（股票代码 002592）

实战案例三 如图 14-9 所示，天能重工（股票代码 300569）2019 年 1 月 4 日主力用涨幅为 3.68% 的阳线就突破了包括 120 日均线在内的四条均线，说明短期市场成本和中长期的市场成本趋于一致。1月11日，出现了一根缩量阴K线，次日股价不跌反涨，必有缘由，说明主力在用这根阴K线试探抛压盘和获利盘，第二个交易日以阳K线修复前一日阴K线报收，完成投石问路形态。1月29日，主力故技重演，再次用带有长长的下影线的缩量阴K线洗盘，再次完成投石问路形态。随后股价一路攀升（见图14-10）。

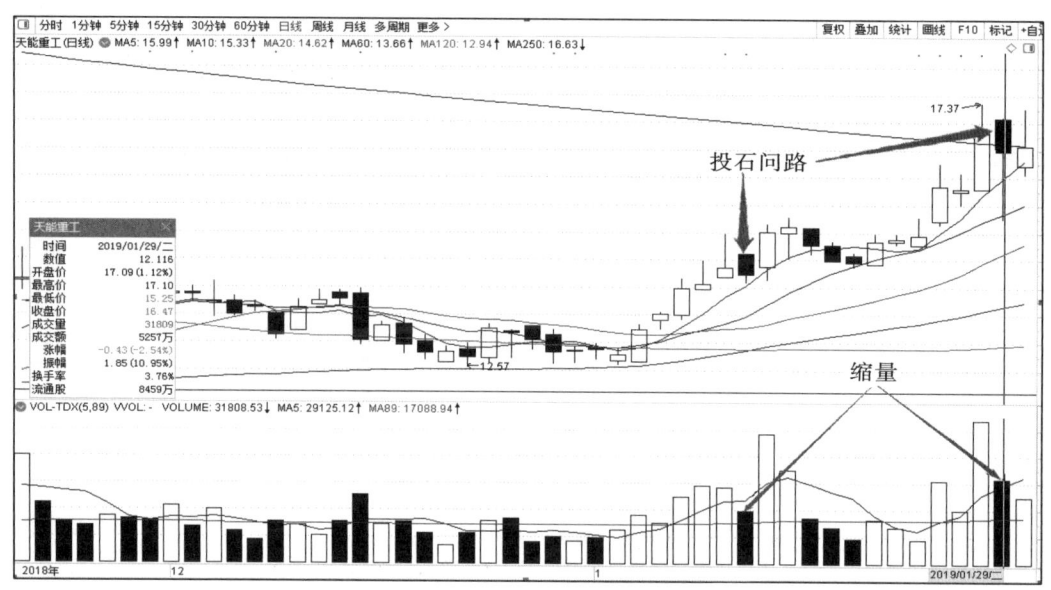

图14-9 天能重工（股票代码300569）

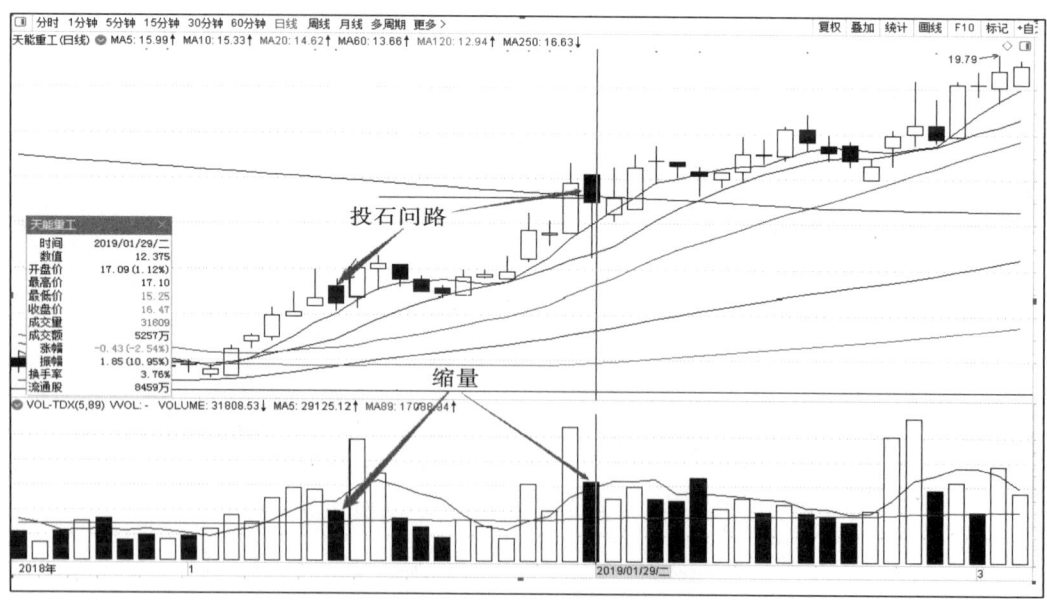

图14-10 天能重工（股票代码300569）

实战案例四 来看看安车检测（股票代码300572）的主力运作手法。如图14-11所示，2019年1月，主力先用一组龙抬头吸筹蓄势，接着一波横盘震荡。2月1日，主力用一根涨幅仅仅为2.4%的阳K线就穿过了包括120日均线的五条均线，说明短期市场成本和中长期的市场成本趋于一致。五连阳后再用投石问路试探抛压盘和获利盘，将拉升设计得天衣无缝。2月18日，主力用阳K线和并肩量完成了投石问路的形态。图14-12是形成投石问路形态以后的股票价格走势图，短短不到1个月的时间，股价便有了超过40%的涨幅。

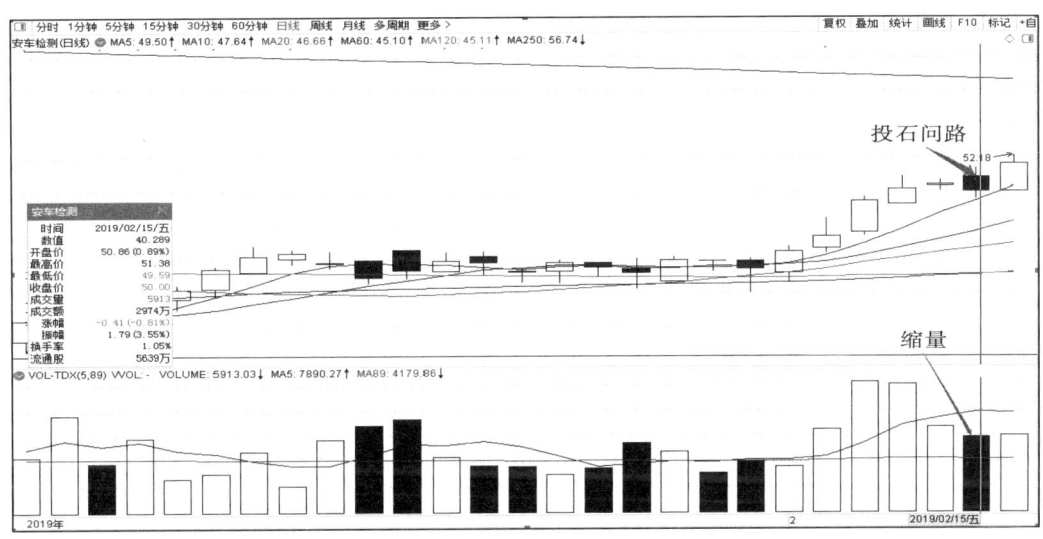

图14-11 安车检测（股票代码300572）

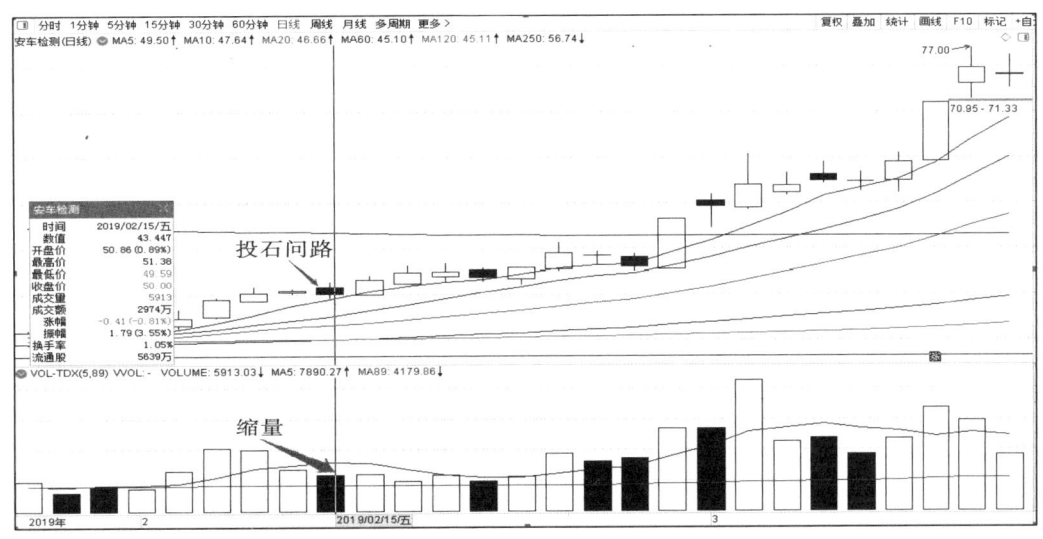

图14-12 安车检测（股票代码300572）

实战案例五 如图 14-13 所示，方大集团（股票代码 000055）2019 年 1 月 11 日七连阳出现后，主力用一根缩量阴 K 线试探抛压盘和获利盘，次日的持续缩量说明主力没有出货。1 月 16 日，股价开盘便一字涨停板，完成了投石问路的形态，随后连续收出 3 个涨停板（见图 14-14）。

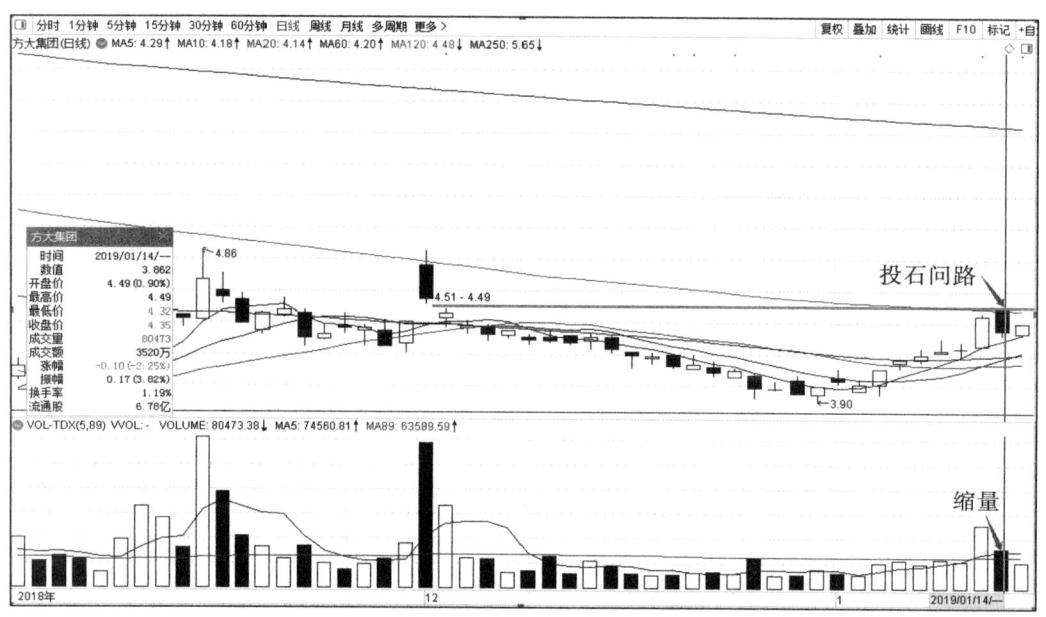

图 14-13　方大集团（股票代码 000055）

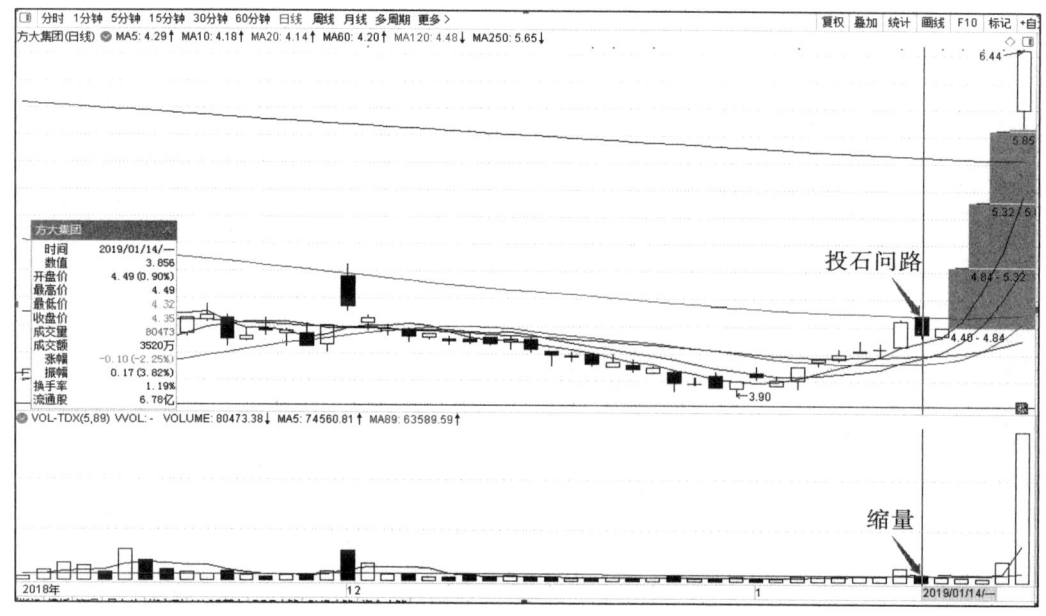

图 14-14　方大集团（股票代码 000055）

实战案例六 如图14-15所示，潍柴重机（股票代码000880）2019年2月19日七连阳出现后，主力用一根缩量阴K线试探抛压盘和获利盘，次日用阳K线修复了前一日的阴K线，完成了投石问路的形态，随后股价便一路攀升（见图14-16）。

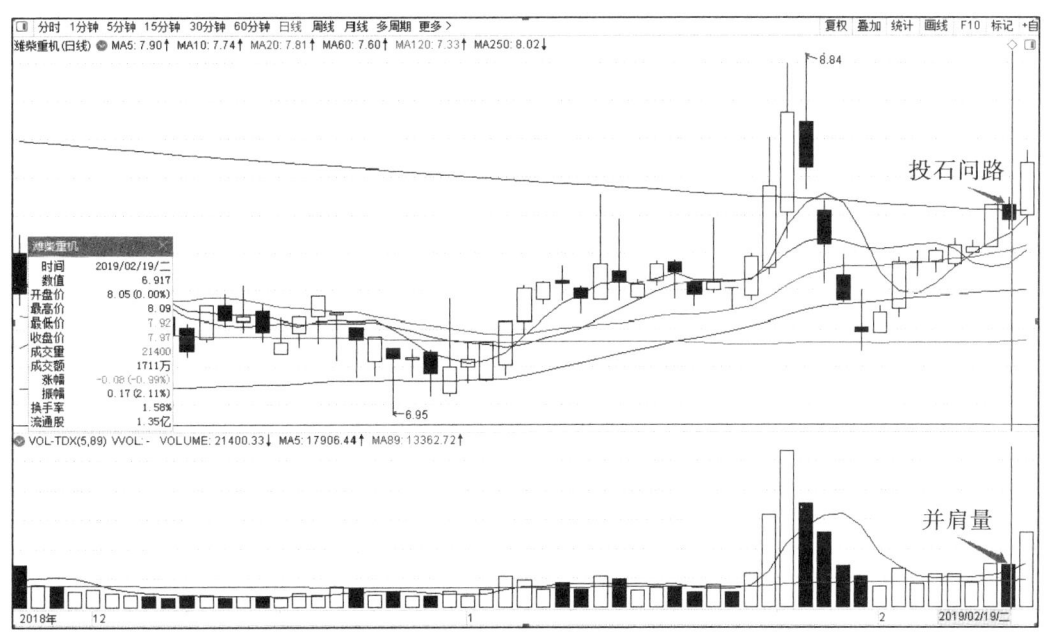

图14-15 潍柴重机（股票代码000880）

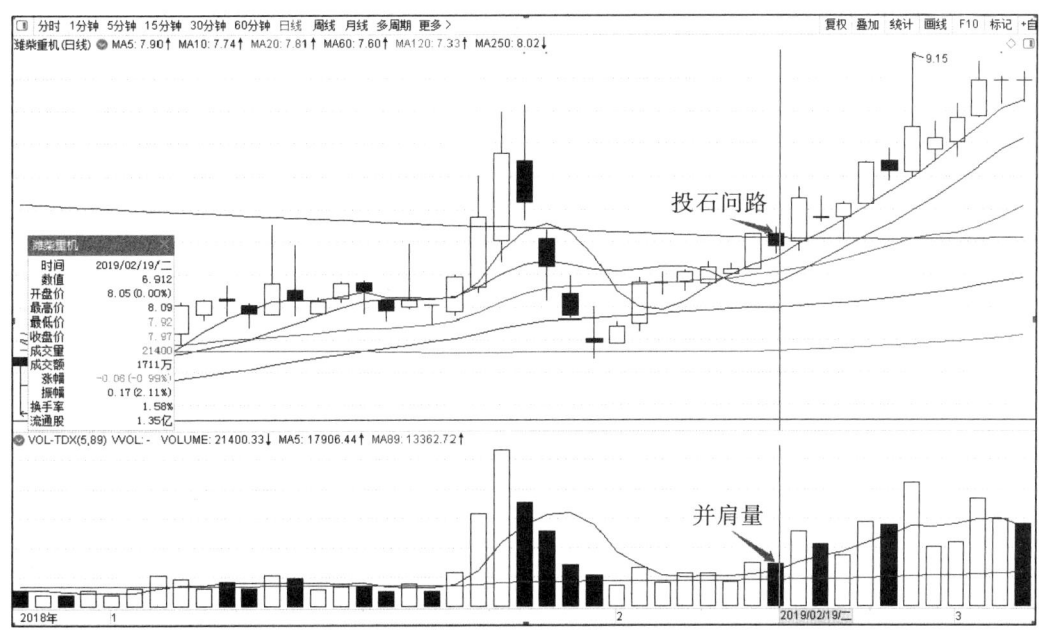

图14-16 潍柴重机（股票代码000880）

实战案例七 如图14-17所示,宇晶科技(股票代码002943)2019年1月11日六连阳完成吸筹后,次日便用缩量阴K线试探抛压盘和获利盘,而且用的是跌停板洗盘,这就是主力的另一种洗盘方式——吓。中小投资者最怕什么?当然是跌停了。次日的涨停板和前一日完成了的跌停板形成了投石问路和否极泰来的复合形态,股价不到3周上涨幅度超过30%(见图14-18)。

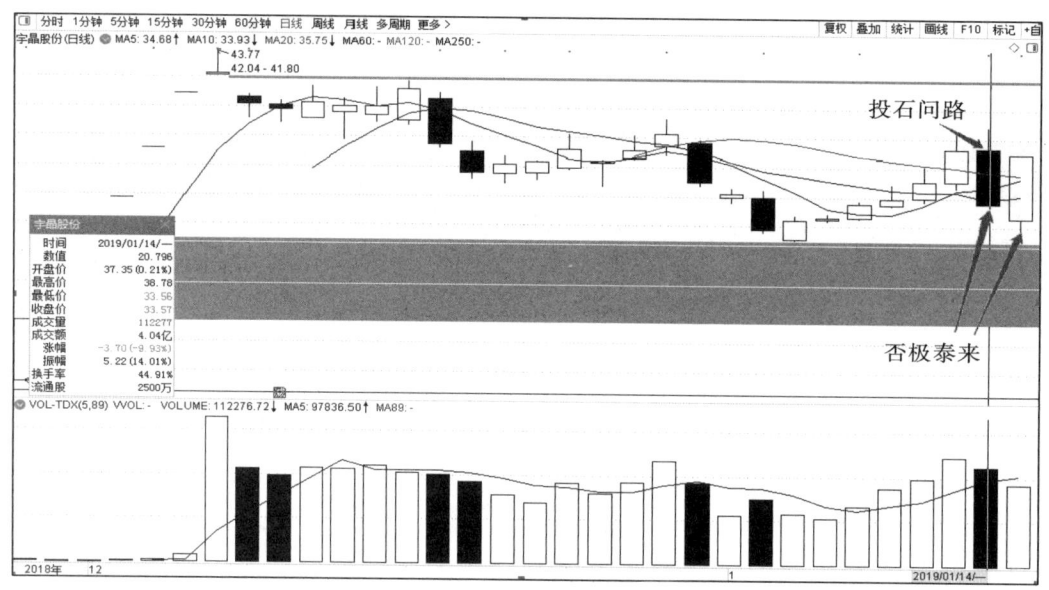

图14-17 宇晶科技(股票代码002943)

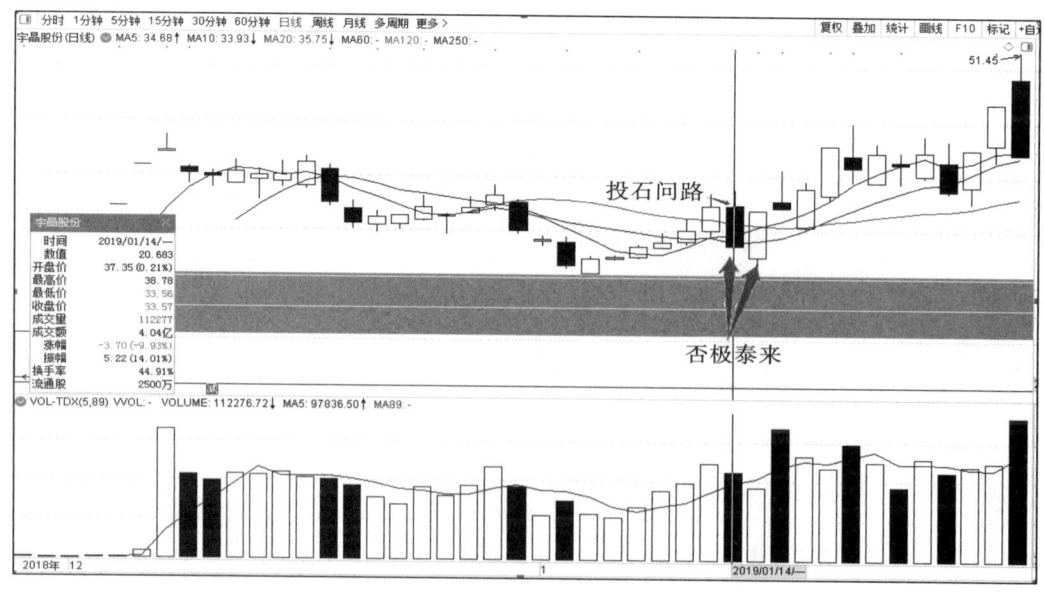

图14-18 宇晶科技(股票代码002943)

第十五章 左右开弓

左右开弓出自元代白朴《梧桐雨》楔子："臣左右开弓，一十八般武艺，无有不会。"原意指双手都能射箭，现可指代双手都能做事。在股市中指主力竭尽所能，用左边的大阴K线和右边的大阳K线让中小投资者尝尽苦头。

图形特征：由2到14根K线组成，其中第一根必须是振幅或者跌幅大于6%的大阴线，后面的K线的收盘价高于或者接近第一根大阴线的收盘价，随后的窄幅震荡小于3%，在13个交易日内出现与第一根大阴K线几乎相等的大阳K线，左右开弓形态成立。可以简单理解为左边大阴K线洗盘，右边大阳K线拉升，如果因为大阴K线被震仓出局，又错失右边大阳K线的拉升，就是左右挨了耳光，这就是均线为王战法之左右开弓的来历。

如图15-1所示，左边大阴K线出现以后，随后的股价并没有继续下跌，而是用阳十字星线止跌企稳，3个交易日之后出现和左边大阴K线几乎相等的大阳K线，左右开弓形态成立。

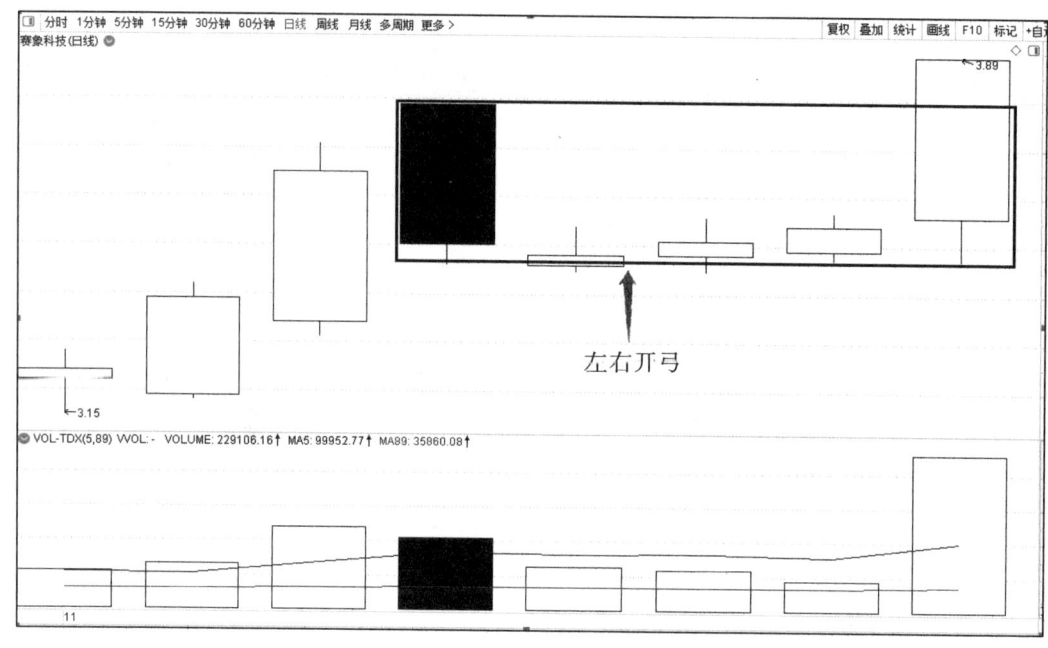

图 15-1

成交量特征：5 日均量线必须在 89 日均量线之上，左侧大阴线可以是放量，当然最好是缩量，中间的 K 线一般是缩量十字星，以阳十字星线为最佳。右侧对应大阳线最好是放量，也可以是并肩量。

均线趋势：股价必须站稳 20 日均线，且均线方向上翘。10 日均线必须上穿 20 日均线，且 3 日收盘价同时站稳 10 日均线和 20 日均线，见阳线买入，不能见阴线买，因为股票收阴 K 线一般是主力洗盘或者出货，不知道回调幅度多大，回调时间多长，出现阳 K 线，说明主力有做多意愿。

市场逻辑：股价经过长期的吸筹之后，没有大幅拉升，不存在出货嫌疑。此战法不适用于短期涨幅大于 25% 的股票，因为主力可能有出货嫌疑。君子不立于危墙之下，资金安全是第一位的，宁愿错过，不要做错。

实战案例一 如图 15-2 所示，*ST 新海（股票代码 002089）股票经过小阳线碎步上扬、隐蔽吸筹后，遇到 2018 年 9 月 14 日颈线位的大压力。从交易心理学和交易行为学分析，任何主力都不愿意当接盘侠，那么只有反手打压，才有可能让意志不坚定的持股者快速交出筹码，任何人都不愿意到手的鸭子飞了，这也是主力打压散户的法宝。

主力的左右开弓洗盘，正是利用中小投资者害怕跌停第二天可能还要顺势低开的心理，达到短期震仓的目的，震仓节省了迫使中小投资者或者其他持股者交出筹码的时间，从而节省了自己的持股时间，为自己短期暴涨拉升扫清障碍。

于是就出现了 11 月 23 日的大阴 K 线震仓洗盘，试想，如果是出货，第二天应该还是低开低走收大阴线才对。第二天反而收出了一根缩量光头阳线，说明主力根本不想卖股票，惜售不卖才导致成交量缩小，而且振幅非常窄，说明主力已经高度控盘。第三天涨停板收复前天大阴 K 线，左右开弓形态形成，未来的惊人涨幅就是意料之中了，后面股价竟然出现了 6 个交易日收出 4 个涨停板的行情（见图 15-3）。

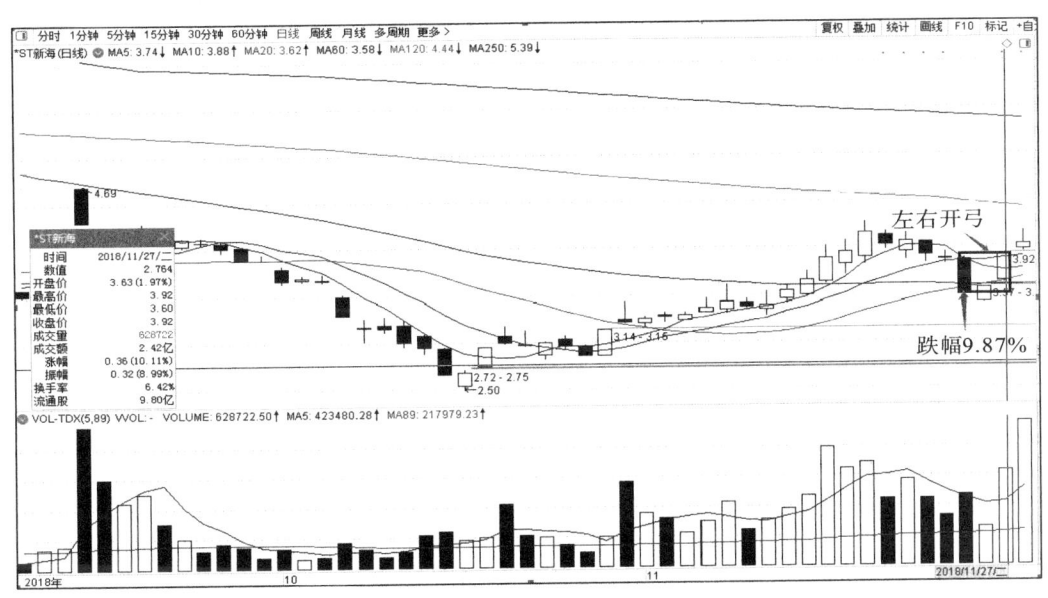

图 15-2　*ST 新海（股票代码 002089）

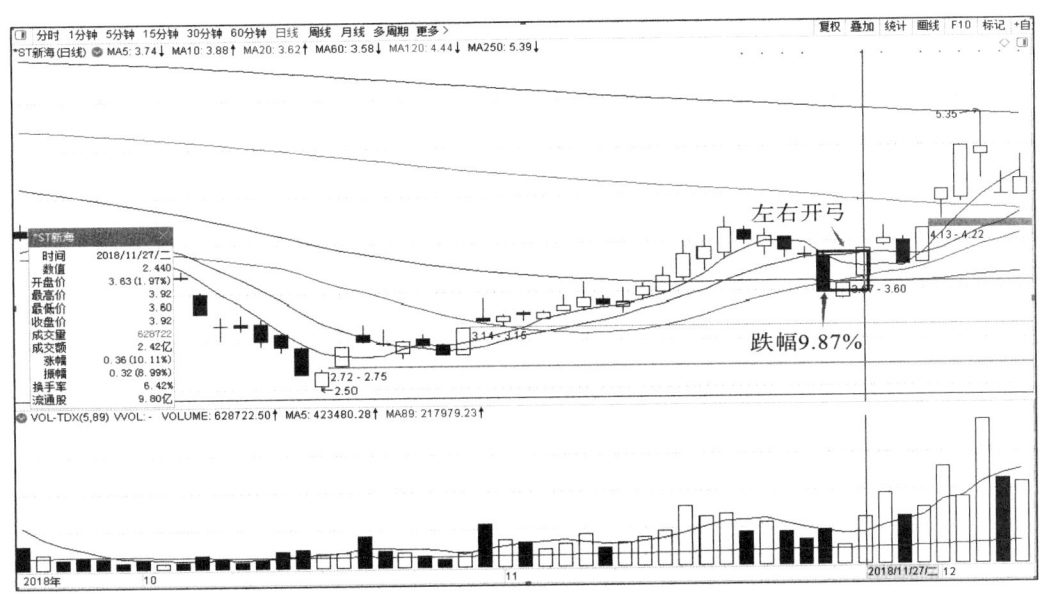

图 15-3　*ST 新海（股票代码 002089）

实战案例二 如图 15-4 所示,安利股份(股票代码 300218)2016 年 8 月 26 日在上升途中突然出现大阴线,让持股者措手不及,但是后来的走势又窄幅震荡,说明主力根本不是在出货,而是在震仓洗盘。9 月 7 日出现的涨停板收复左边大阴 K 线,左右开弓形态形成。图 15-5 是左右开弓形态形成以后的股票价格走势图,股价赚钱效益明显,短短 10 个交易日,涨幅便超过了 40%。

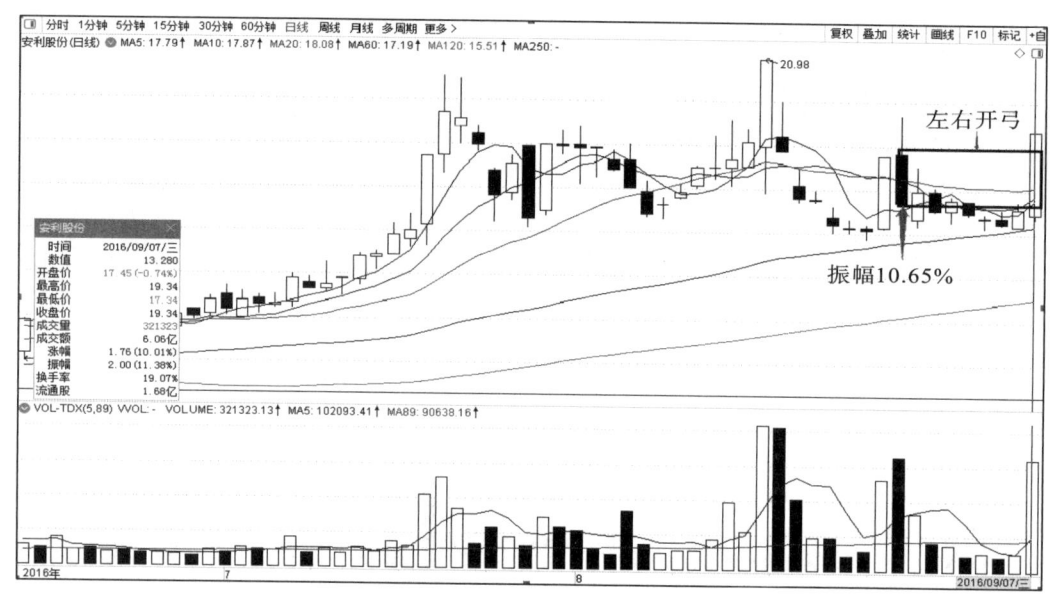

图 15-4 安利股份(股票代码 300218)

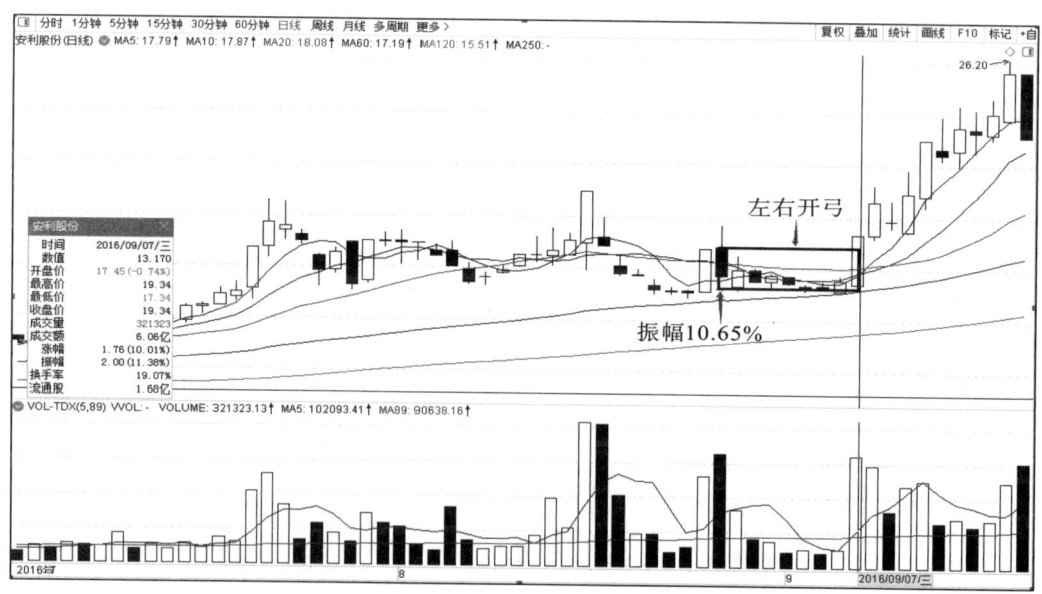

图 15-5 安利股份(股票代码 300218)

实战案例三　如图 15-6 所示，德新交运（股票代码 603032）2018 年 10 月 9 日、10 月 23 日和 10 月 31 日，用涨停板分别收复了对应的左边大阴 K 线，走出了左右开弓暴涨形态，次日收复当然是最强状态，如果隔一、二天则是次强状态。图 15-7 是第三次左右开弓形态形成以后的股票价格走势图。短短 5 个交易日收获 4 个涨停板，股价涨幅也超过了 30%。

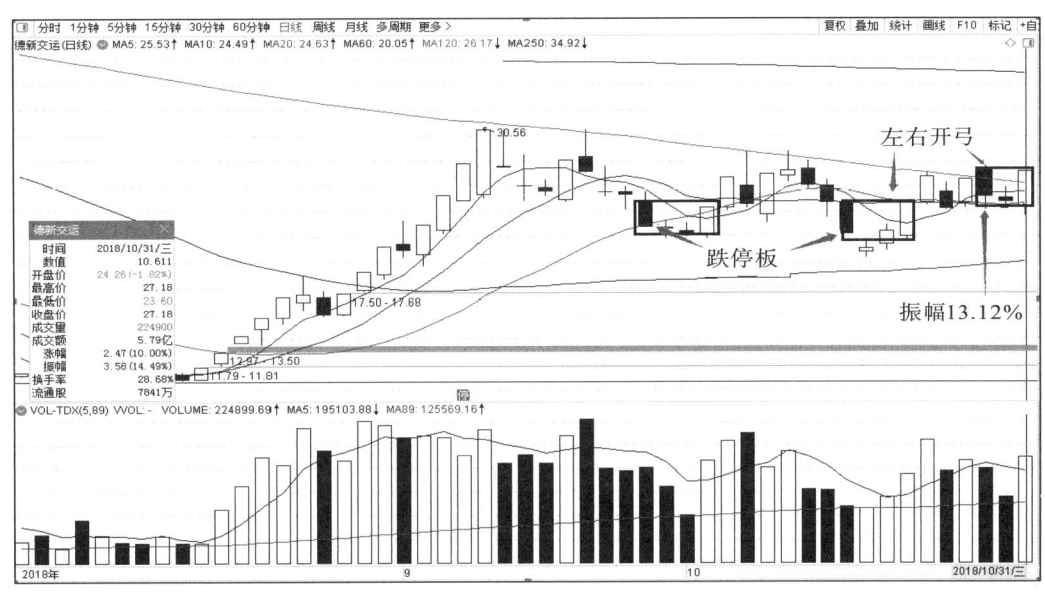

图 15-6　德新交运（股票代码 603032）

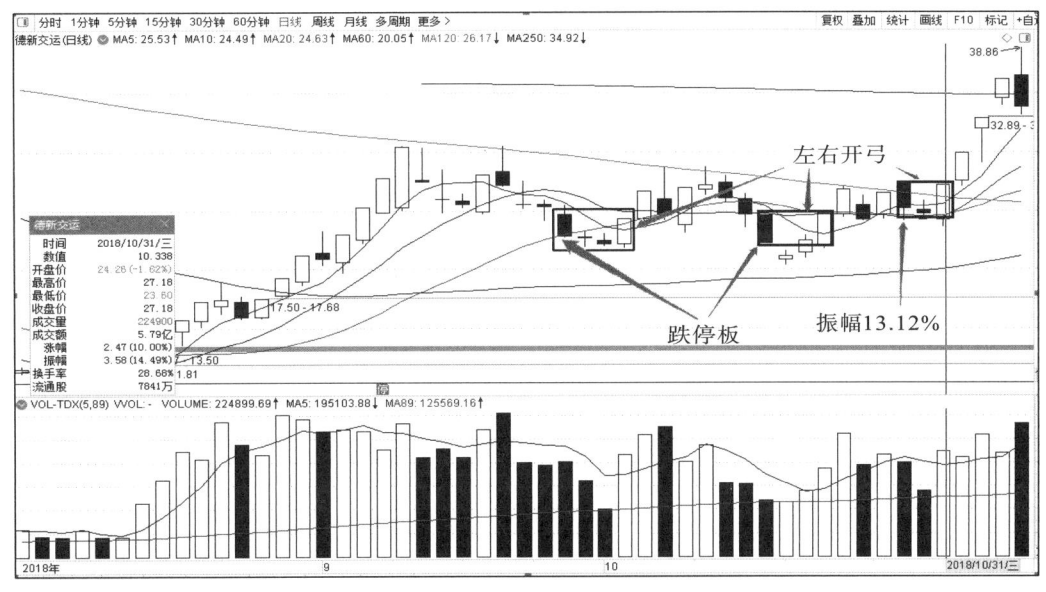

图 15-7　德新交运（股票代码 603032）

可见，股票的强弱都反映在 K 线上，K 线是市场运动最基本的表现符号，它承载着金钱的流动轨迹，记录着金钱的得失过程。它被人们赋予了生命，展示着人们的期望、猜疑、幻想、贪婪、恐惧等，蕴含着丰富的自然法则。熟读形态，掌握财富。

实战案例四 如图 15-8 所示，ST 坊展（股票代码 600149）2016 年 3 月受恒大举牌的利好消息刺激，股价先是走出了一小波行情，于是主力反手打压股价，利用了一字跌停板和大幅低开两种非常极端的组合洗盘方式，来清洗套牢盘和获利盘，但是股价根本没有跌破 20 日均线。7 月 29 日，股价重新站稳 5 日均线，同时当天量柱也大于 5 日均量线，量价配合完美。当天的大阳 K 线和 7 月 22 日的大阴 K 线遥相呼应，走出了第一组左右开弓暴涨形态。次日即 8 月 1 日，主力又用一个涨停板和 7 月 21 日一字跌停板遥相呼应，再次完成了左右开弓暴涨形态。于是一波暴涨行情随即展开，短短 12 个交易日就走出了 150% 的涨幅，也成了 2016 年为数不多的明星股（见图 15-9）。

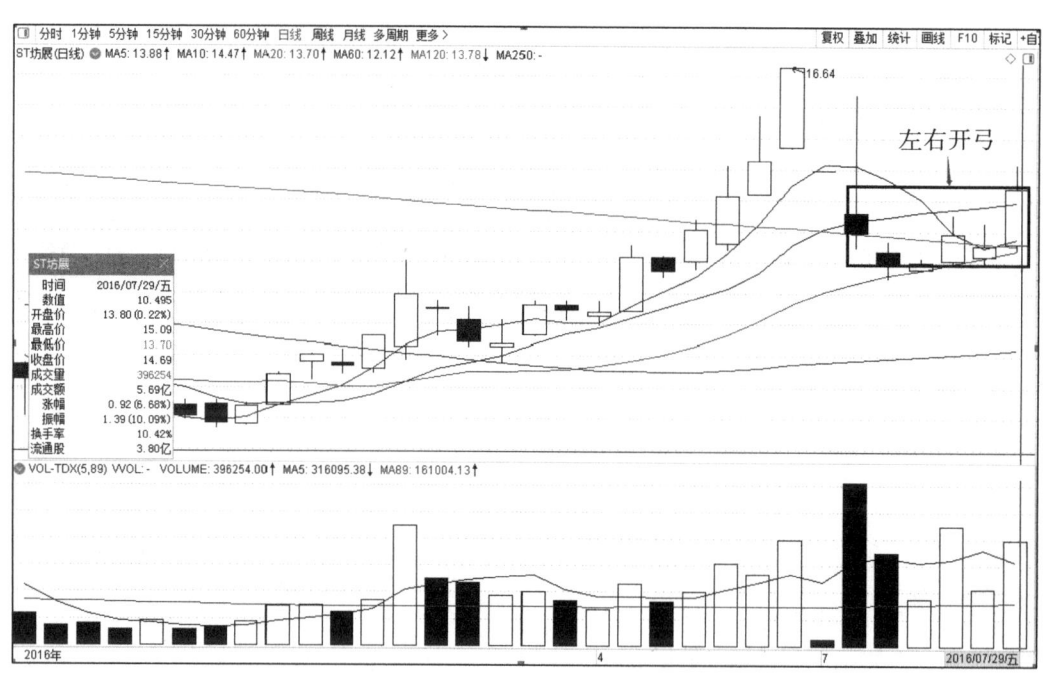

图 15-8　ST 坊展（股票代码 600149）

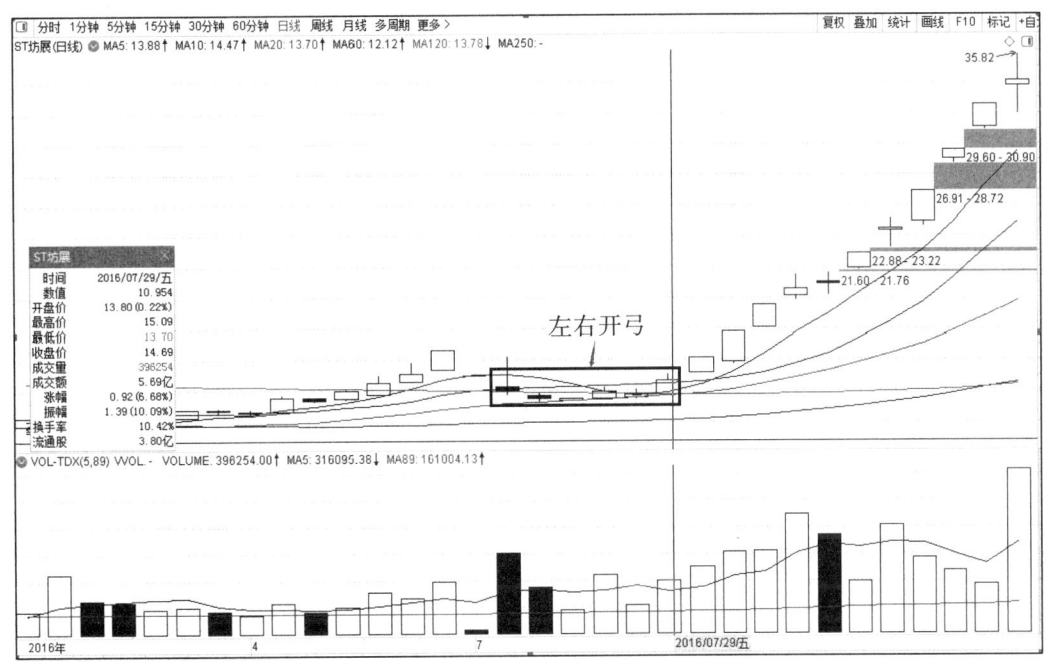

图 15-9 ST 坊展（股票代码 600149）

实战案例五 如图 15-10 所示，贝通信（股票代码 603220，由于截图当日除权除息，股票名称显示 XD 贝通信）2018 年 12 月底用带有 2 个涨停板的四连阳强势吸筹，来势汹汹，可见来者不善。但是主力不升反降有悖常理，开始回调，事出反常必有妖。2019 年 1 月 3 日股价收出了一根近似跌停板的大阴 K 线。但是次日股价便低开高走，收盘价超过了 1 月 3 日的收盘价，说明主力根本不想下跌。1 月 9 日主力用一个强势涨停板收复了左侧大阴 K 线，左右开弓暴涨形态形成。1 月 14 日，股价再次跳空高开收出了 T 字形涨停板。一条宽宽的护城河就呈现在我们面前。1 月 18 日至 1 月 22 日，再次出现一组左右开弓暴涨形态，随后又收出了两个涨停板。一波强势游资股的操作完美谢幕（见图 15-11）。

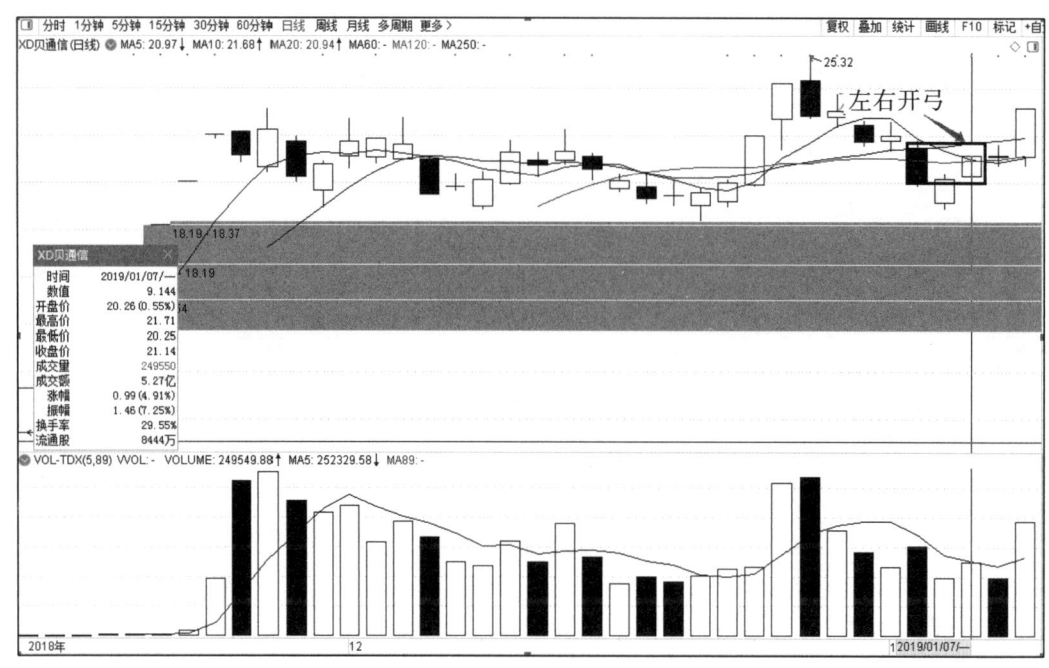

图 15-10 贝通信（股票代码 603220）

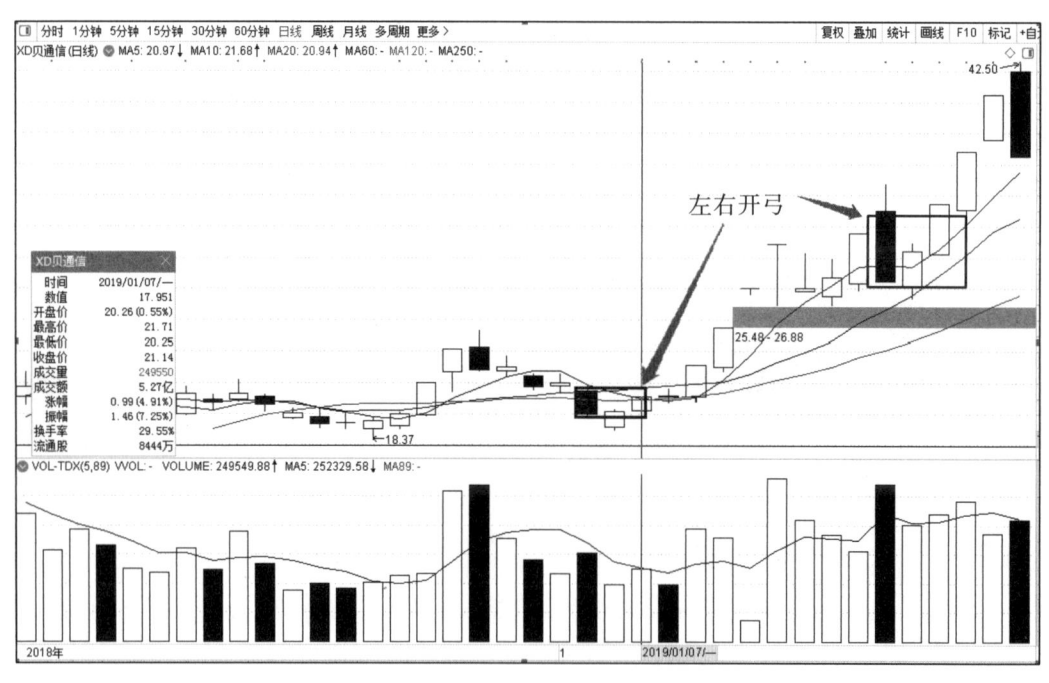

图 15-11 贝通信（股票代码 603220）

实战案例六 如图 15-12 所示，2018 年 11 月 1 日，随着 10 日均线上穿 20 日均线，赛象科技（股票代码 002337）银山谷形态形成。随后主力怕引起别人注意，不敢大张旗鼓地暴力抢筹，一直用小阴K线和小阳K线悄悄地建仓，慢慢推升股价。2018年11月8日和11月13日，5日均线分别上穿60日均线和120日均线，10日均线也不甘落后，在11月15日上穿了120日均线，黄金砖暴涨形态形成。主力用一根超过7%的大阳K线在11月13日成功站稳120日均线重要支撑位。但是次日却高开低走不合常理，收出来一根振幅超过8%的大阴线，随后3个交易日股价不跌，反而开始横盘，连续收出3个振幅非常小的缩量阳线十字星线，说明主力已经高度控盘。11月20日，主力用一涨停板强势收复11月14日的大阴K线，左右开弓暴涨形态形成。11月21日跳空一线天，收出宽宽的护城河，暴涨行情随即展开（见图15-13）。

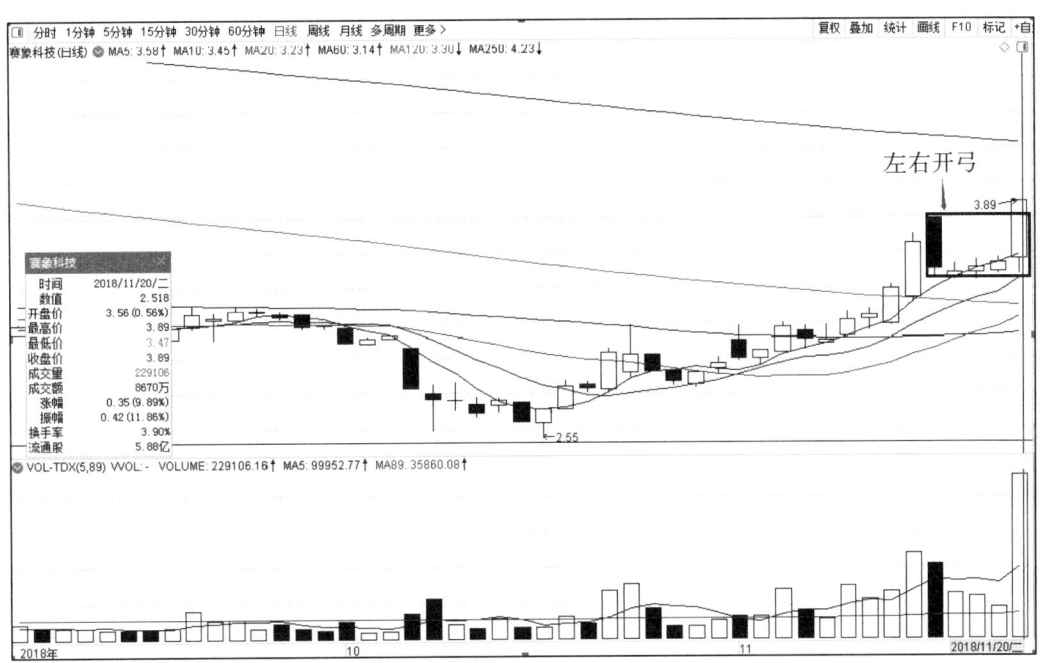

图15-12　赛象科技（股票代码002337）

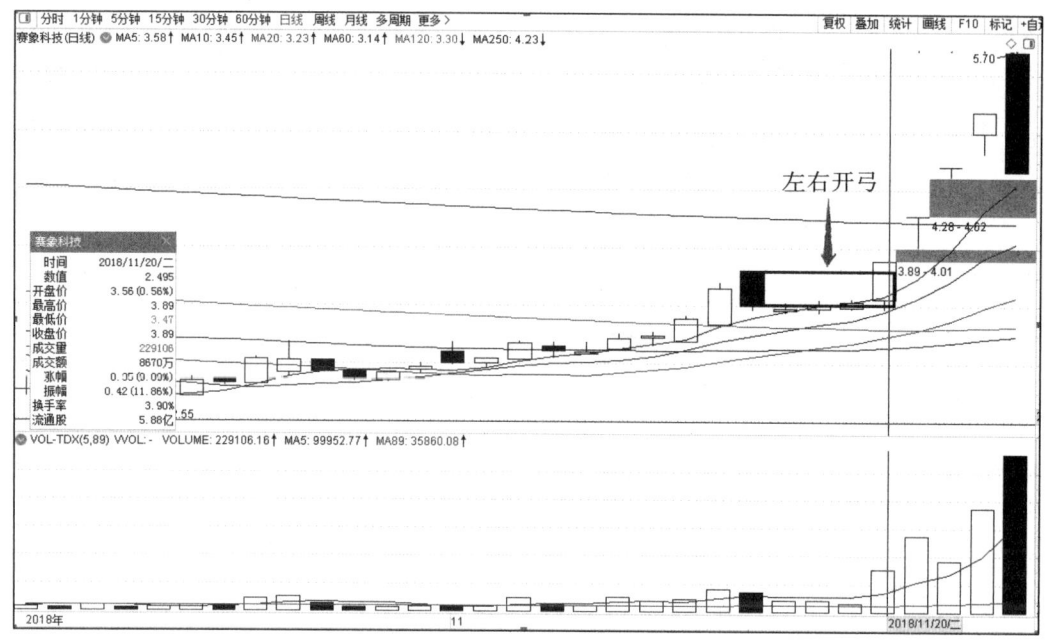

图 15-13　赛象科技（股票代码 002337）

实战案例七　如图 15-14 所示，赛托生物（股票代码 300583）2018 年 10 月 12 日和 10 月 19 日分别出现两组左右开弓暴涨形态，也预示着股价筑底成功，于是一波拉升随即展开（见图 15-15）。

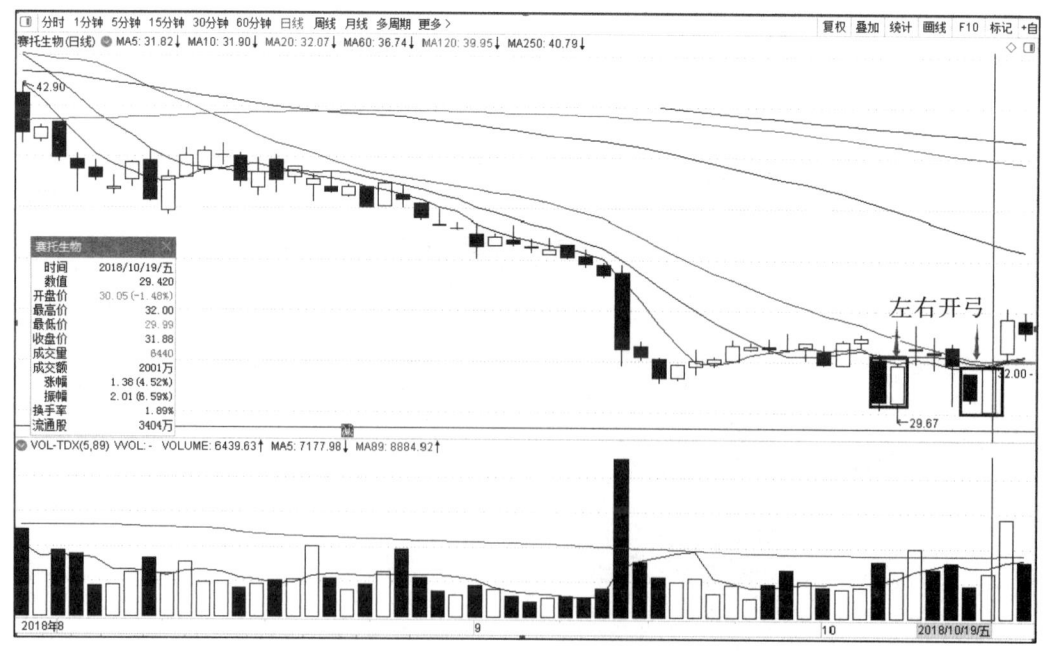

图 15-14　赛托生物（股票代码 300583）

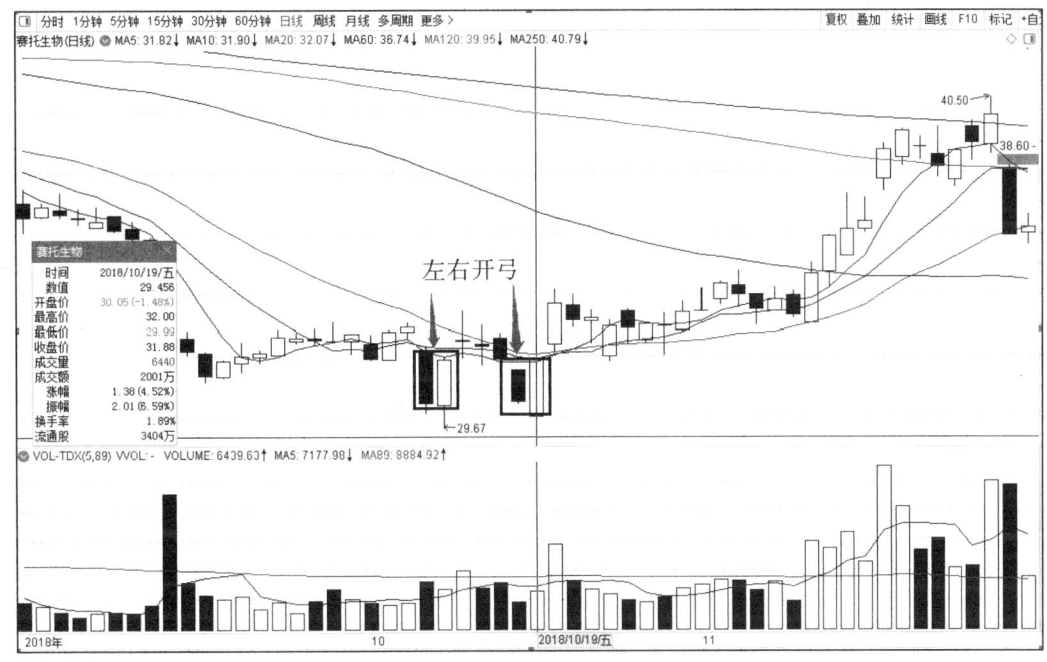

图 15-15 赛托生物（股票代码300583）

实战案例八 如图 15-16 所示，锐奇股份（股票代码 300126）2018 年 11 月 1 日跳空高开，用一个一字涨停板给自己挖出了一条宽宽的护城河。抬高了未来市场参与的成本，因为想买入必须出更高的价格，同时强势突破 60 日均线的重要压力位。次日如法炮制，再次跳空高开。11 月 7 日主力用涨停板将昨日的大阴 K 线成功收复，随后股价再也没有跌破涨停板的开盘价，形成金凤还巢和左右开弓复合形态，主力在这个位置筑起一道铜墙铁壁，同时股价稳稳地站在了 120 日均线之上。当天量柱也大于 5 日均量线，量价配合完美。11 月 9 日，随着 10 日均线上穿 120 日均线，形成了黄金砖暴涨形态。后面的拉升也就在情理之中了（见图 15-17）。

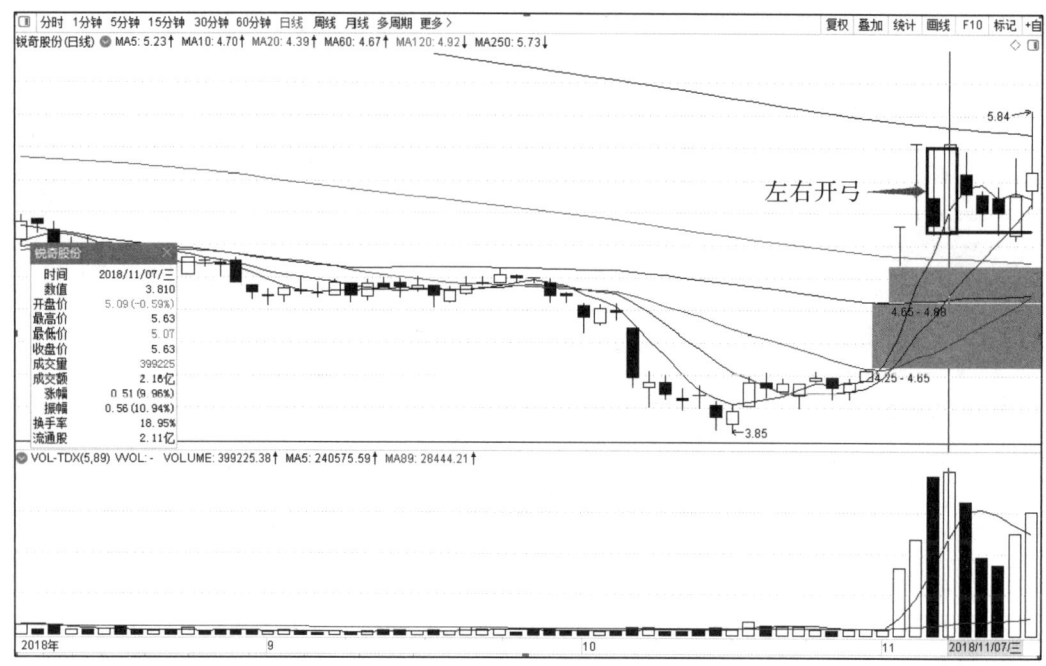

图 15-16 锐奇股份（股票代码 300126）

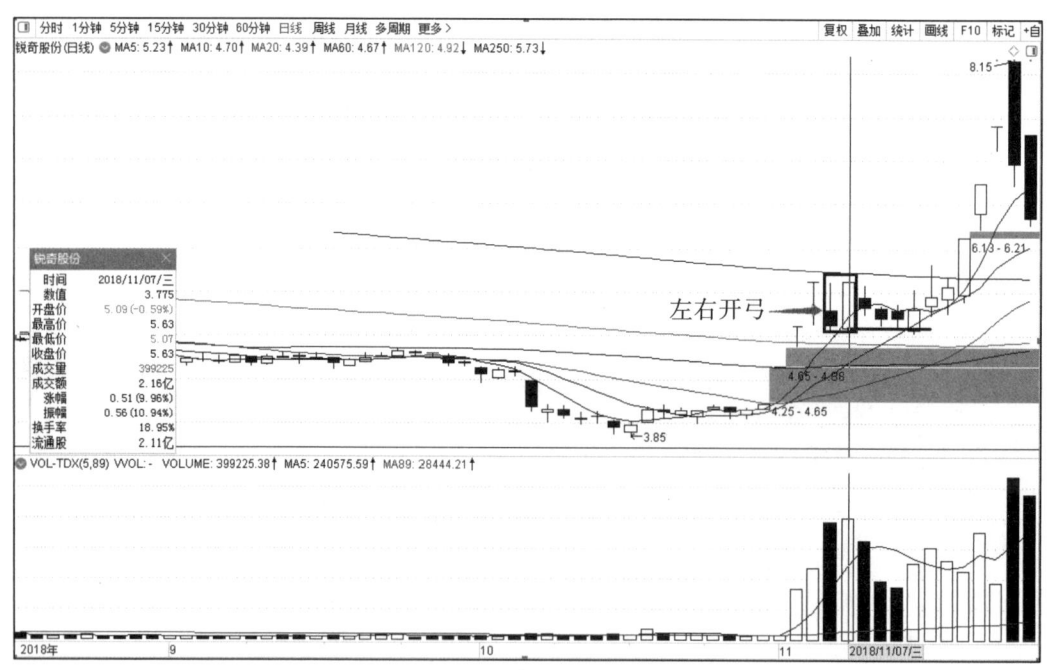

图 15-17 锐奇股份（股票代码 300126）

实战案例九 如图 15-18 所示，德美化工（股票代码 002054）2018 年 11 月 5 日的涨停板同时将 10 月 26 日、10 月 29 日两个交易日的大阴 K 线收复，完成了左右开弓的暴涨形态，随后走出了 7 天收 6 个涨停板暴涨行情（见图 15-19）。

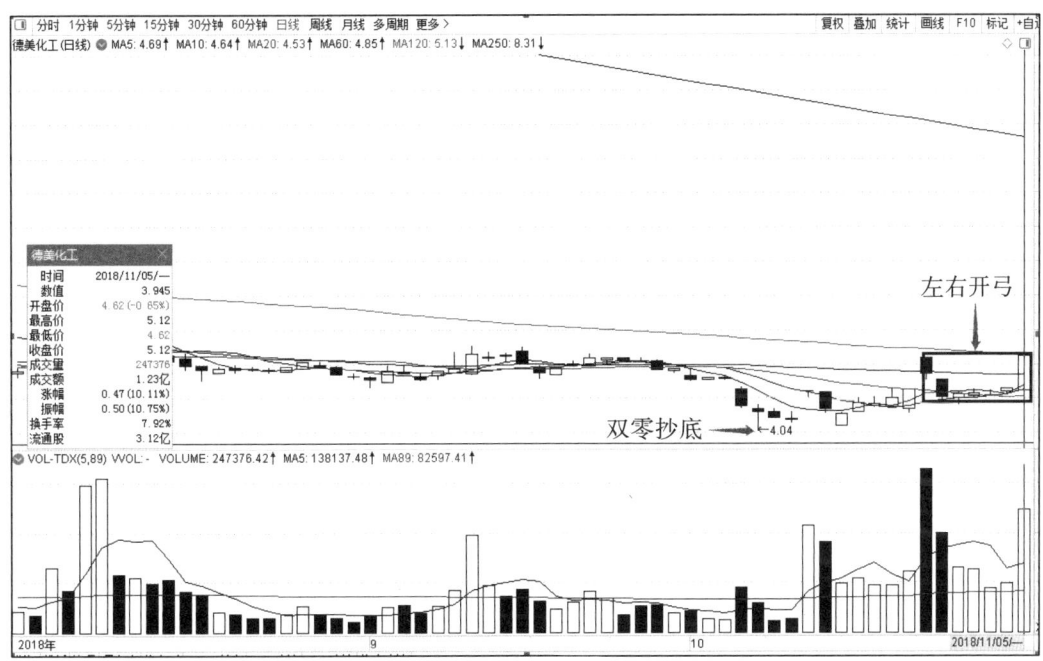

图 15-18　德美化工（股票代码 002054）

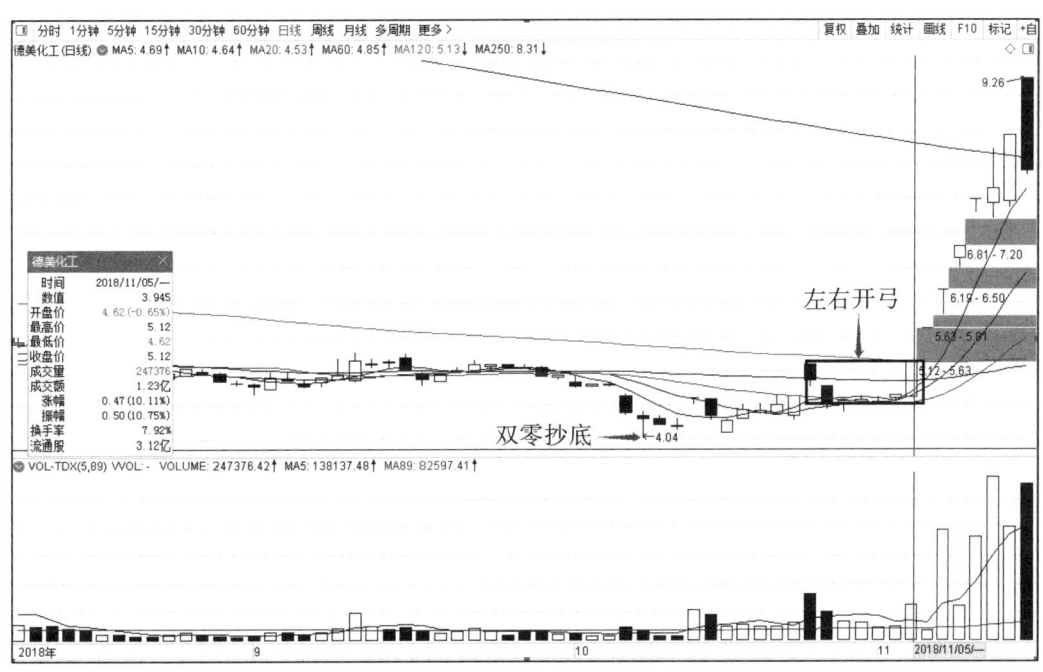

图 15-19　德美化工（股票代码 002054）

搞清股市的逻辑很重要，主力也是人，不赚钱是基本不撤退的。试想动辄用几亿资金运作一只股票，人吃马喂都是成本，低位收阴K线的唯一理由就是震仓洗盘。均线为王战法之左右开弓就是借给你一双慧眼，告诉你"涨停板里有乾坤，跌停板里有黄金"。

第十六章 众星捧月

DISHILIUZHANG

众星捧月出自《论语·为政》："为政以德，譬如北辰，居其所而众星拱之。"解释为许多星星衬托着月亮。比喻众人拥护着一个他们所尊敬爱戴的人。股票里的星星出现以后，也会从中捧出一只大牛股。因为作为主力，为了自身利益的最大化，总是极力隐藏自己的建仓行为，但是介入股市时，必然对股价产生影响，因而不可避免地在K线图和成交量上留下蛛丝马迹。这就需要散户通过分析K线图、成交量特点等来判断是否有主力在某只股票中建仓，了解主力吸筹时的盘面特征，对做出正确的选择有重要的作用。

图形特征：由三个或以上的阳十字星或者阴十字星组成，也可以是阴阳相间的多个十字星，抑或是带有上下影线的短K线。如图16-1所示，前面一组是连续三个交易日收的都是振幅非常小的小阴K线完成的众星捧月形态，后面一组是2个小阳K线和1个小阴K线完成的众星捧月形态。图16-2是一组阴阳相间的振幅非常小的小阴小阳K线完成的众星捧月的形态。

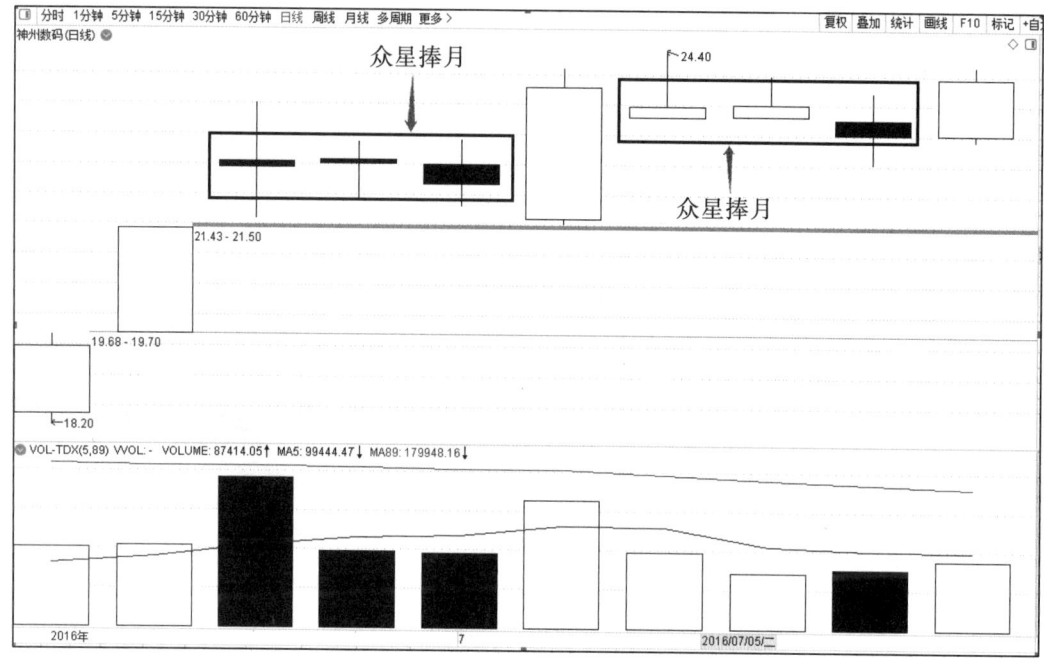

图 16-1

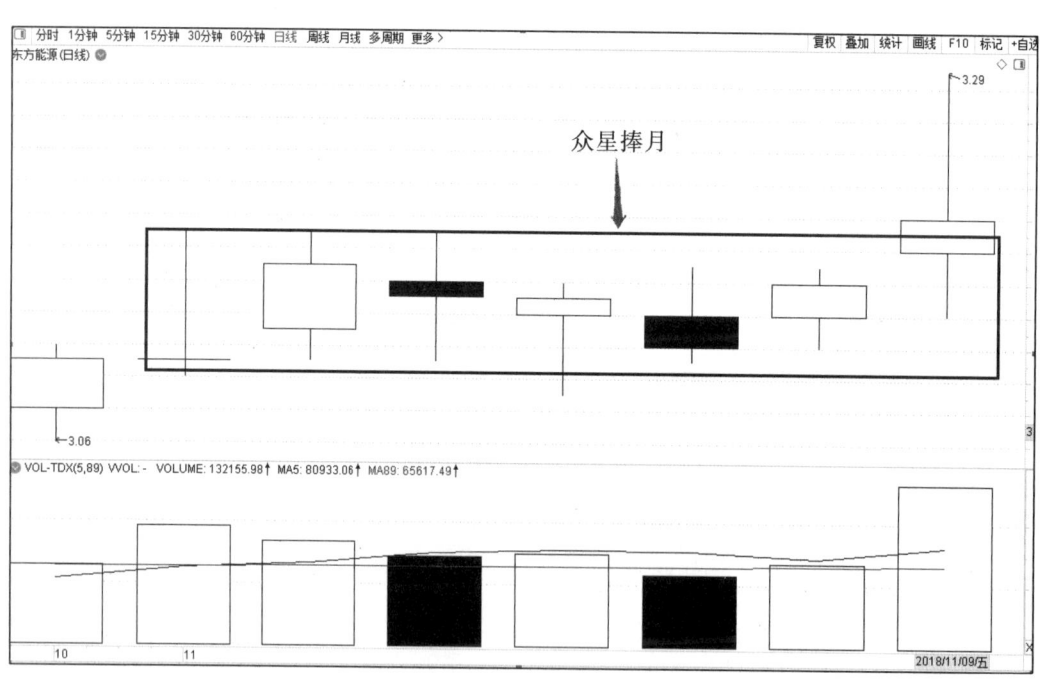

图 16-2

均线趋势：10 日均线必须上穿 20 日均线，且三日收盘价同时站稳 10 日均线和 20 日均线。

成交量特征：量柱必须是较前一天缩量，至少是平量，同时 5 日均量线在 89 日均量线之上。

市场逻辑：股价低位出现十字星，可称为转机线，意味着出现反转。说明主力已经准备吸筹，否则不会把收盘价控制与开盘价相同，期间的涨涨跌跌意味着真金白银的交易，人工成本、资金成本、融资利息、公关费用等都会平摊到股票的成本中去，一般底部出现十字星都是主力蓄势反转信号。若十字星反复出现在低价区的股价日线图中，同时还出现成交量温和、市场低迷、散户心情失望的状况，就表明此时主力在吸货阶段。

实战案例一　如图 16-3 所示，神州数码（股票代码 000034）自 2018 年 10 月 12 日开始，股价连续收十字星线，而且收盘价都控制在 12.52 元上下，一组众星捧月形态完成。能把股价控制得如此精准，中小投资者能做到吗？答案是否定的，10 月 24 日起主力故技重演，再次连续收十字星线且股价站稳了 10 日均线，第二组众星捧月的形态也完成了，拉升迫在眉睫。股价自第一组众星捧月的形态完成后不到一个月涨幅超过了 25%（见图 16-4）。

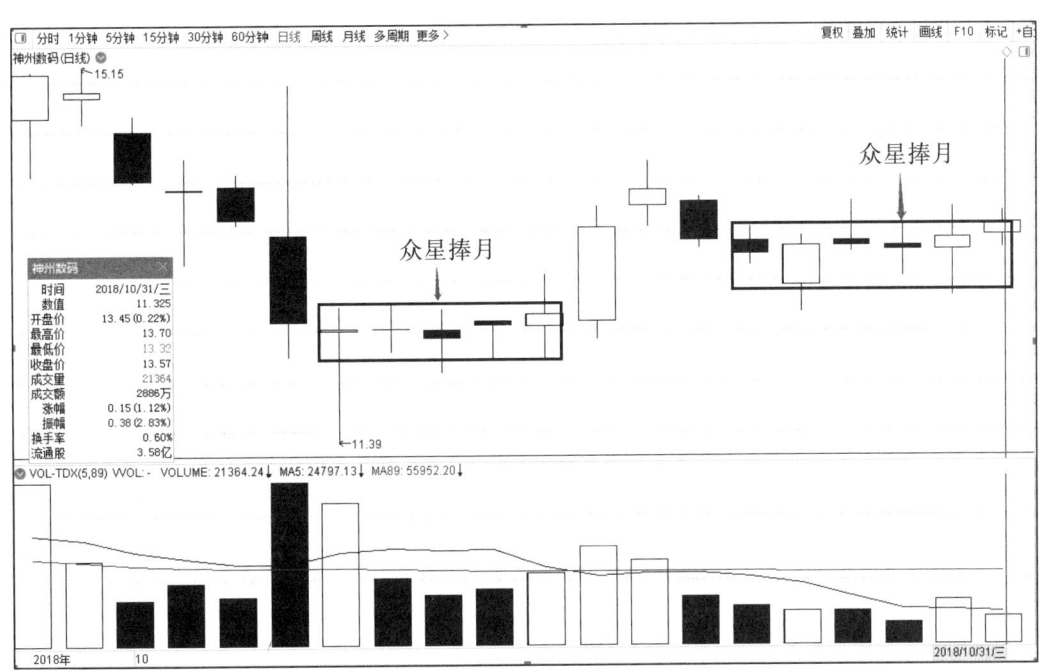

图 16-3　神州数码（股票代码 000034）

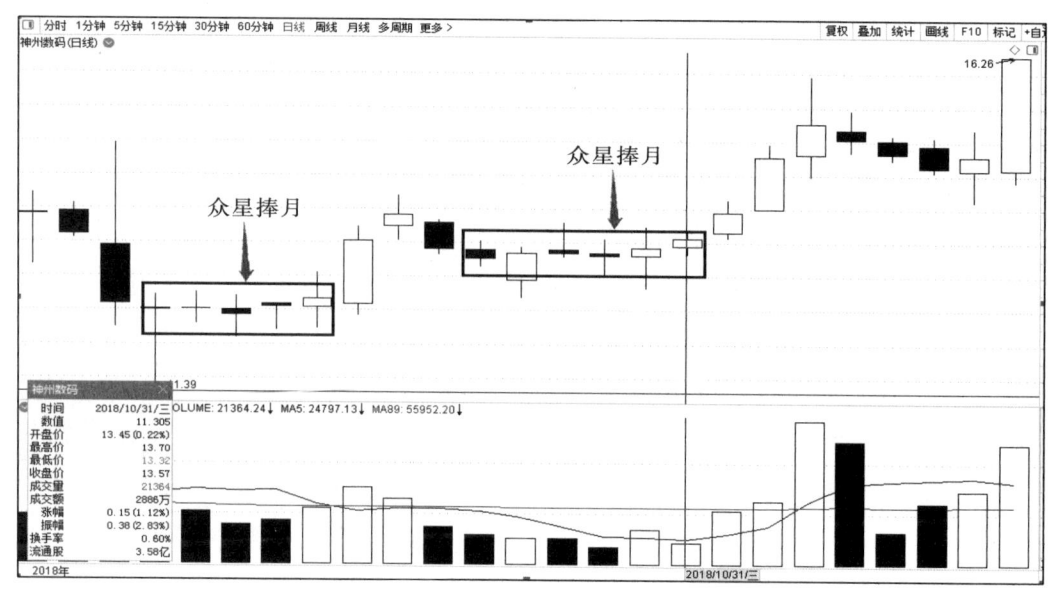

图 16-4　神州数码（股票代码 000034）

实战案例二　如图 16-5 所示，同样也是神州数码（股票代码 000034），自 2016 年 5 月 11 日开始，股价连续收十字星线，而且收盘价都控制在 16.14 元上下，一组众星捧月的形态完成。5 月 18 日主力故技重演，再次连续收十字星线，第二组众星捧月的形态也完成了。拉升迫在眉睫。自第二组众星捧月的形态完成后不到一个月的时间，股价涨幅超过了 70%（见图 16-6）。

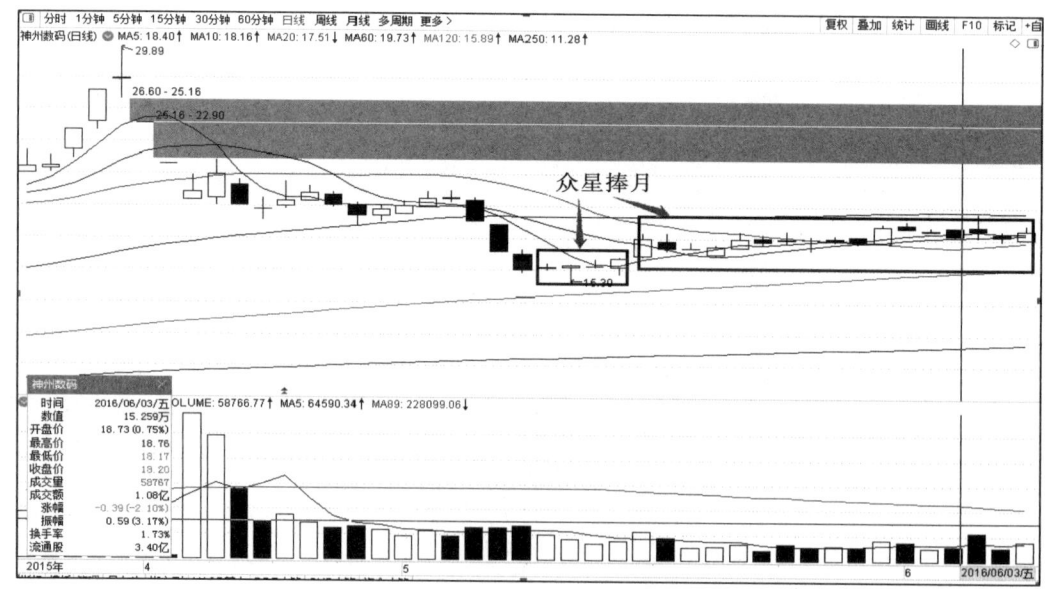

图 16-5　神州数码（股票代码 000034）

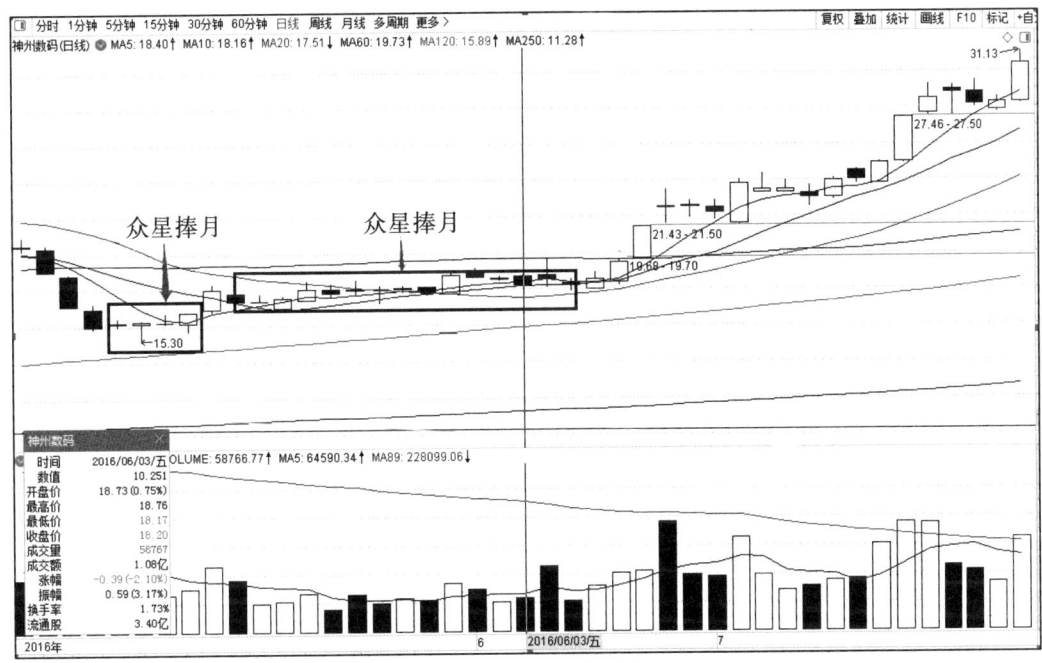

图 16-6 神州数码（股票代码 000034）

实战案例三 如图 16-7 所示，深赛格（股票代码 000058）经过一波长时间的下跌，2018 年 10 月 12 日，主力用一根跳空下跌的阴 K 线止住了下跌趋势。随后用一组

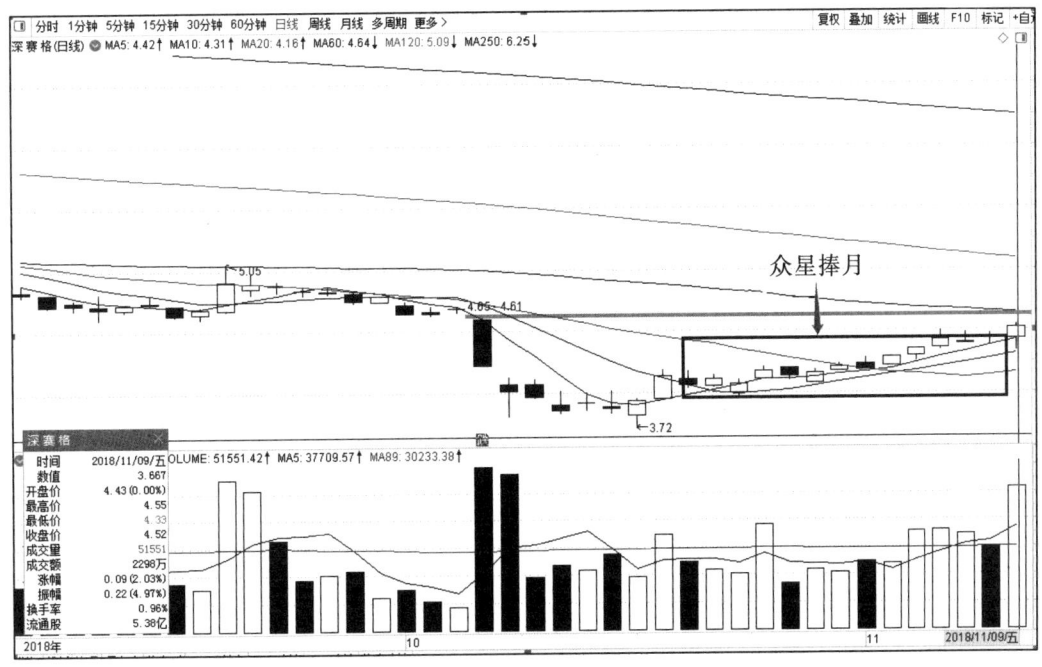

图 16-7 深赛格（股票代码 000058）

窄幅震荡的十字星，开始了收集筹码的过程。11月2日，10日均线上穿20日均线，完成金银山谷形态后，股价再也没有跌破5日均线。于是一组长达20多个交易日的众星捧月形态完成。11月12日，股价强势突破60日均线重要压力位。次日，涨停板跳空突破120日均线，借助创投板块热点题材的威力，股价连续拉升，走出了5个交易日收获4个涨停板的暴涨行情（见图16-8）。

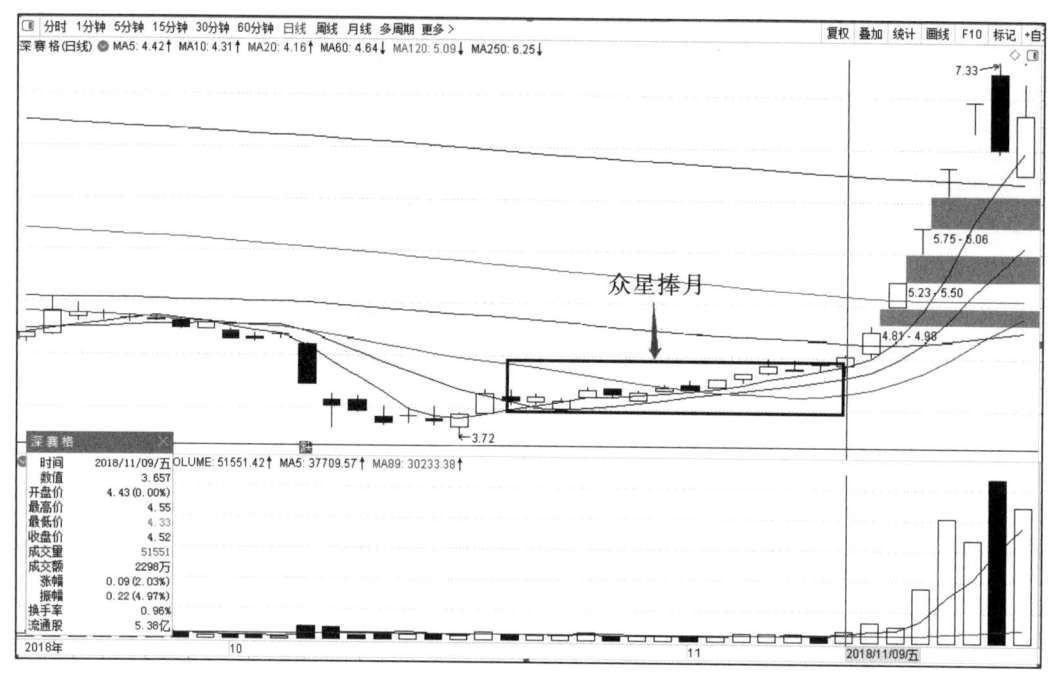

图16-8　深赛格（股票代码000058）

实战案例四　如图16-9所示，顺丰控股（股票代码002352）2017年2月3日至2月14日用一组众星捧月完成了收集筹码的过程。2月22日，一根接近涨停的大阳K线便势如破竹地出现，同时突破了60日均线和120日均线两个重要关口，随即一波翻倍行情开始（见图16-10）。

· 第十六章 ·

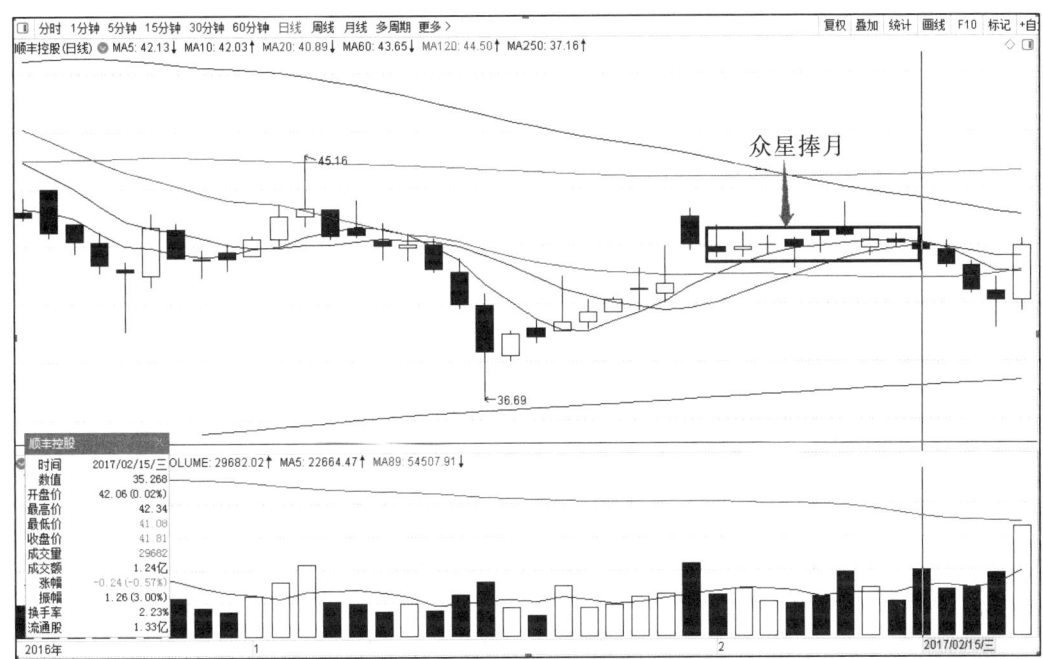

图 16-9 顺丰控股（股票代码 002352）

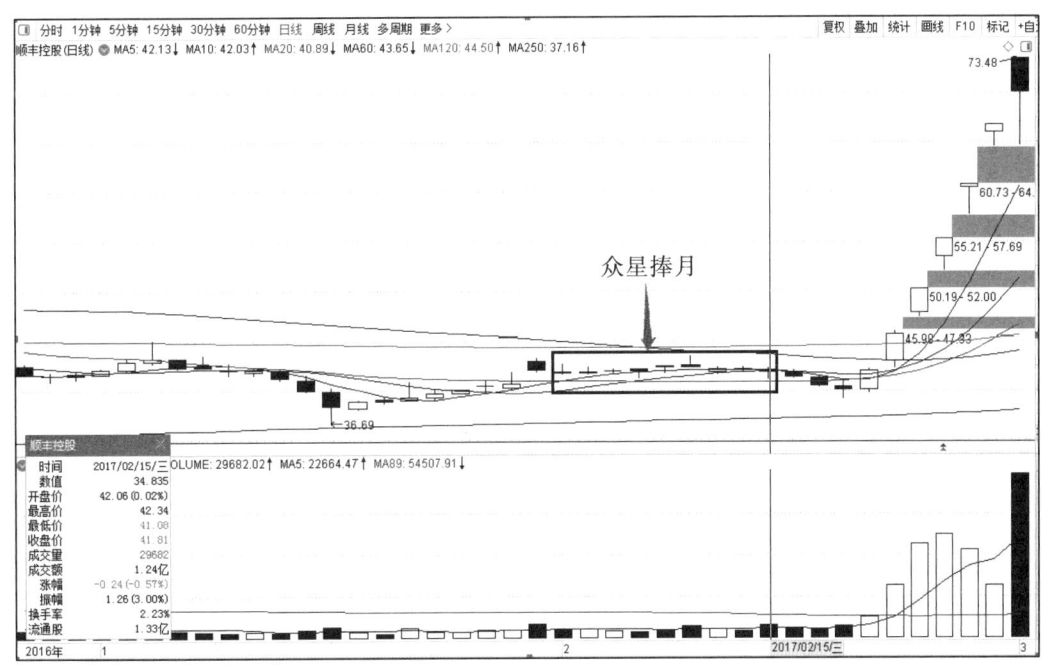

图 16-10 顺丰控股（股票代码 002352）

实战案例五 如图 16-11 所示，北新路桥（股票代码 002307）自 2019 年 2 月 14 日开始，股价连续收十字星线，到 2 月 22 日，收出了 7 根星线而且收盘价步步高升，都稳稳地站在 10 日均线上，一组众星捧月形态完成。2 月 25 日股价突破 120 日均线的重要压力位，拉升迫在眉睫。自众星捧月形态完成后不到 2 周的时间，股价涨幅便超过了 60%（见图 16-12）。

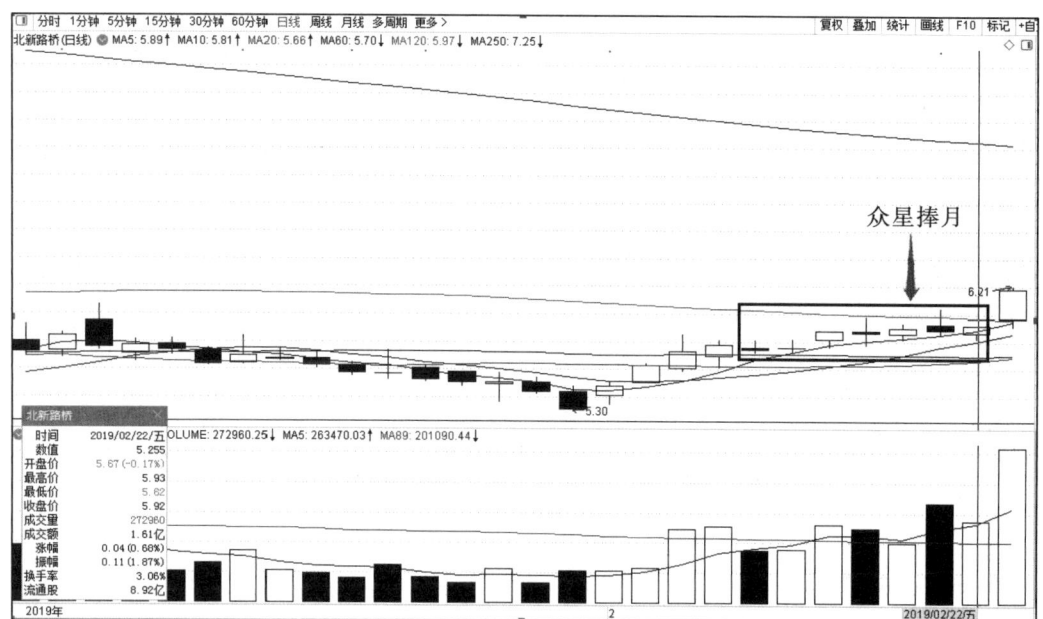

图 16-11　北新路桥（股票代码 002307）

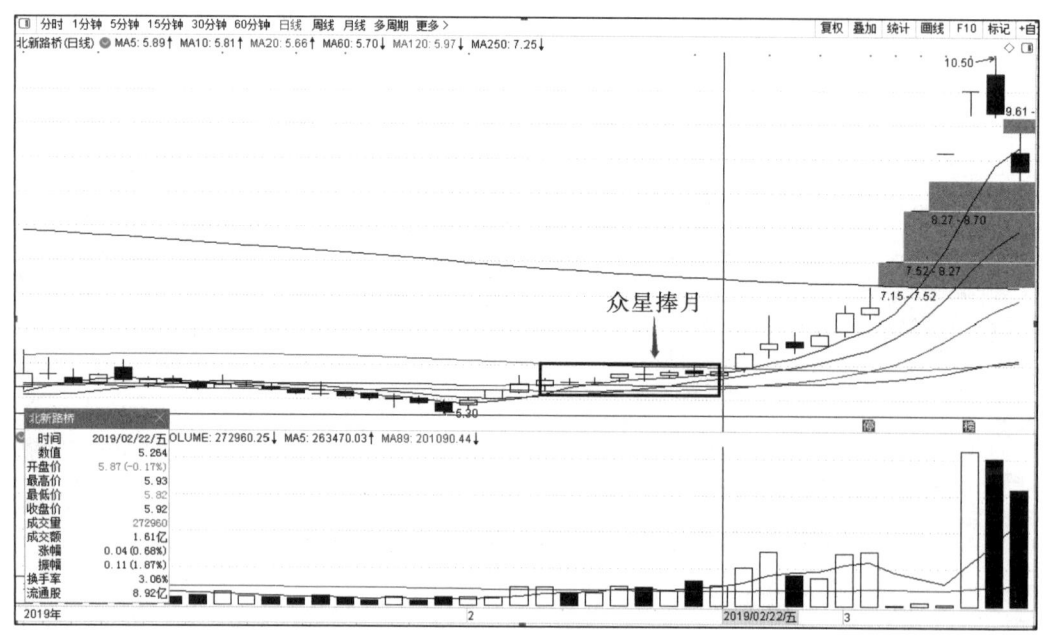

图 16-12　北新路桥（股票代码 002307）

实战案例六 如图 16-13 所示，高乐股份（股票代码 002348）2018 年 6 月 22 日至 8 月 13 日，主力用两组众星捧月完成了收集筹码的过程，并尝试突破 60 日均线重要压力位，未果。8 月 14 日开盘价便站稳 60 日均线高开高走，一气呵成拉出涨停板，再加上国家放开了二胎政策，主力便乘势而上连续拉出四个涨停板（见图 16-14）。

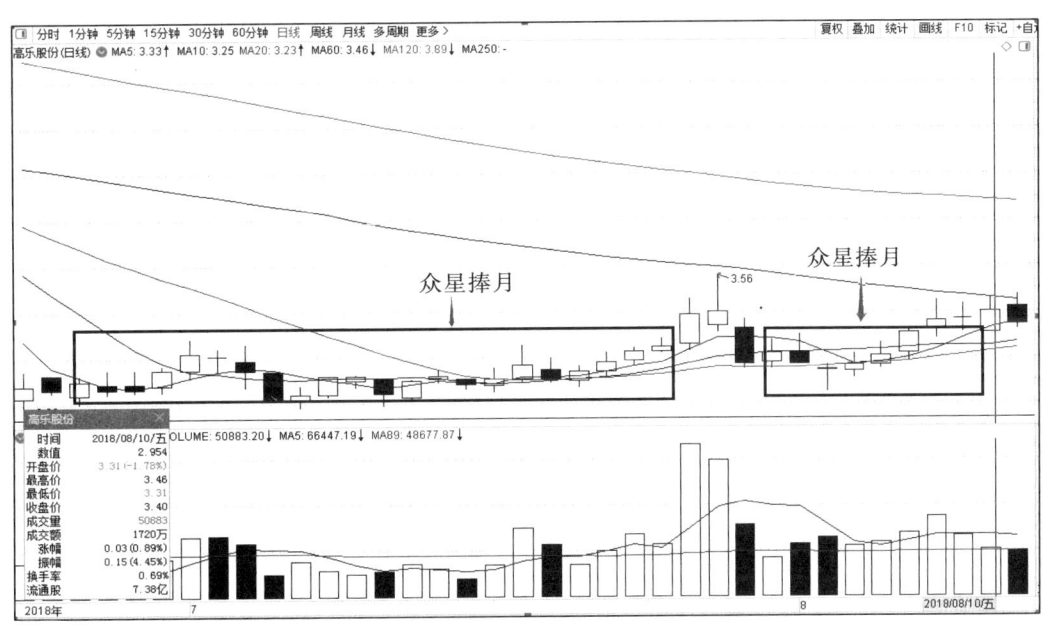

图 16-13　高乐股份（股票代码 002348）

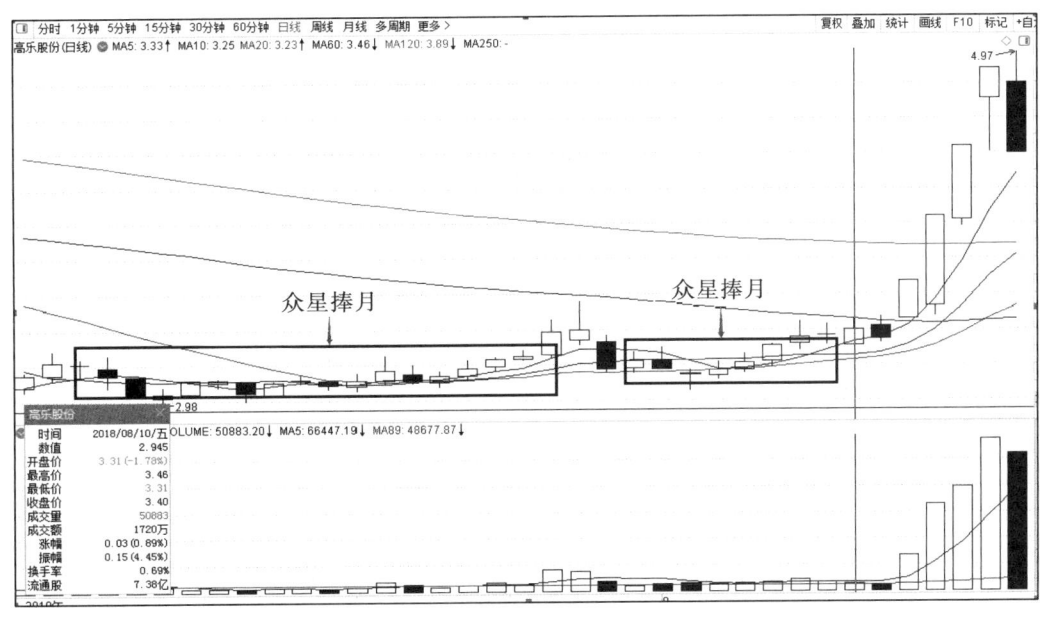

图 16-14　高乐股份（股票代码 002348）

实战案例七 如图 16-15 所示温州宏丰（股票代码 300283）2018 年 9 月 12 日至 9 月 26 日，主力用一组众星捧月形态完成了收集筹码的过程，随后开始打压股价。10 月 26 日至 11 月 9 日，主力再次用一组众星捧月形态收集筹码，并尝试突破 60 日均线重要压力位，未果。11 月 12 日开盘股价高开低走，随后急速拉升，盘中同时突破了 60 日均线和 120 日均线两个重要关口，一气呵成拉出涨停板，多头完爆空头，随即一波大涨行情开始拉升，走出了 5 个交易日收获 4 个涨停板的暴涨行情（见图 16-16）。

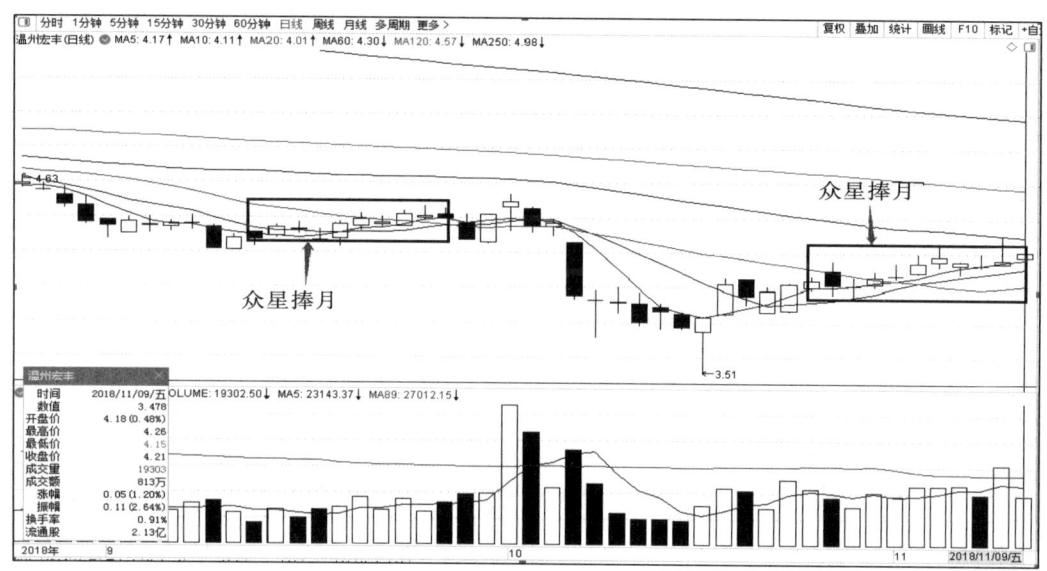

图 16-15　温州宏丰（股票代码 300283）

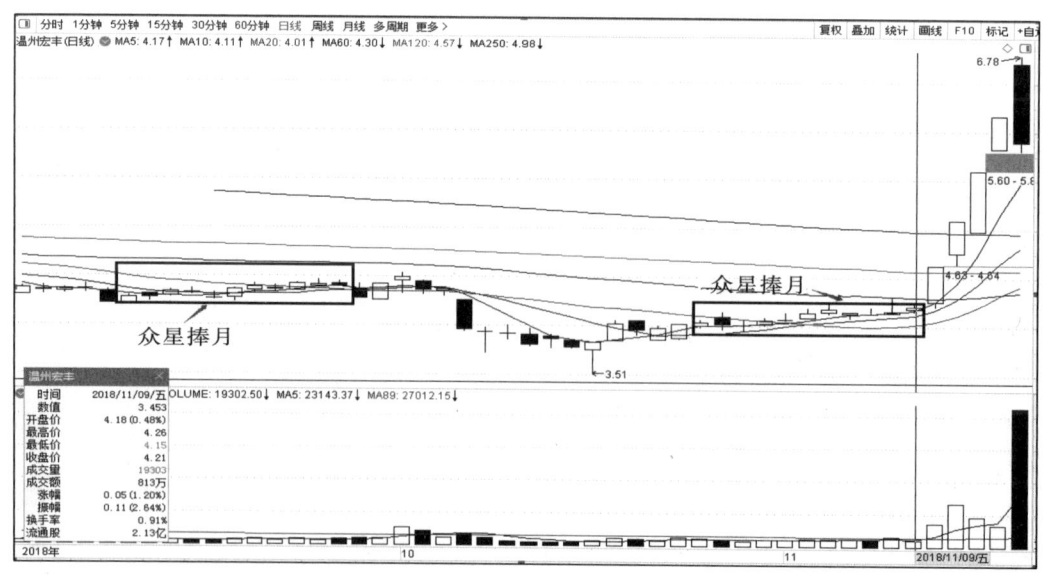

图 16-16　温州宏丰（股票代码 300283）

第十七章 空中加油

DISHIQIZHANG

空中加油简单地说，就是在空中一架航空器给另一架或数架航空器（或直升机）加注燃油，使其航程加长、续航时间增长的技术。股票空中加油是指主力在拉升一只股票过程中，暂时休整，以清除浮游筹码。在主力成本分布中就能明确地看到，底部筹码在上升的过程中并没有减少，相反在近期的换手中，成交量反而在增大。表现在日K线上呈现出高开低走的大阴线，上下剧烈波动，振幅不断加大，不时击穿中小投资者的心理防线，迫使中小投资者因承受不了心理压力而出局。

图形特征：股价高开低走，收出大阴K线，可以有上、下影线，也可以是光头光脚大阴线。如图17-1所示。

均线趋势：股价站稳60日均线。

成交量特征：没有具体要求，可以放量也可以缩量，当然放量最好。放量说明洗盘彻底，卖盘踊跃。

市场逻辑：高开假阴是指股价以高出前一日的收盘价开盘，收盘下跌，但价位依然在前一日收盘价之上或只是微跌，K线图上形成一根阴线，但股价实际并未走低，实为一根假冒的阴线。投资者在遇到该形态时，可选择在股价包吃假阴线，或极度缩量之后介入。

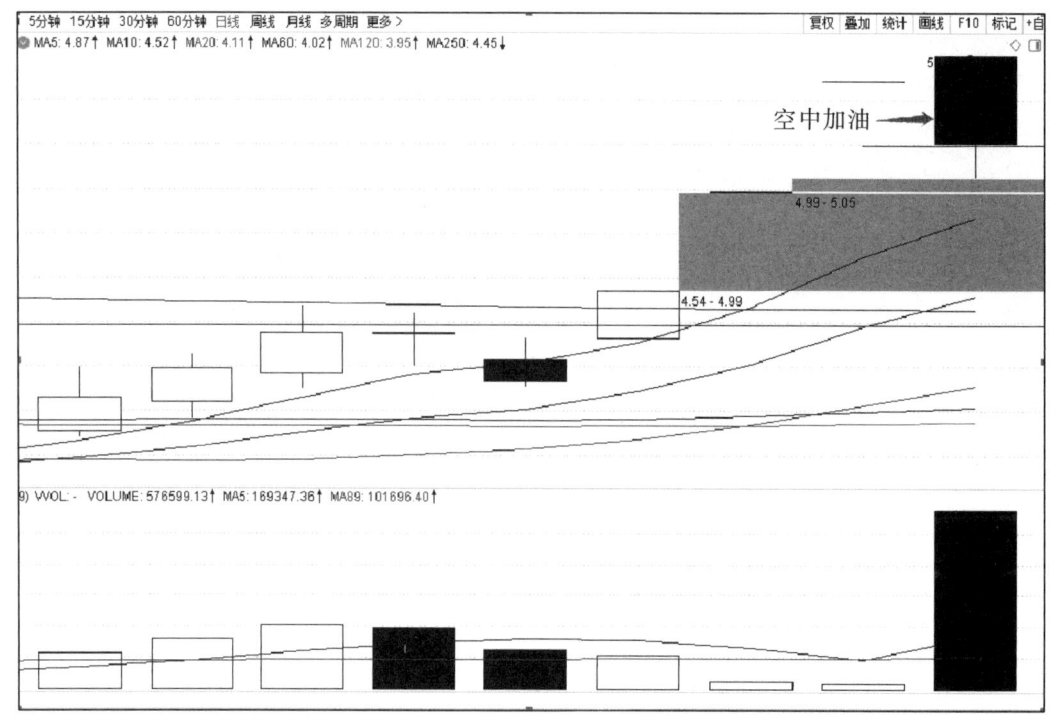

图 17-1

买入条件：突破空中加油形态的收盘价轻仓试探，待 5 日均线、10 日均线、20 日均线、60 日均线呈多头排列加仓，即股票均线综合得分大于 50 分且股价站稳 10 日均线重仓，同时 5 日均量线必须上穿 89 日均量线，量柱还得大于 5 日均量线，量价配合完美才可以。

止损条件：跌破 20 日均线减仓，跌破 60 日均线清仓出局。

实战案例一　2016 年 7 月骄阳似火，"一带一路"也随着天气火爆起来，基建水泥板块作为最先受益股，主力一定不会放过这个机会，上峰水泥（股票代码 000672）主力开始暴力吸筹。2016 年 7 月 13 日，10 日均线上穿 120 日均线，完成了标准的黄金砖暴涨形态。随后，开始不破五的股价狂欢，9 个交易日涨幅就达到了 50%。常言道"三岁看大，七岁看老"，股票也一样，从吸筹阶段的手法也能大概判断主力未来的走向。

有人会问涨幅这么大主力会不会出货？答案应该是出货的可能性很小。这就要提到换手率的问题，2016 年 7 月 13 日的换手率才 6.08%。6% 的人换手是不可能出货的。突破年线的股票刚刚解放了一年的套牢盘，没有主力愿意当接盘侠，这就是要给大家说的重点。因为年线附近有大量的套牢盘和僵尸户，所以尽量不要在年线附近买股票，因为主力还会震荡洗盘。随着主力暴力抢筹的完毕，股价开始深幅回调至它的成本区，然后止跌企稳。如图 17-2 所示，在 8 月 19 日前后三天，股价分别又试探 250 日均线重要压力位，试盘意图明显。9 月 2 日起主力再次用五福临门（详情见本书第十八章）加投石问路的组合形态收集筹码。9 月 14 日用空中加油试探 250 日均线压力。10 月 18 日后主力故技重演再次用一组五福临门加投石问路的组合形态试探年线压力，几天后股价成功站稳了年线。随后 11 月 28 日，主力再次用空中加油形态试探上方压力，给人山雨欲来风满楼的感觉，品字洗盘让更多的中小投资者在此抛弃筹码下车。随后暴涨模式开启（见图 17-3）。

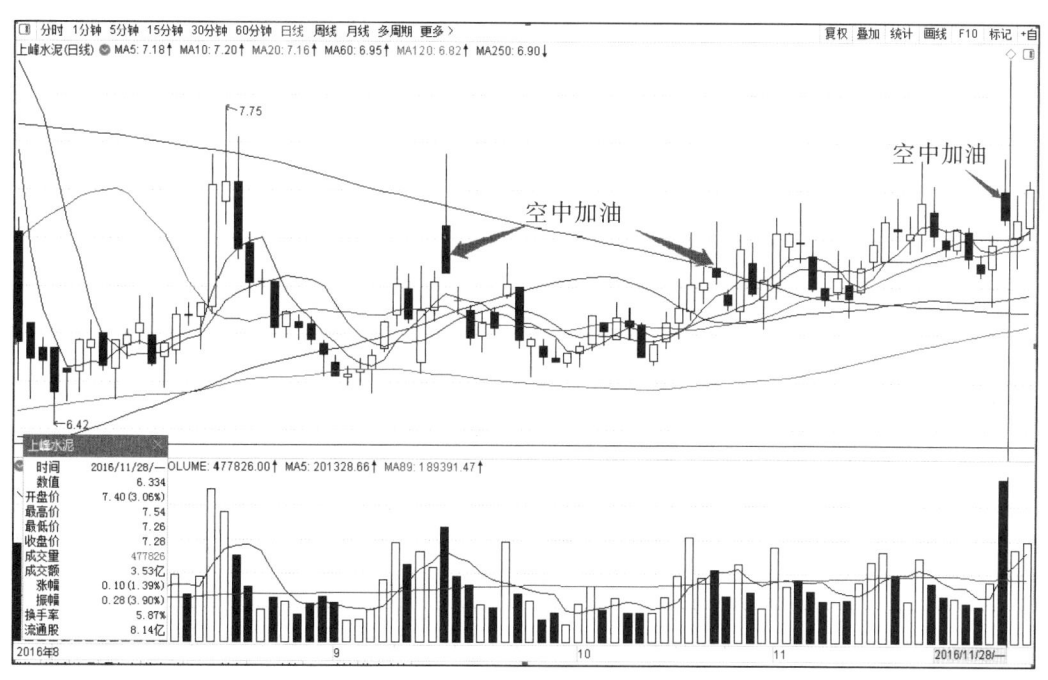

图 17-2　上峰水泥（股票代码 000672）

实战案例二　2018 年 3 月 26 日，晓程科技（股票代码 300139）主力用最低价 5.67 元的一条龙双零抄底神奇数字开始抢筹，随后 5 个交易日股价步步高升。4 月 20 日完成三均会师以后，主力再次用 2 个涨停板暴力抢筹，同时股价突破年线重要压力位。到 4 月 26 日，其间 22 个交易日收出 16 根阳 K 线、5 根阴 K 线、1 根平线。如图 17-4 所示，4 月 27 日主力用涨停板开盘，没过几分钟就直接下杀，振幅超过 18%，到收盘时几乎形成了天地板的巨大阴线，完成了空中加油的动作。仅仅过了不到一个月的时间，主力再次用一组众星捧月和变异的左右开弓、天衣无缝的经典复合暴涨形态，缝补了 5 月 2 日留下的跳空缺口。5 月 24 日以后更是走出了金凤还巢之暗度陈仓模式，

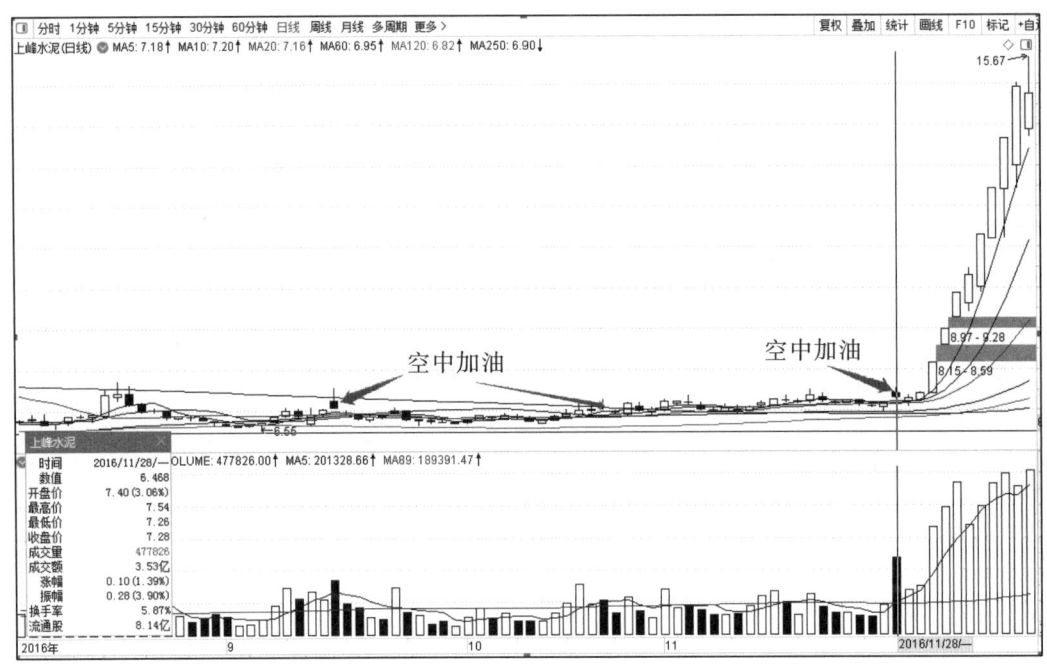

图 17-3 上峰水泥（股票代码 000672）

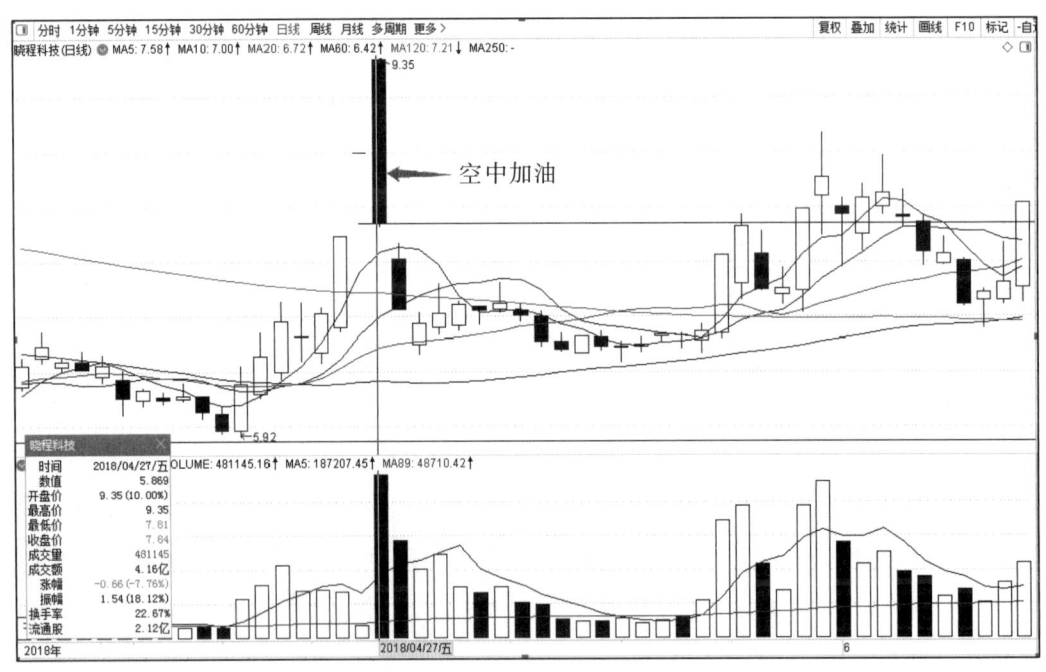

图 17-4 晓程科技（股票代码 300139）

随后几天再次试探年线压力。6月11日至6月14日主力用一组左右开弓形态宣告洗盘结束，开始拉升，并于6月15日用涨停板强势突破250日均线重要压力位。一波强势拉升之后，短暂两天回调，股价没有跌破20日均线和250日均线的双线强支撑。6月25日主力再次用涨停板缝补了前一个交易日留下的跳空缺口，完成天衣无缝的暴涨形态。次日股价低开高走，最低下探至前面涨停板的中心位，符合金凤还巢之暗度陈仓模式，同时股价形态完全符合一穿一托的暴涨形态（详情见《均线为王之一：均线100分》），随后6个交易日5个涨停板纳入囊中。图17-5是突破空中加油暴涨形态以后的股票价格走势图。

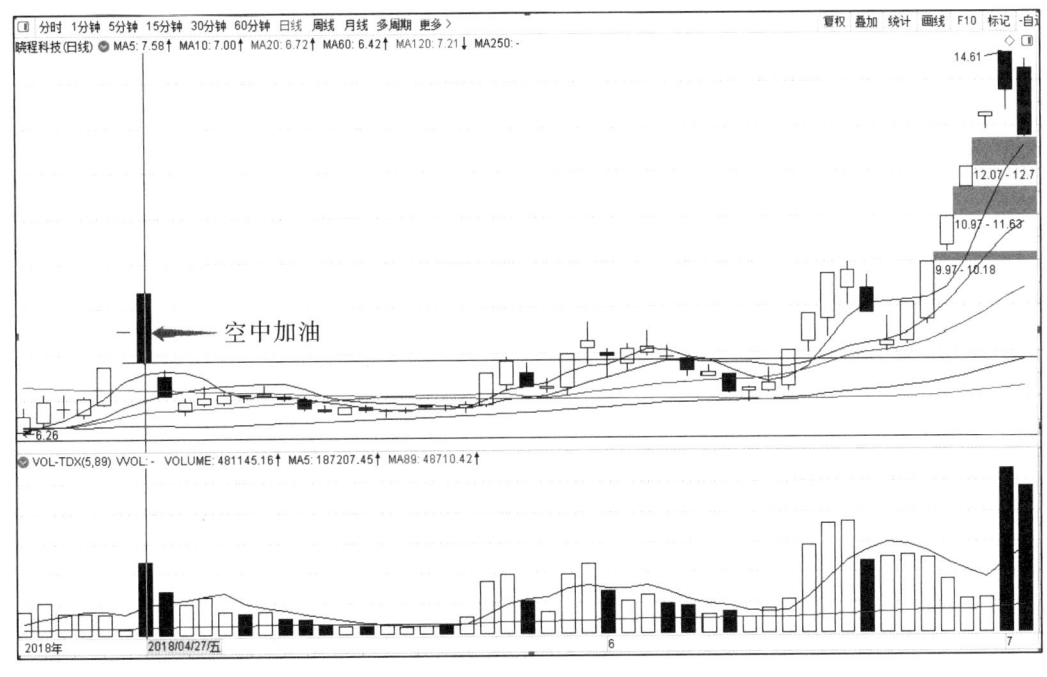

图 17-5 晓程科技（股票代码300139）

实战案例三 如图17-6所示，甘肃电投（股票代码000791）和前两只股票不同，它是在下跌途中完成的空中加油的动作。主力分别在2017年5月3日、7月6日、8月16日和10月10日做出了四个空中加油的动作，其中后两个意义更重大，因为一个跳空突破60日均线重要压力位，另一个跳空突破120日均线重要压力位。我们就把预警线设在8月16日收盘价附近，一旦主力有异动就会自动预警，提示我们买入，而且10月10日，我们看到的预警平线正好和半年线重合，所以120日均线即半年线非常非常重要。10月11日主力用涨停板反包10月10日的空中加油K线，随后收出连续三个涨停板（见图17-7）。

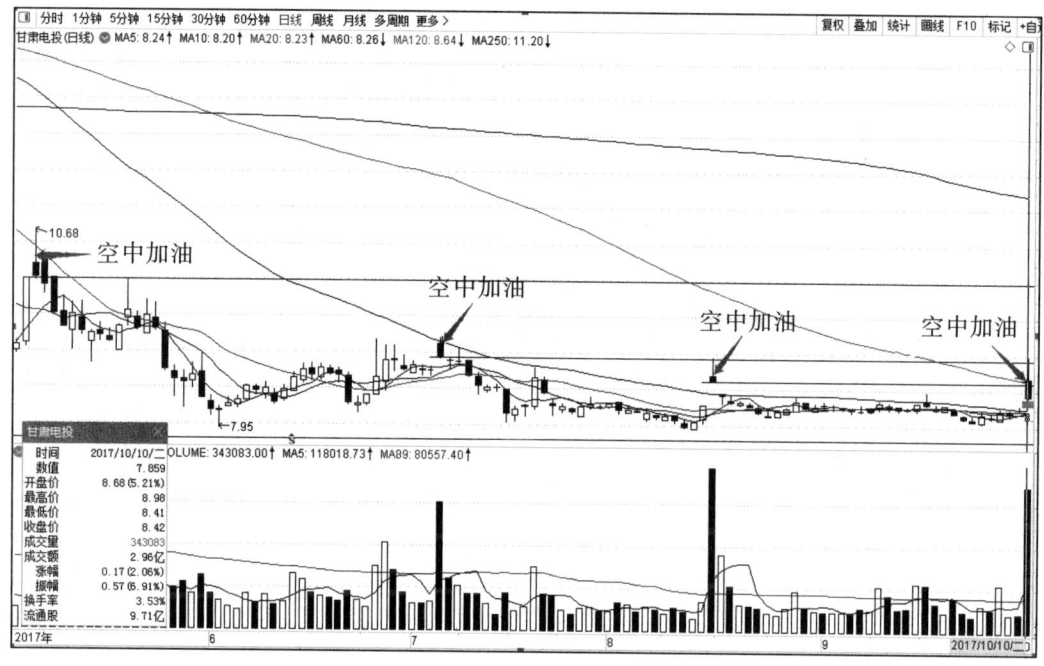

图 17-6　甘肃电投（股票代码 000791）

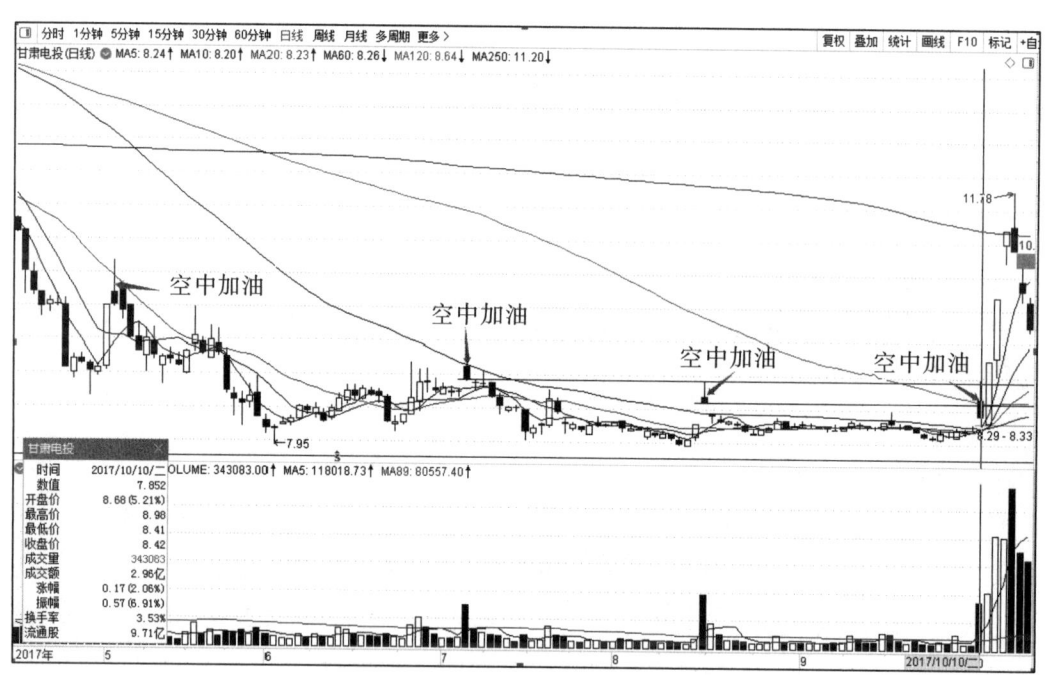

图 17-7　甘肃电投（股票代码 000791）

实战案例四　如图 17-8 所示，2018 年 9 月 13 日，英飞特（股票代码 300582）主力用一根高开低走的大阴 K 线，完成第一个空中加油的动作，股价随即下跌。10 月 29

日，主力再次用同样的手法高开低走，又完成一个空中加油的动作，随后股价开始震荡向上，并于12月12日成功用涨停板突破120日均线重要压力位。由于此涨停板收盘价和9月13日大阴线的中心位重合，所以抛盘压力很大。于是主力再次回调，想迫使前面套牢盘和获利盘迅速出局，但回调价格不会太深，没有跌破10月30日的收盘价，我们预测主力的成本大概就在9.93元附近。经过几个交易日的横盘震荡，2019年1月21日，主力再也耐不住寂寞，用一字涨停板给自己修筑了一条宽宽的护城河，同时和2018年12月27日的大阴K线左右遥相呼应，完成了左右开弓的暴涨形态。次日跳空一线天高开，再次收出一个涨停板。股价在3周内上涨幅度超过60%（见图17-9）。

实战案例五 顺灏股份（股票代码002565），一纸公告让这个公司赚足了眼球，刷了2019年1月的股市屏。公司全资子公司云南绿新2019年1月16日晚间公告称，收到曲靖市公安局沾益分局颁发的《云南省工业大麻种植许可证》，并取得加工大麻花叶项目申请批复。取得该许可证后，云南绿新具有工业大麻云麻7号的种植资质，未来将有助于云南绿新开展工业大麻相关领域的生产经营活动。

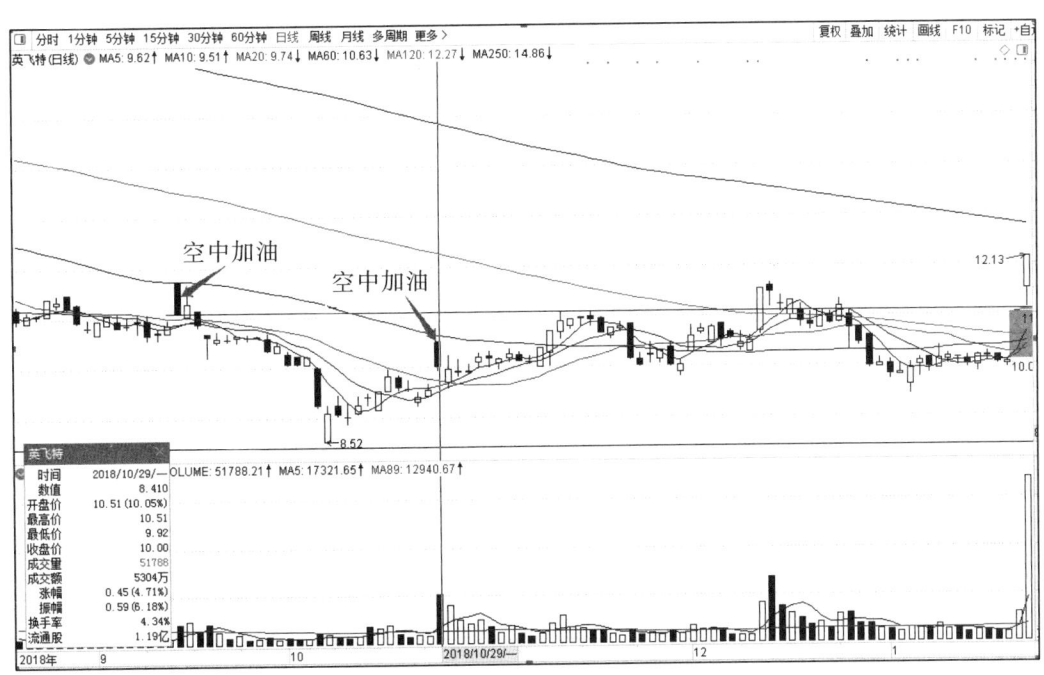

图17-8 英飞特（股票代码300582）

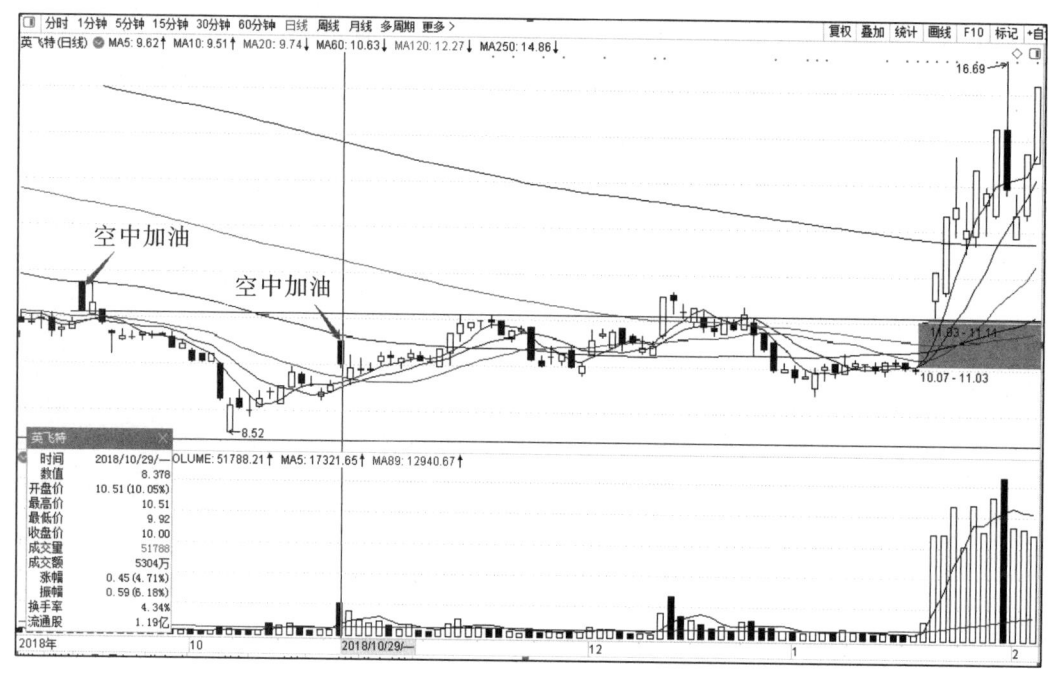

图 17-9　英飞特（股票代码 300582）

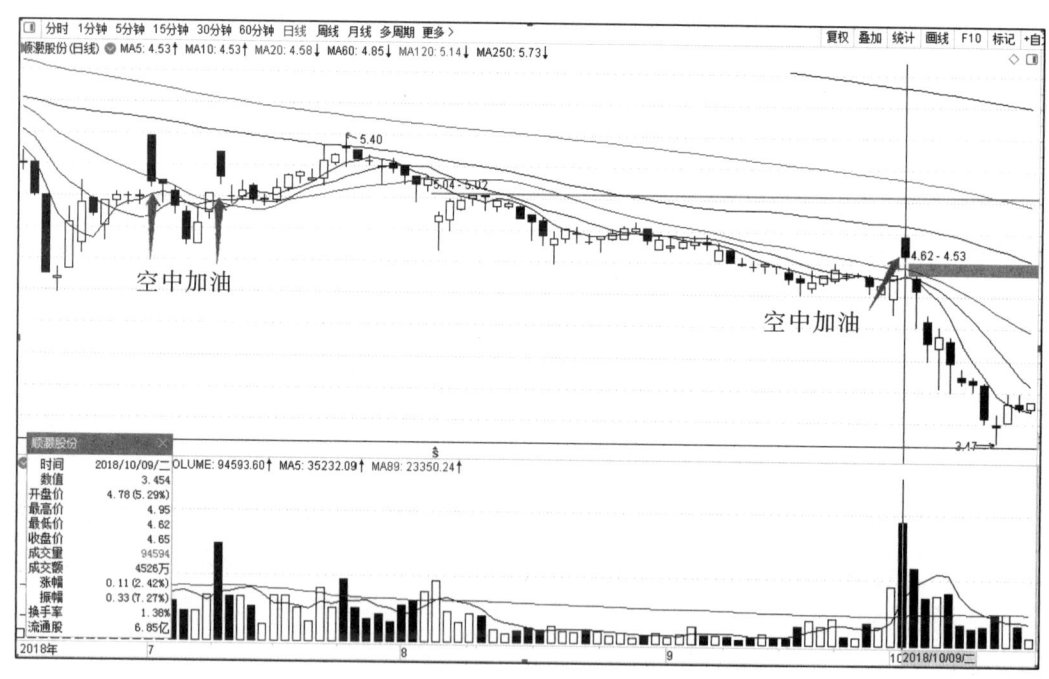

图 17-10　顺灏股份（股票代码 002565）

所谓"春江水暖鸭先知"，股票的题材一定也是主力提前知道并周密布局，因为他们有强大的调研团队和完善的信息搜集渠道，有好的题材主力一定会先知先觉，挖掘出来。2018年7月2日、7月10日和10月9日主力分别用三个空中加油将散户骗走，随后借着公告利好，连续一字涨停板，一骑绝尘而去，让人望尘莫及（见图17-11）。

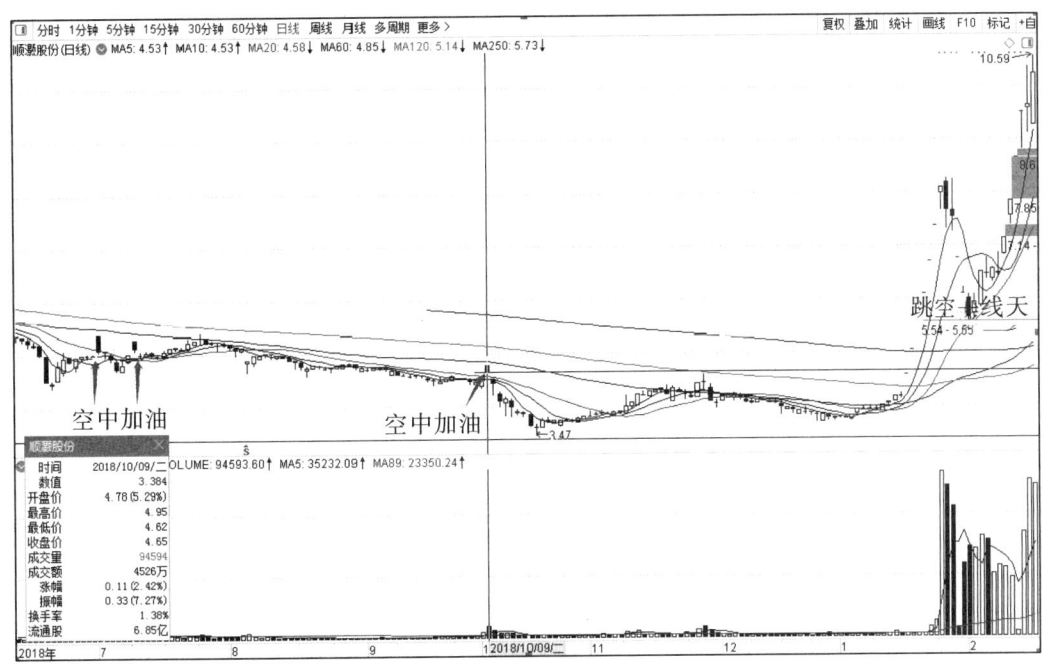

图17-11　顺灏股份（股票代码002565）

实战案例六　德新交运（股票代码603032）2018年8月20日至9月14日，股价因从11元启动一直涨到30元，15个交易日出了12个涨停板而蜚声2018年的股坛，为中国股市增添了一抹亮色。我们看看妖股的成长过程，真是集"万千宠爱于一身"，主力拉升过程中几乎动用了均线为王战法中所有的暴涨形态。如图17-12所示，主力从一开始的抢筹手段就非同寻常，自5月30日起，先是准跌停板，随后3个十字星线止跌企稳，7月27日用涨停板完成了左右开弓的暴涨形态，次日跳空高开收出了T字涨停板。随后7月31日股价高开低走，以跌停板收盘，完成了第一次空中加油。此后股价继续下跌，挖出了一个大大的黄金坑。8月10日完成了第二次空中加油的动作。经过几天的横盘震荡，8月20日主力用一个涨停板吹响了进攻的号角。次日股价跳空一线天高开，显示了主力已经高度控盘。随后主力动用了否极泰来、金凤还巢等复合形态连续上攻。一路上涨到30元，一波上涨方才结束（见图7-13）。

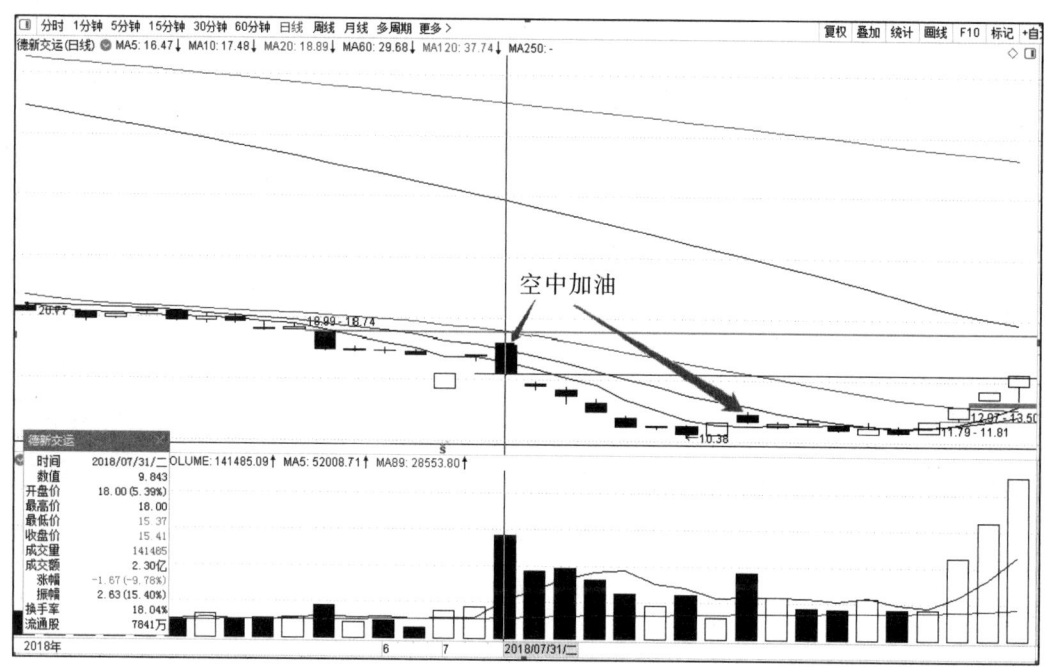

图 17-12 德新交运（股票代码 603032）

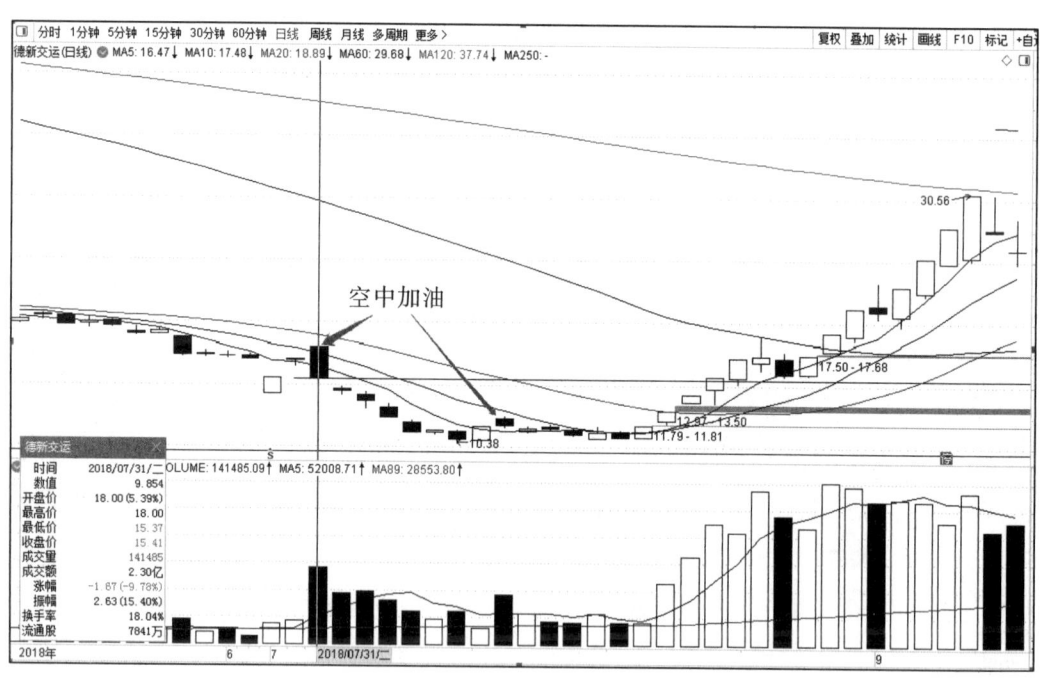

图 17-13 德新交运（股票代码 603032）

实战案例七 如图 17-14 所示，华锋股份（股票代码 002806）主力在吸筹和拉升的过程中分别在 2017 年 12 月 28 日、2018 年 3 月 29 日进行了两次空中加油。4 月 27

日和 5 月 4 日又进行了两次空中加油，才完成了它的妖股之旅，期间众星捧月暴涨形态也功不可没（见图 17-15）。

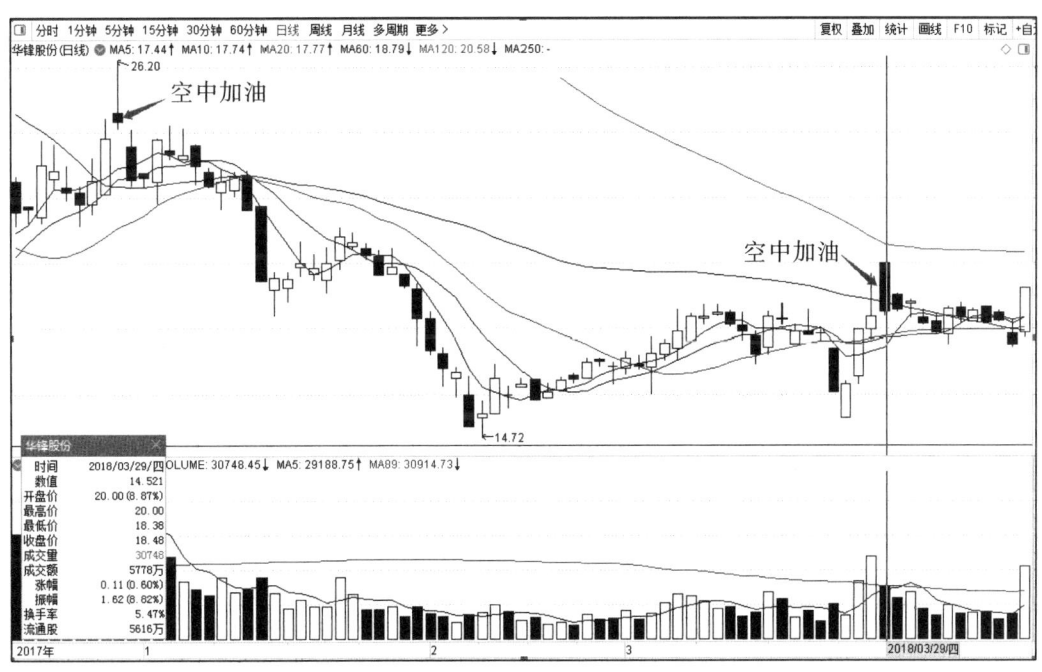

图 17-14　华锋股份（股票代码 002806）

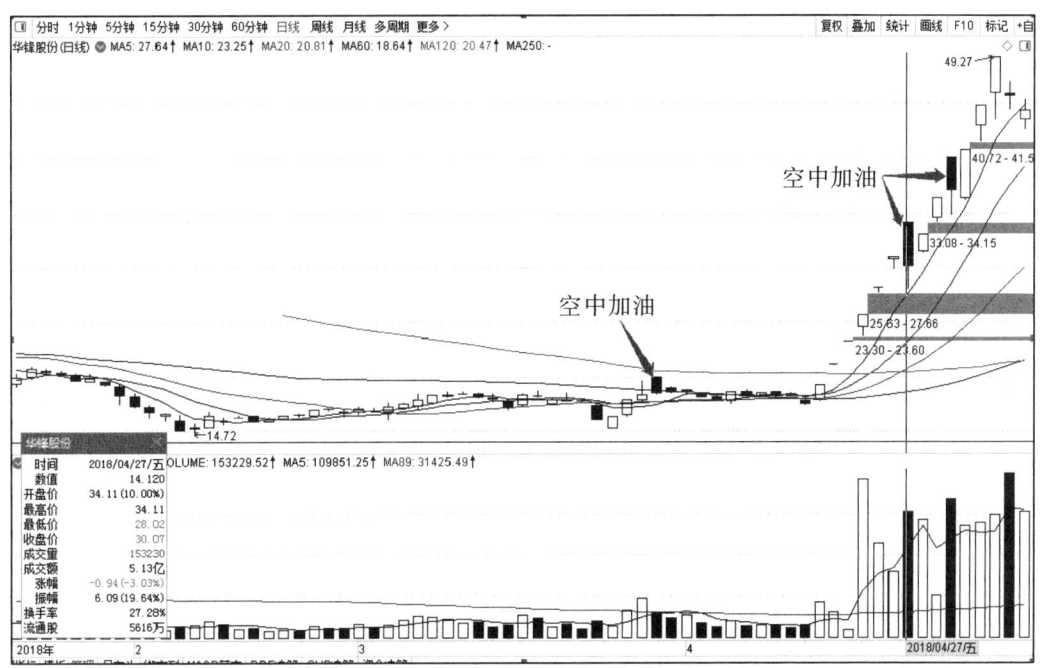

图 17-15　华锋股份（股票代码 002806）

实战案例八 如图 17-16 所示，北京文化（股票代码 000802）由于参与了电影《我不是药神》的制作和发行，主力在 2018 年 7 月 2 日完成空中加油，随后便走出了一波大涨行情。

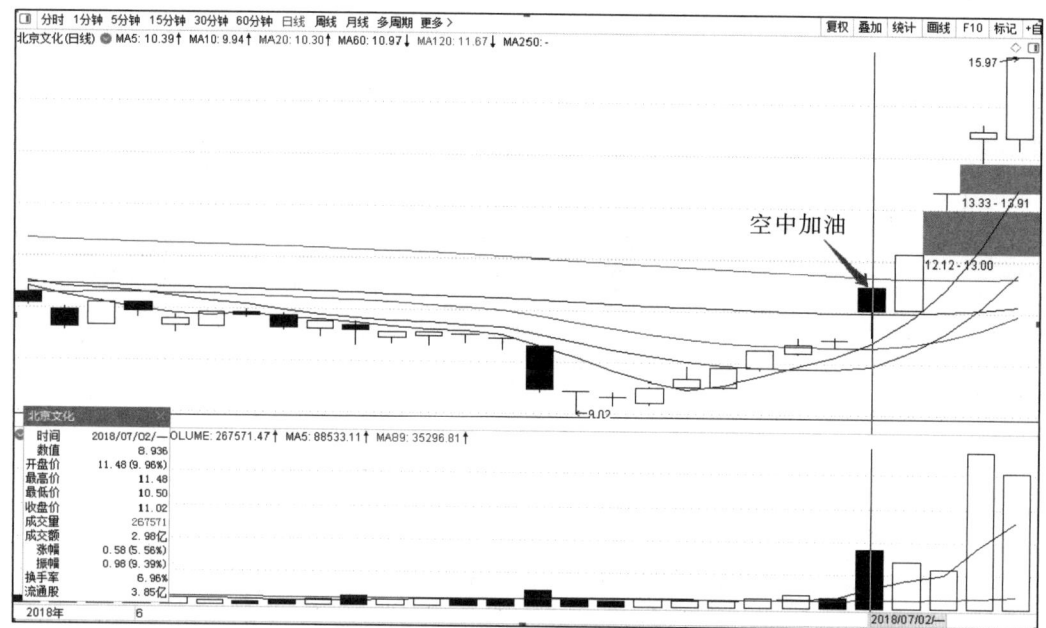

图 17-16 北京文化（股票代码 000802）

遇到高开低走的大阴 K 线不要认为就是主力出货，要随时跟踪，具体情况具体分析，一旦突破要及时跟进。

五福临门

第十八章
DISHIBAZHANG

五福临门是指股票中连续5根小阳线的走势，主力要想拉升股价就得低价吸足筹码，然后高价派发出去，完成一个用现金买股票，然后卖股票换现金的过程。主力建仓时一定不会大张旗鼓，都是偷偷摸摸地吃独食，于是就有了五福临门。

图形特征：五根连续的阳线，最好每个涨幅小于3.5%，综合涨幅最好在15%之内，这样的主力一般会谨小慎微，不容易被发现。如图18-1所示。

均线趋势：5日均线必须上穿10日均线，且三日收盘价同时站稳10日均线和20日均线。

成交量特征：量柱要较前一天缩量，至少是并肩量。

市场逻辑：五福临门一般出现在股价的底部区域和上升中继时期，是股价开始转强的标志。由于股价的长期下跌使做空的能量消耗殆尽，此时主力已建仓完毕，一旦指数配合，随时可能向上拉升。为了不引起市场注意，主力进行有计划的限价买进，一是为了测试一下盘面，二来可逐步抬高股价脱离成本区。

买入条件：5日均线上穿10日均线，且三日收盘价同时站稳10日均线和20日均线，见阳线买入。

暴涨形态

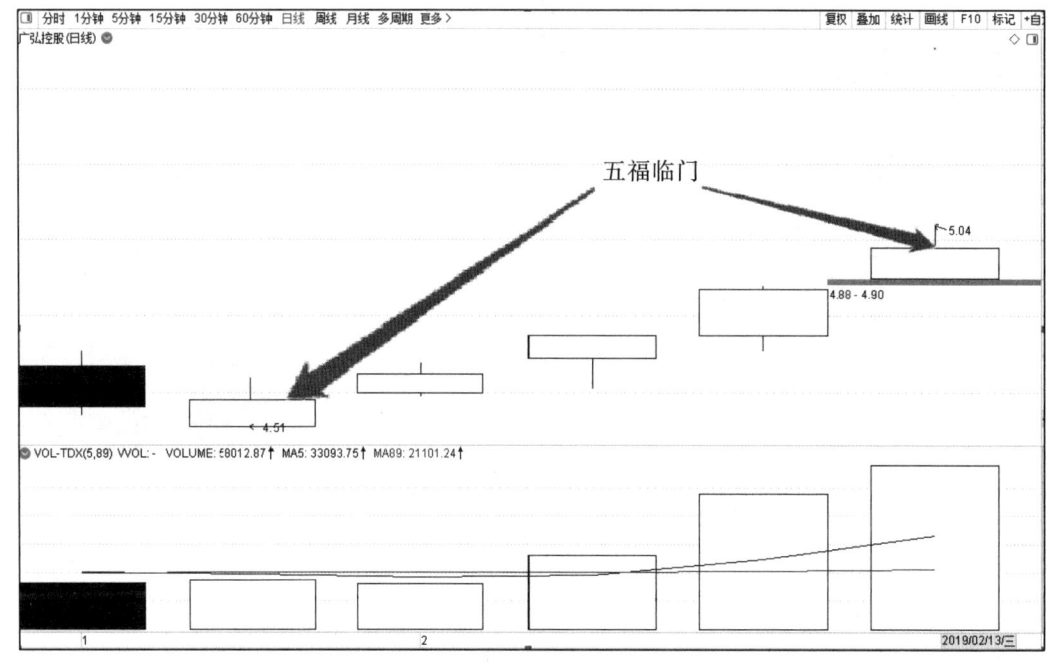

图 18-1

及时止损：跌破 20 日均线止损出局。

实战案例一 如图 18-2 所示，广弘控股（股票代码 000529）2018 年 12 月 25 日，出现了 4.32 元的一条龙双零抄底信号，随后股价再也没有跌破 4.32 元，即便是 2019 年 1 月 23 日的长下影线，也只是最低探到了 4.43 元的价格，可见主力筑底成功。1 月 31 日到 2 月 13 日，股价完成了五福临门的形态，5 个交易日的涨幅分别是 0.44%、1.53%、2.15%、2.53%、2.26%。并于 2 月 12 日成功突破 60 日均线和 120 日均线双重压力，同时量柱大于 5 日均量线，量价配合完美，股价一路向北，7 个交易日股价涨幅高达 35% 以上（见图 18-2）。

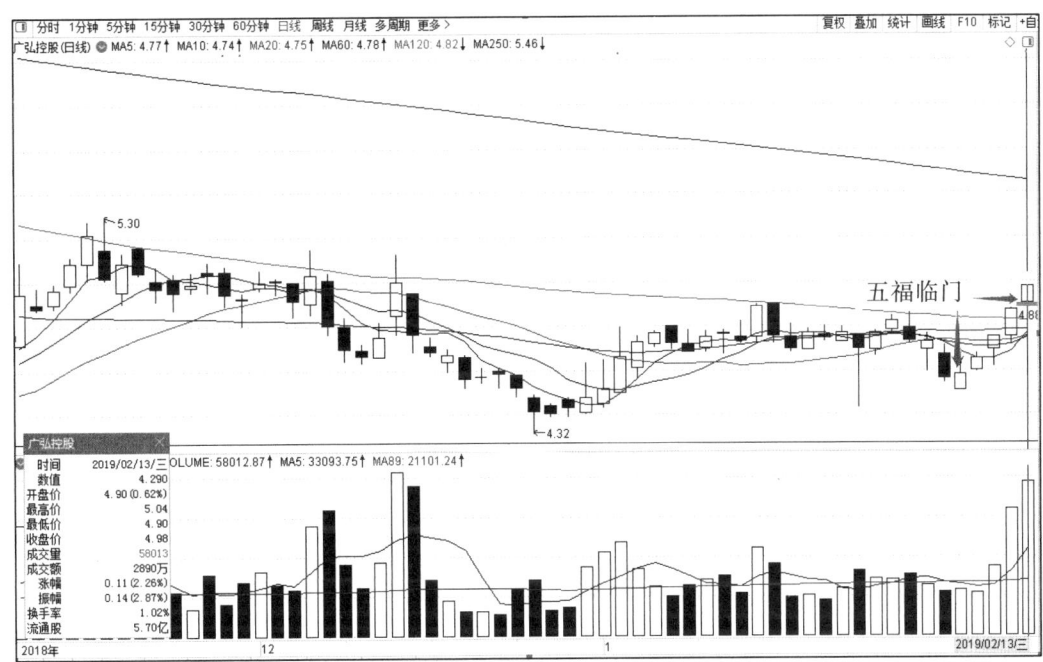

图 18-2　广弘控股（股票代码 000529）

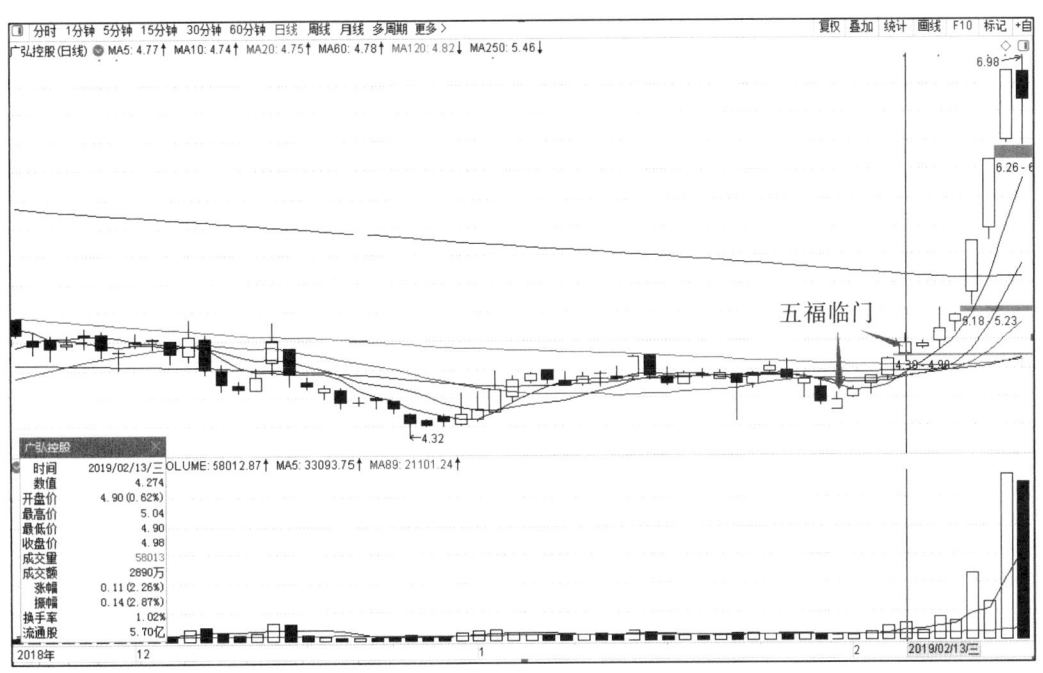

图 18-3　广弘控股（股票代码 000529）

实战案例二　如图 18-4 所示，大冷股份（股票代码 000530）2018 年 12 月 5 日出现了空中加油信号，随后股价一直横盘震荡。2019 年 2 月 1 日到 2 月 14 日，股价完成了五福临门的形态，5个交易日的涨幅分别是3.11%、2.41%、1.18%、2.33%、0.28%，并于2月13日成功突破60日均线和120日均线双重压力，量价配合完美。此后股价一路向北，不到一个月的时间股价涨幅便高达60%以上（见图18-5）。

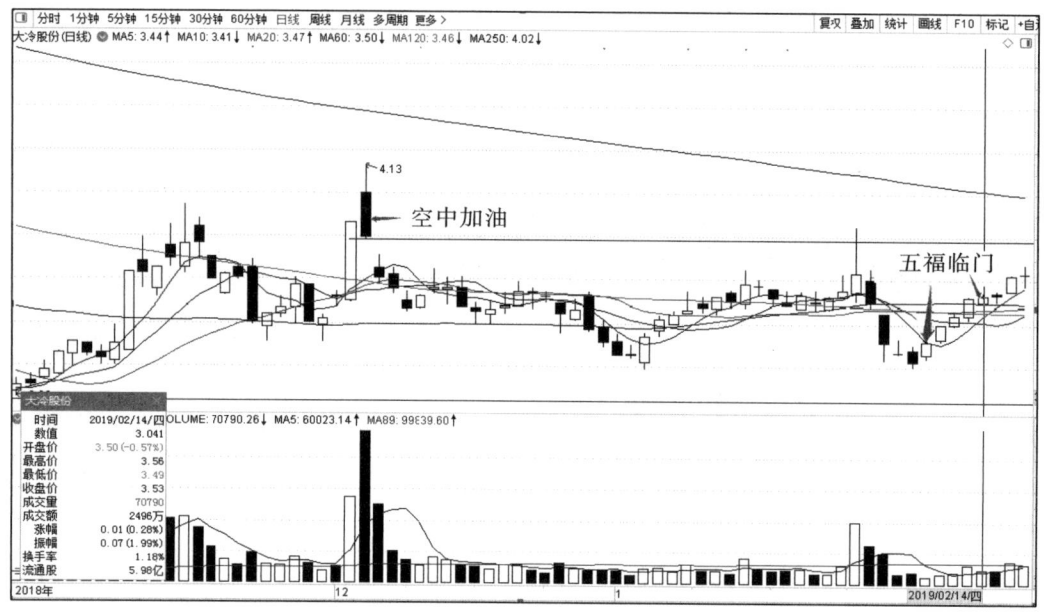

图18-4　大冷股份（股票代码000530）

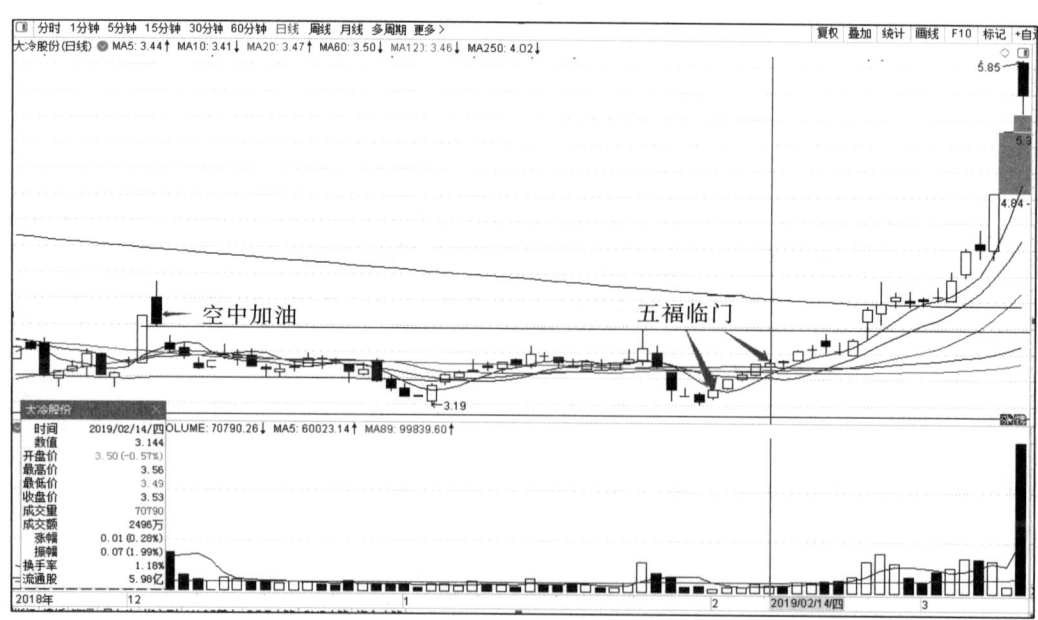

图18-5　大冷股份（股票代码000530）

实战案例三 如图18-6所示，华金资本（股票代码000532）2019年2月1日到2月14日，完成了五福临门的形态，5个交易日的涨幅分别是3.15％、3.39％、1.64％、2.05％、3.06％，并于2月14日成功突破120日均线压力，同时随着量柱大于5日均量线，量价配合完美。股价一路向北，不到一个月的时间，股价涨幅便高达35％以上（见图18-7）。

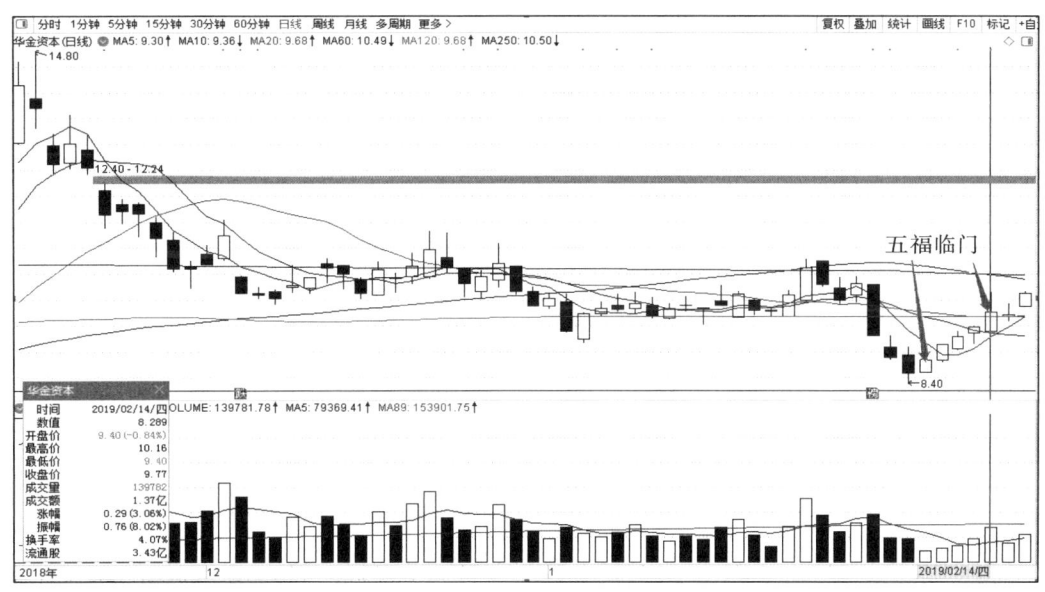

图18-6　华金资本（股票代码000532）

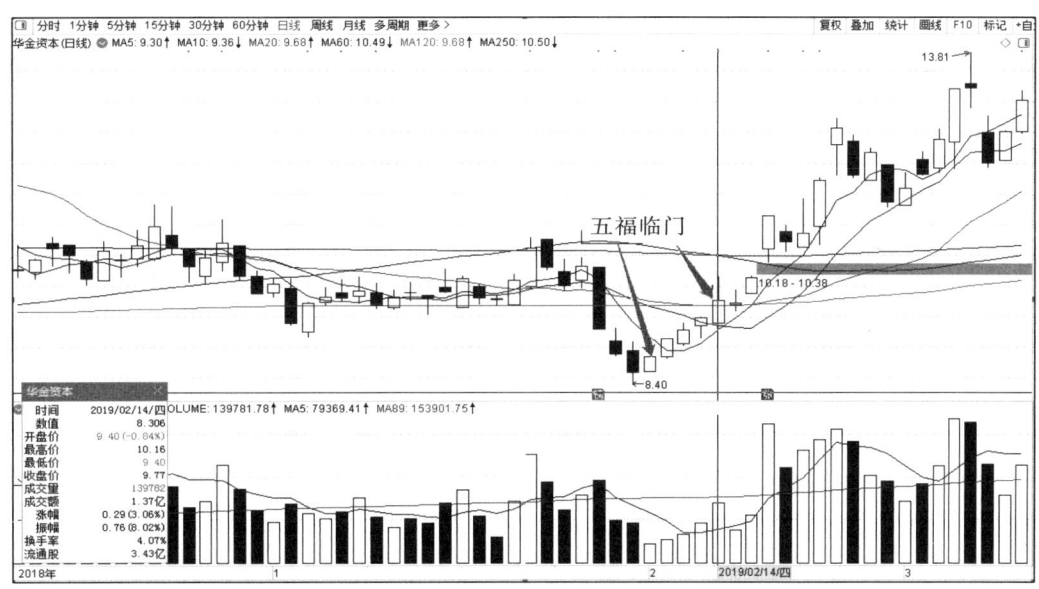

图18-7　华金资本（股票代码000532）

实战案例四 如图18-8所示,泰山石油(股票代码000554)2019年春节后第一个交易日便跳空高开,完成了5.05—5.08元的3分钱的一线天走势,显示主力的高度控盘状态,而且随后的交易日没有回补。2019年2月1日到2月14日,完成了五福临门的形态,5个交易日的涨幅分别是2.44%、2.19%、1.17%、1.54%、0.38%。2月19日股价成功突破120日均线压力,同时随着量柱大于5日均量线,量价配合完美。股价一路向北,不到30个交易日,股价涨幅便高达40%以上(见图18-9)。

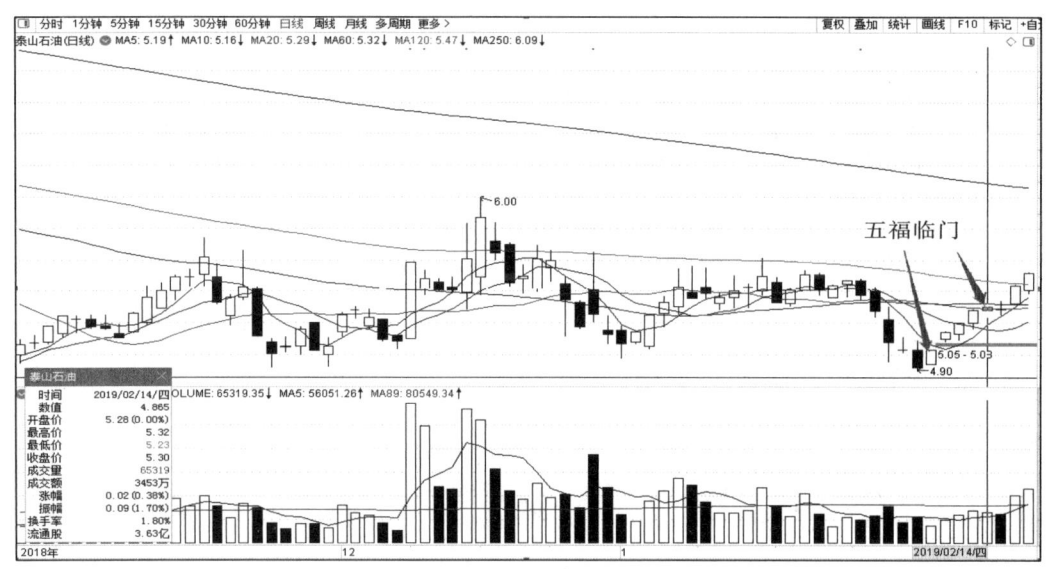

图18-8 泰山石油(股票代码000554)

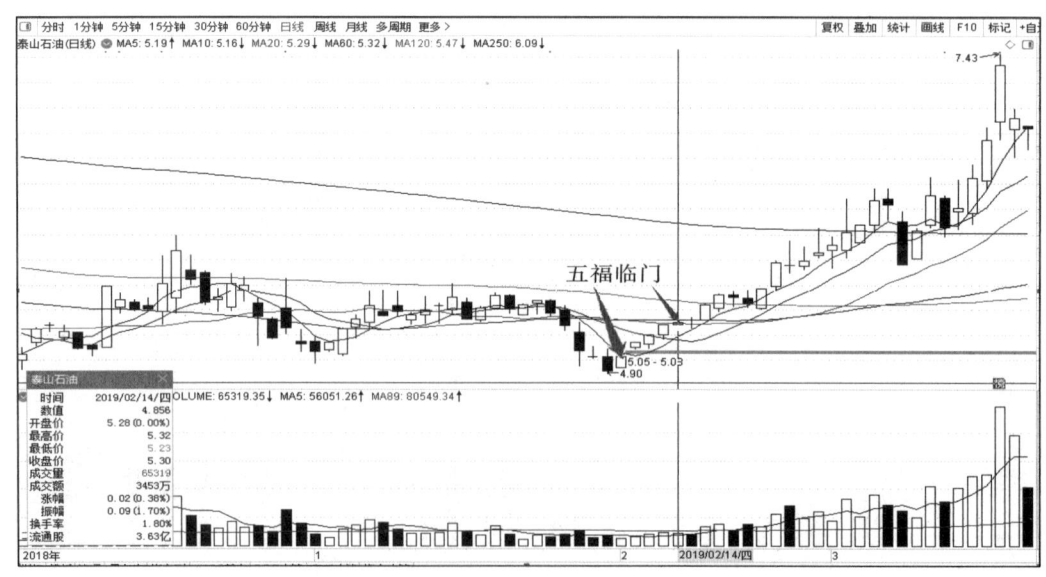

图18-9 泰山石油(股票代码000554)

实战案例五　如图18-10所示,西部创业(股票代码000557)2019年1月4日,3.35元的双零抄底信号预示着底部确立,2个交易日后该股登上龙虎榜榜单,次日又开始空中加油,多重信息表明该股主力蓄势待发。果不其然,2月1日,主力便跳空高开,当日的最低价为3.54元,与1月31日的收盘价3.55元形成了隐形的一线天和天衣无缝复合走势,显示主力的高度控盘状态,而且随后的交易日没有回补过。2019年2月1日到2月14日,完成了五福临门的形态,5个交易日的涨幅分别是2.27%、1.94%、1.09%、1.35%、0.53%。更可贵的是2月18日,主力只用一根涨幅为1.84%的小阳K线便成功突破120日均线压力,可见主力已经势在必得。同时随着量柱大于5日均量线,量价配合完美,股价一路攀升,不到30个交易日,股价涨幅便高达40%以上(见图18-11)。

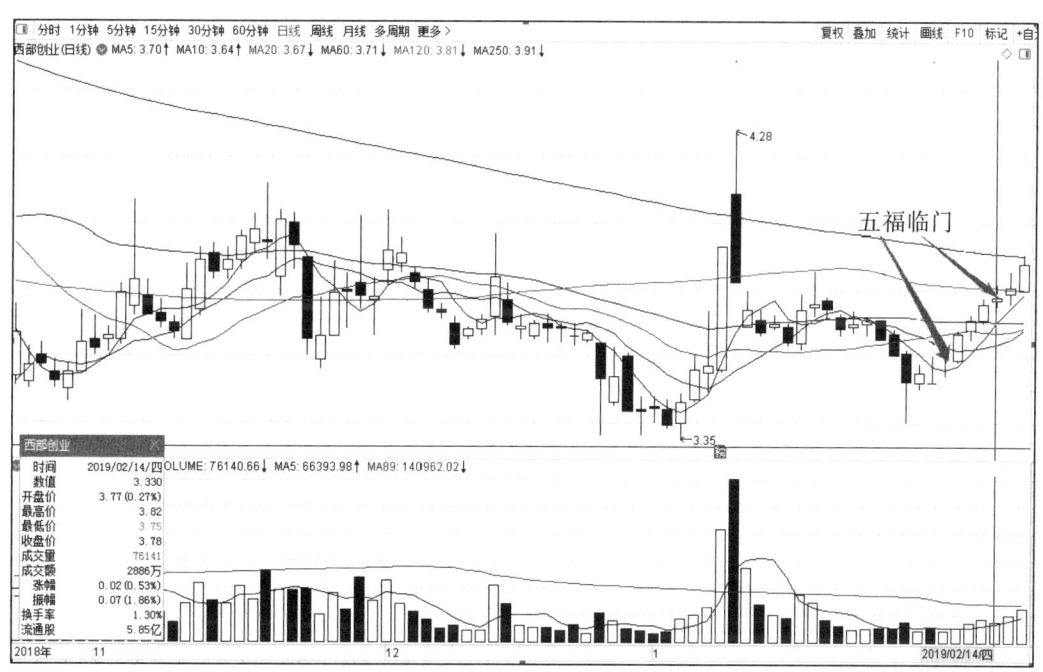

图18-10　西部创业(股票代码000557)

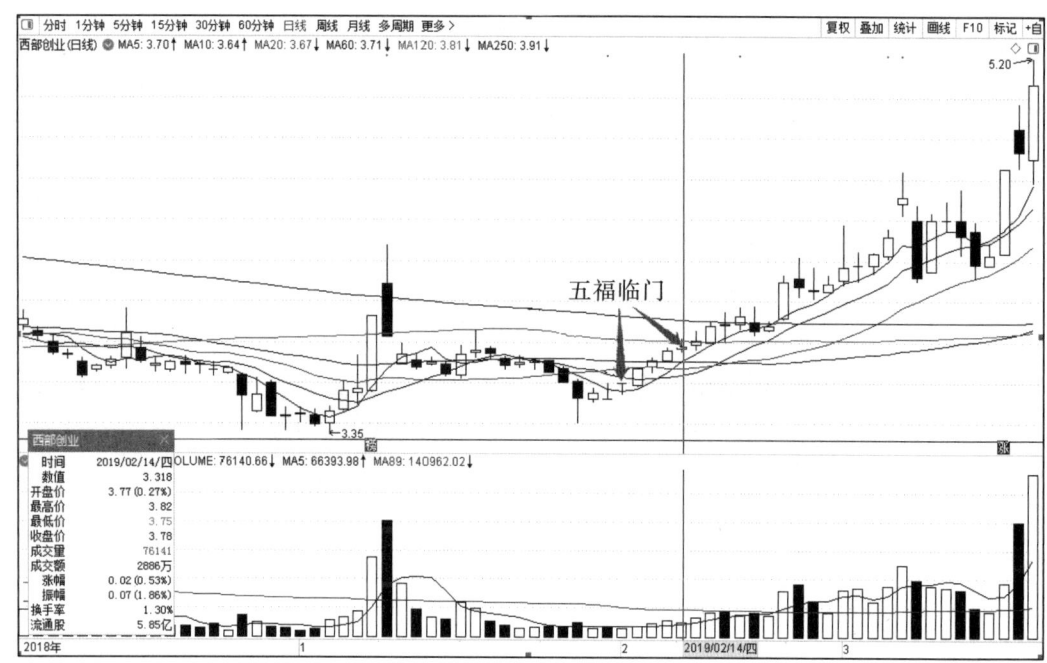

图 18-11　西部创业（股票代码 000557）

实战案例六　如图 18-12 所示，莱茵体育（股票代码 000558）2019 年 1 月 25 日登上龙虎榜榜单，次日又开始空中加油，多重信息表明该股主力蓄势待发。果不其然，2 月 11 日，主力跳空高开，和前一个交易日形成了 2.94－2.95 元的 1 分钱的一线天高度控盘走势，而且随后的交易日没有回补。2 月 1 日到 2 月 14 日，完成了五福临门的形态，5 个交易日的涨幅分别是 1.74％、2.73％、0.66％、2.31％、0.00％。更可贵的是 2 月 13 日，主力只用一根涨幅为 2.31％的小阳 K 线就成功突破包括 120 日均线的 4 条均线压力，2 月 15 日和 2 月 20 日，形成两次三均会师暴涨形态后，股价如虎添翼，可见主力已经势在必得。同时随着量柱大于 5 日均量线，量价配合完美。股价一路攀升，不到 20 个交易日，股价涨幅便高达 50％以上（见图 18-13）。

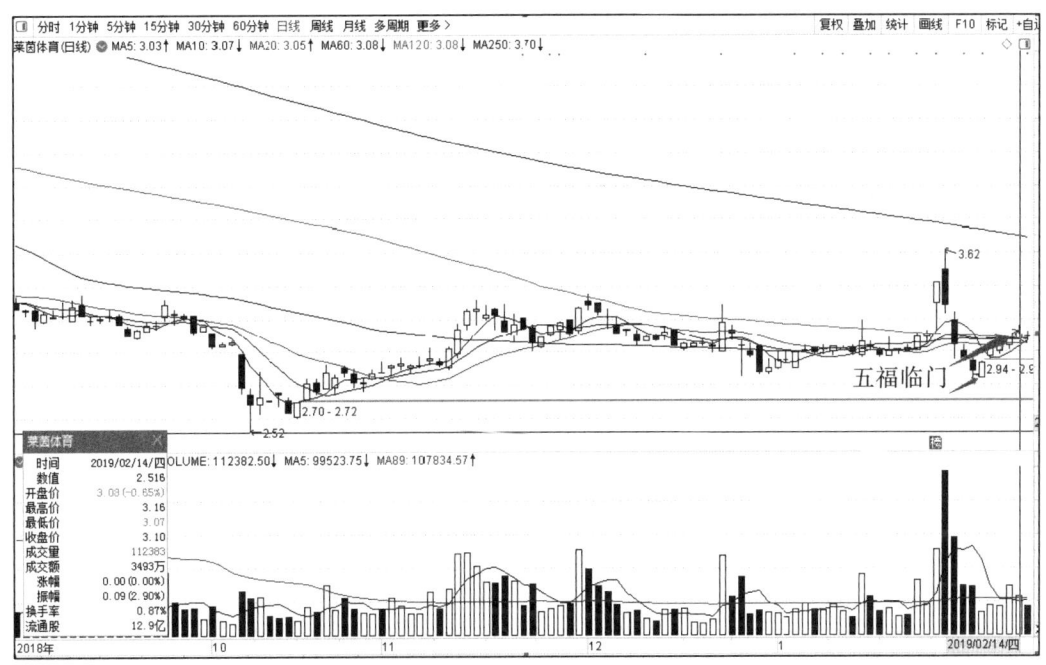

图 18-12 莱茵体育（股票代码 000558）

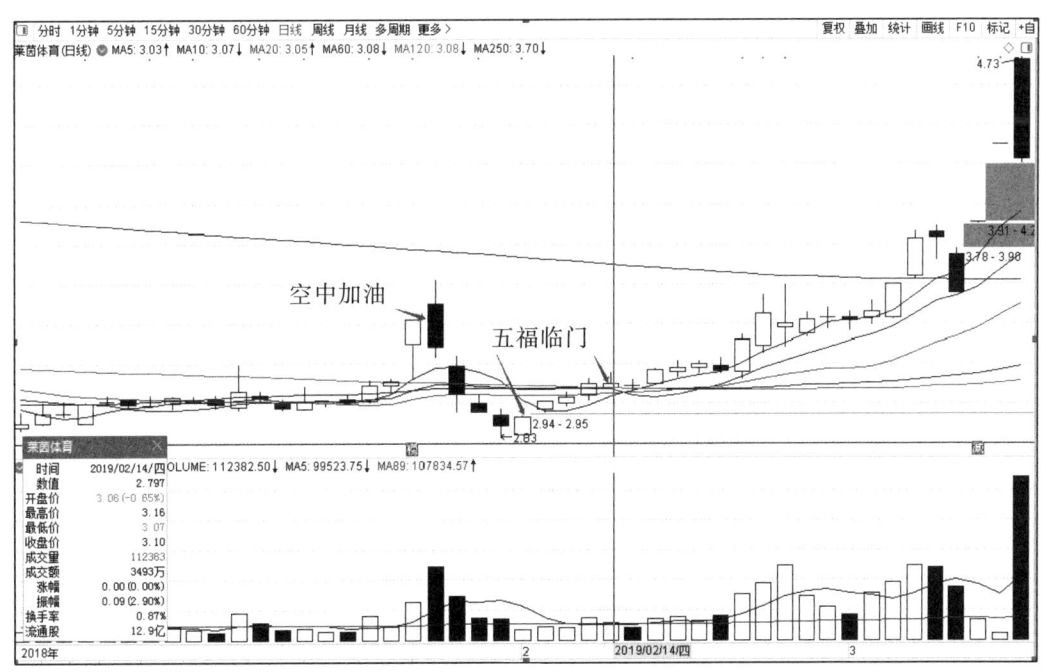

图 18-13 莱茵体育（股票代码 000558）

"秤砣虽小压千斤"，小 K 线也会孕育出大行情，五福临门就是股票的小趋势孕育出的大行情。

反败为胜

第十九章
DISHIJIUZHANG

反败为胜是指股票一直处于弱势行情，突然有一天剧情反转，股价大涨。

图形特征：前面连续三根阴 K 线，第四根是阳 K 线，将前三个交易日的最高开盘价收复。如图 19-1 所示，最后一根光头阳 K 线收复了前面三根阴 K 线中的最高开盘价，反败为胜形态成立。

均线趋势：10 日均线必须上穿 20 日均线，且三日收盘价同时站稳 10 日均线和 20 日均线。

成交量特征：量柱最好状态是较前一天缩量或并肩量，因为缩量代表着筹码锁定良好，微微放量也是可以的，但不能放出顶格量，同时 5 日均量线在 89 日均量线之上。

市场逻辑：主力利用一般中小投资者不能耐心持股和害怕出现阴 K 线后会继续下跌的惯性思维，通常会利用三个交易日来清洗获利盘，第四个交易日便快速拉升，收复失地。

买入条件：股价高于第二根阴 K 线的开盘价时轻仓试探，完全收复阴 K 线最高开盘价时加仓。

止损条件：跌破阴 K 线的最低价出局。

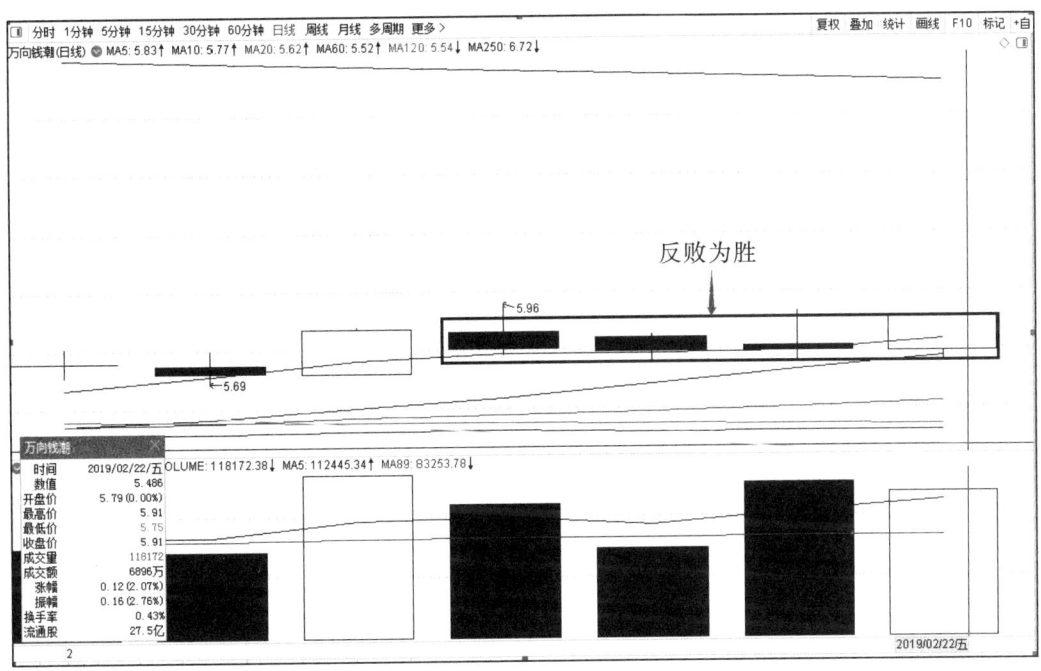

图 19-1

实战案例一 如图 19-2 所示，万象钱潮（股票代码 000559）2019 年 1 月 4 日出现 5.01 元的最低价，随后主力开始震荡拉升，到 2 月 18 日，股价收盘 5.88 元为止，

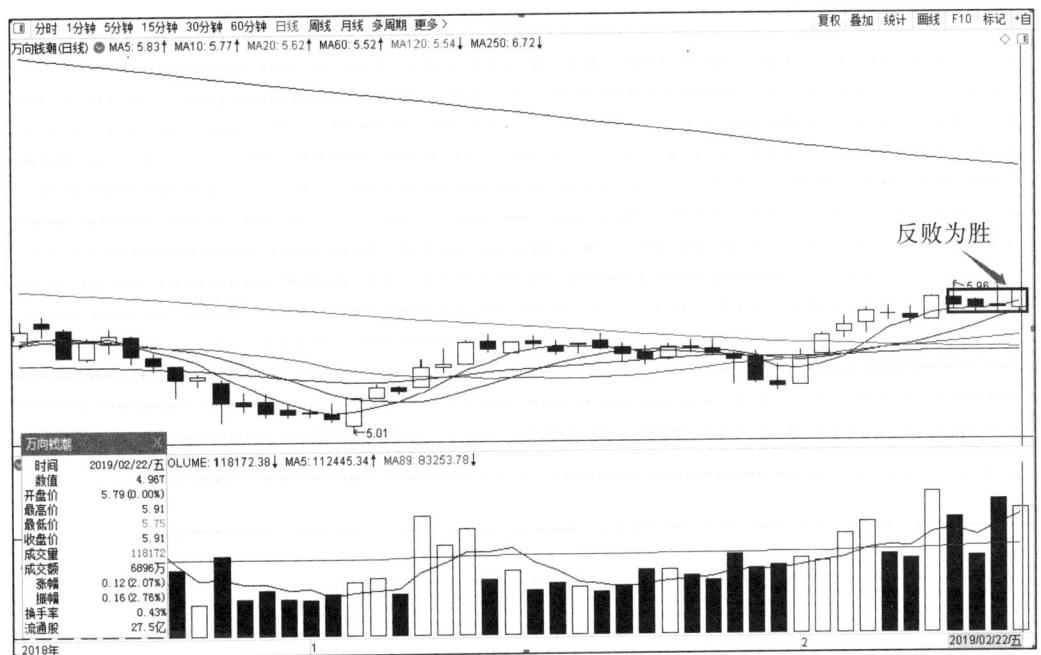

图 19-2 万象钱潮（股票代码 000559）

累计涨幅超过15％。如果此时主力不洗盘，获利盘会继续持有，给后面的拉升带来很大阻力。于是开始了三个交易日连续收阴K线的洗盘。2月22日，多方一改颓势，强势收复了前面三根阴K线，盘中超过了2月19日开盘价5.86元，反败为胜暴涨形态成立，表明该股主力蓄势待发。果不其然，2月25日，主力便跳空高开，和前一个交易日形成了5.91－5.93元的2分钱的一线天走势，显示主力的高度控盘状态，而且随后的交易日没有回补，便走出了一波惊艳行情（见图19-3）。

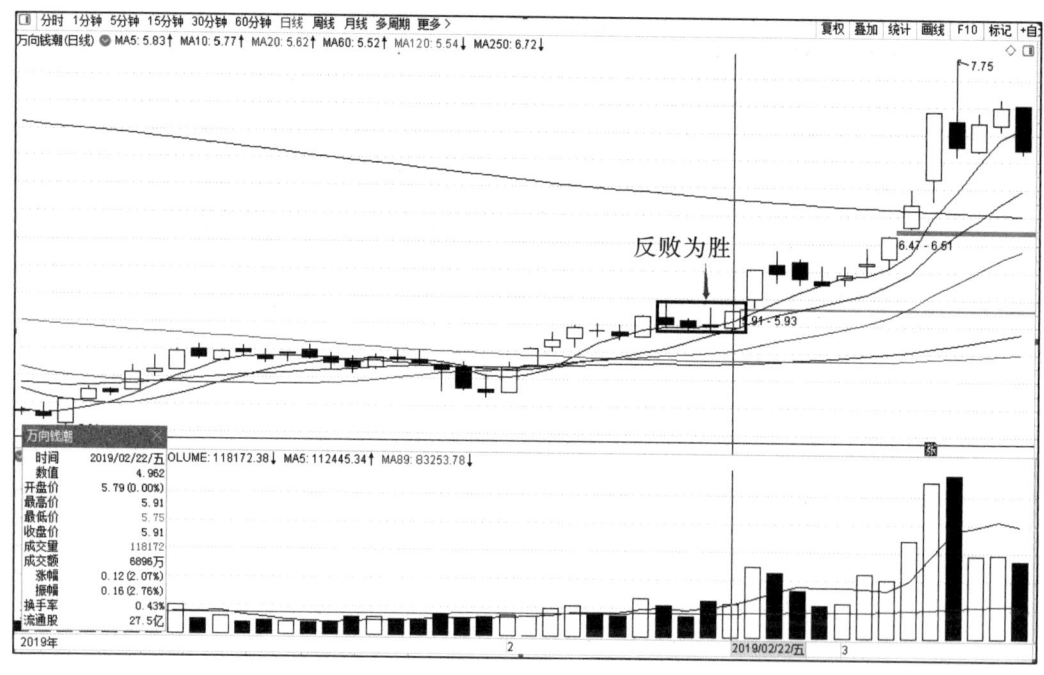

图19-3 万象钱潮（股票代码000559）

实战案例二 如图19-4所示，青岛双星（股票代码000599）2019年1月31日出现3.55元的双零抄底信号，说明股价底部确立，随后主力开始震荡拉升，到3月25日为止，股价累计涨幅超过30％。如果此时主力不洗盘，获利盘会继续持有，给后面的拉升带来很大阻力。于是开始了三个交易日连续收阴K线的洗盘。3月29日，多方一改颓势，用一根跳空高开的涨停板强势收复了前面三根阴K线，盘中超过了3月26日开盘价4.73元，反败为胜暴涨形态成立。表明该股主力蓄势待发。果不其然，4月1日，主力便跳空高开，再次收获一个涨停板，随后便走出了四连板的惊艳行情，直到出现6.66元的双零逃顶信号，本波行情才宣告结束（见图19-5）。

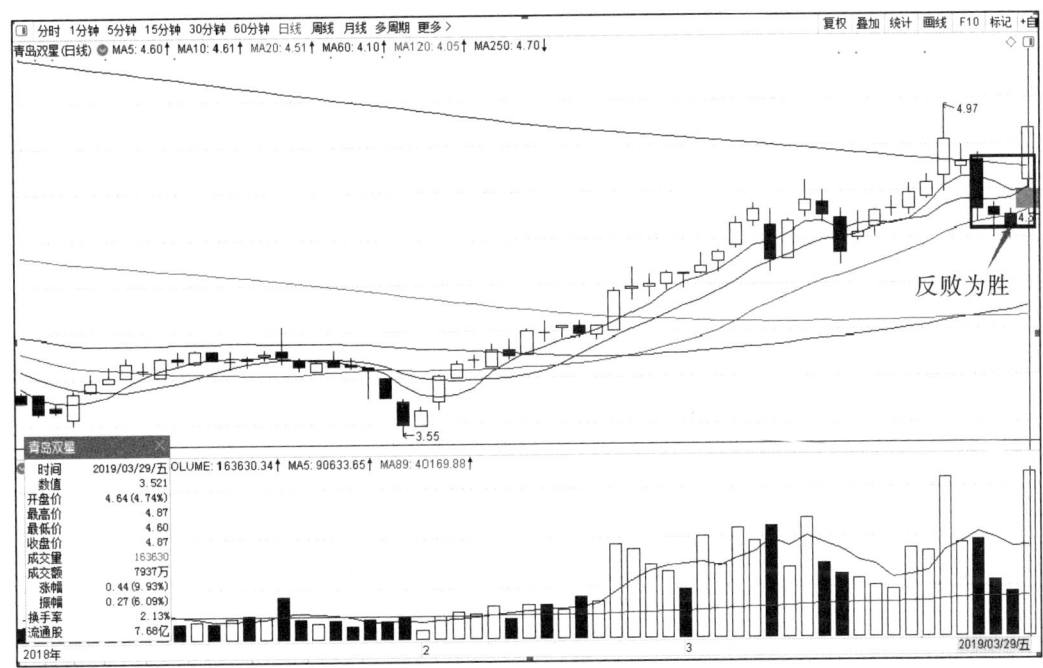

图 19-4 青岛双星（股票代码000559）

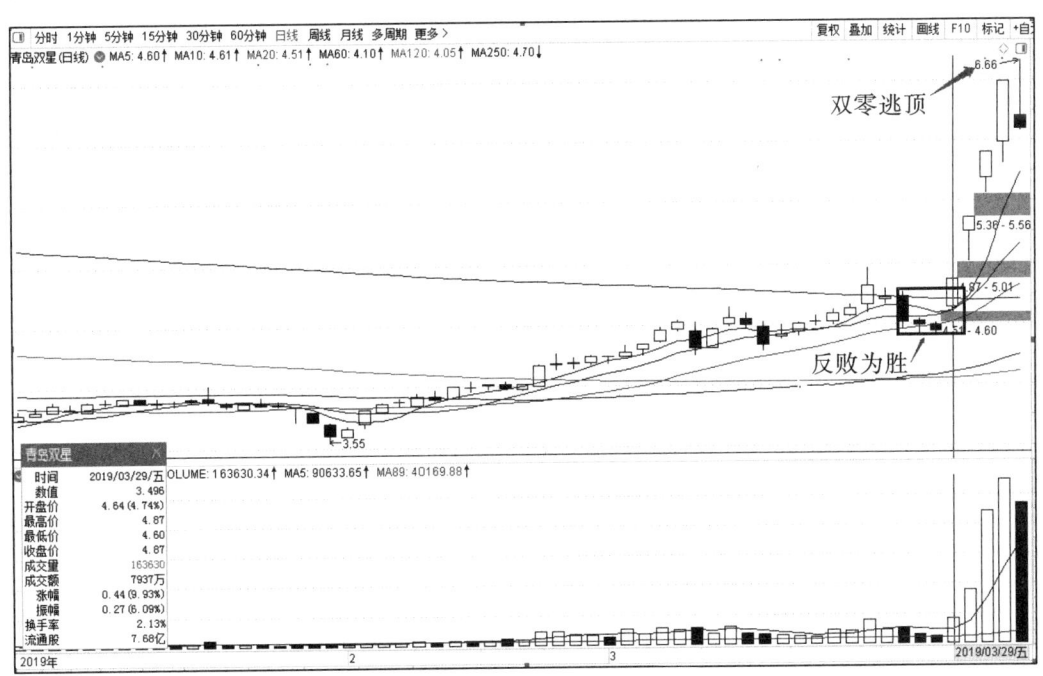

图 19-5 青岛双星（股票代码000599）

实战案例三 如图 19-6 所示，长春高新（股票代码000661）2018 年 10 月 29 日出现 150.18 元的单针探底信号，说明股价底部确立，随后主力开始震荡拉升。2019 年 2

月 11 日主力用一根涨幅仅仅为 3.87％的小阳 K 线，同时突破 120 日均线和 250 日均线两大重要关口。如果此时主力不洗盘，获利盘会继续持有，给后面的拉升带来很大阻力。果然从 2 月 19 日开始了三个交易日连续收阴 K 线的洗盘。2 月 22 日，多方一改颓势，用一根涨停板强势收复了前面三根阴 K 线，盘中超过了 2 月 19 日开盘价 216.40 元，反败为胜暴涨形态成立，表明该股主力蓄势待发。果不其然，后面连续收获 2 个一字涨停板，不到 2 周的时间，股价便走出了涨幅超过 40％的行情（见图 19-7）。

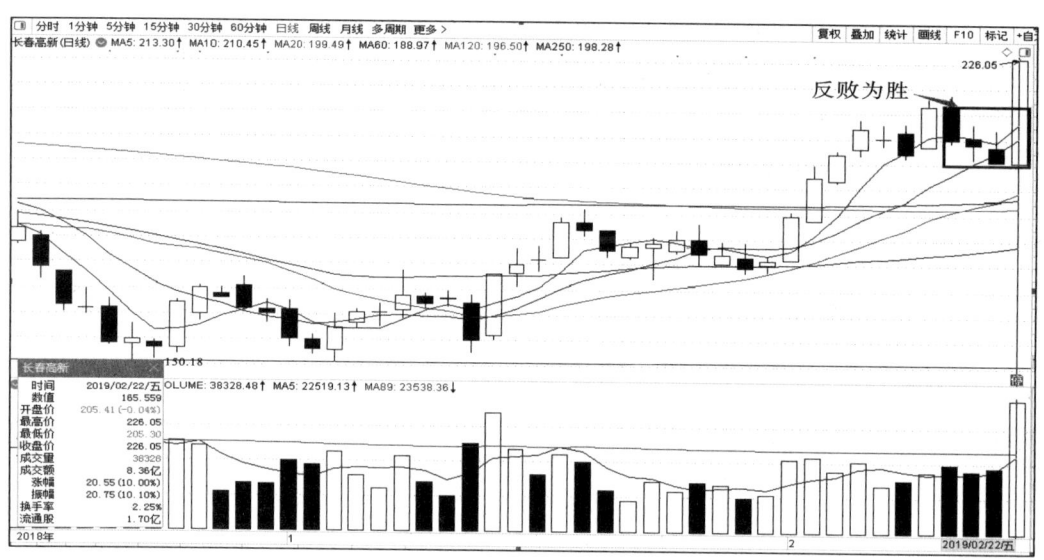

图 19-6　长春高新（股票代码 000661）

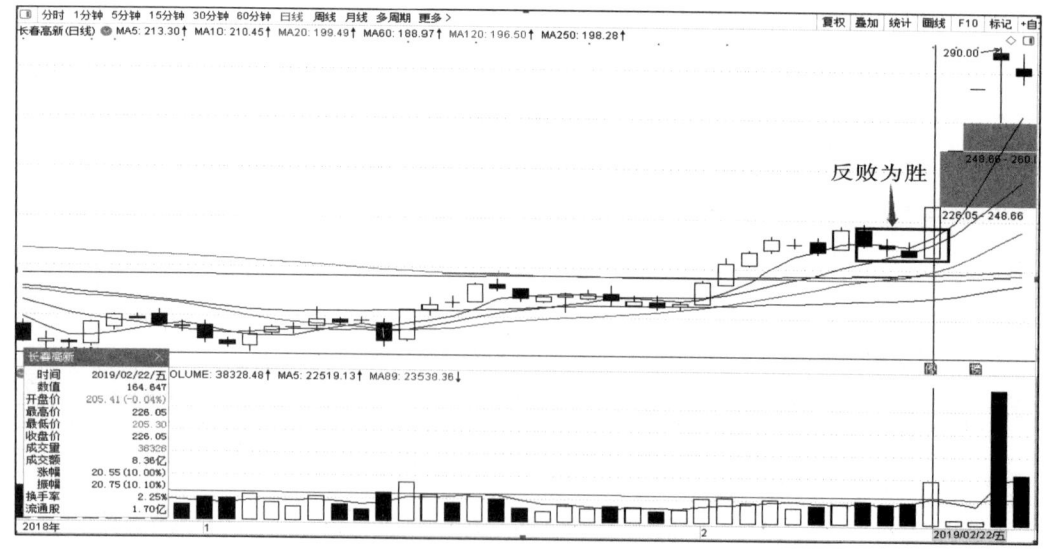

图 19-7　长春高新（股票代码 000661）

实战案例四 如图19-8所示,上峰水泥(股票代码000672)2019年3月27日一改颓势,用一根准涨停板强势收复了前面四根阴K线,并且缝补了3月25日留下的跳空缺口,盘中超过了3月21日和22日的开盘价,形成天衣无缝和反败为胜的复合暴涨形态,表明该股主力蓄势待发。果不其然,不到2周的时间,股价便走出了涨幅超过35%的行情。如图19-9所示,是完成"反败为胜"形态以后的股票价格走势图。

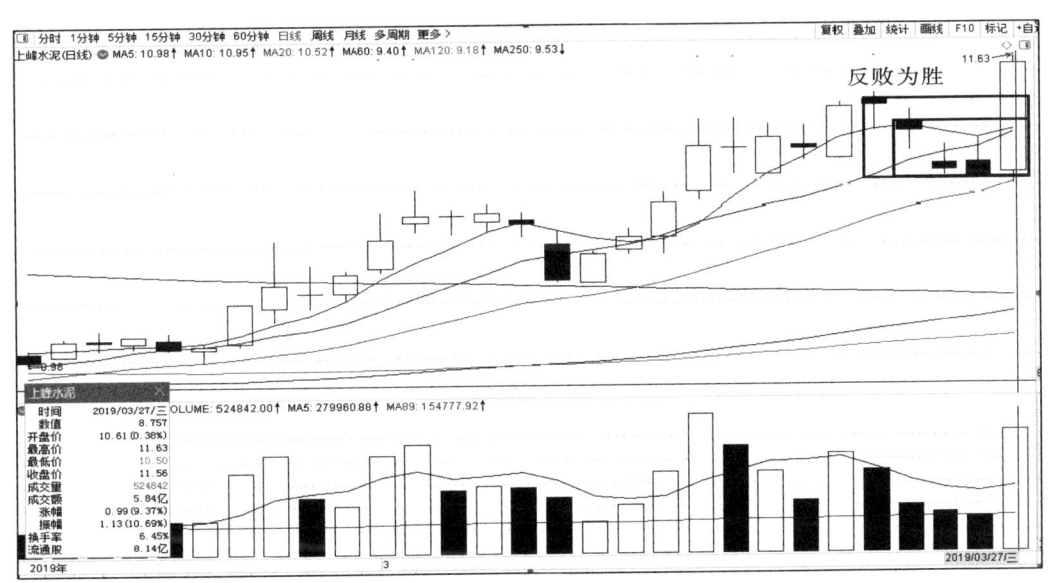

图 19-8　上峰水泥(股票代码000672)

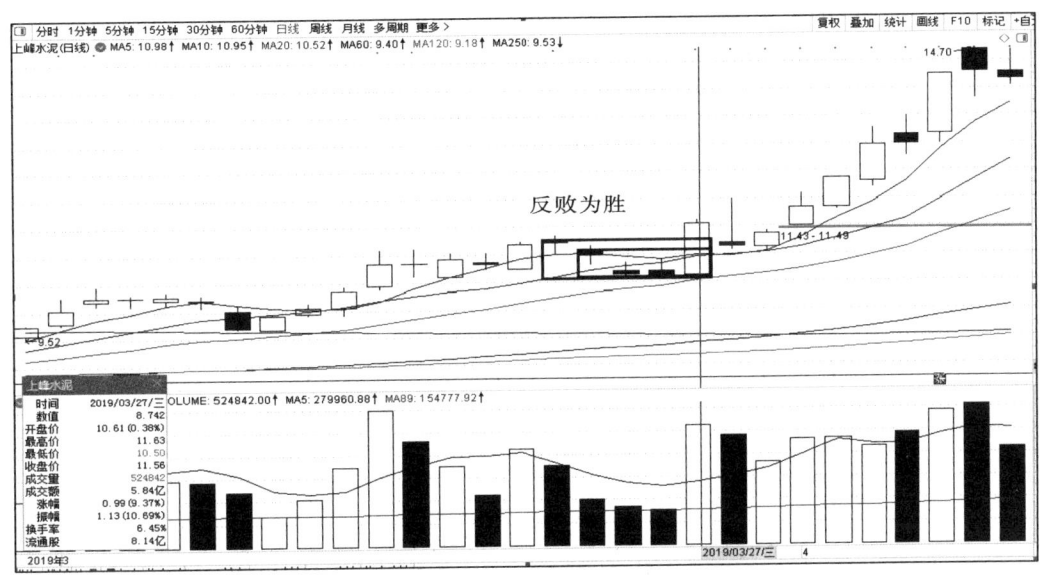

图 19-9　上峰水泥(股票代码000672)

实战案例五 如图 19-10 所示，光环新网（股票代码 300383）2019 年 1 月 31 日一改颓势，用一根涨幅仅仅为 4.08% 的阳线便强势收复了前面四根阴 K 线，盘中超过了 1 月 29 日的开盘价，形成反败为胜暴涨形态，表明该股主力蓄势待发。随后主力如法炮制，又收出三组反败为胜暴涨形态。果不其然，不到 1 个月左右的时间，股价便走出了涨幅超过 30% 的行情（见图 19-11）。

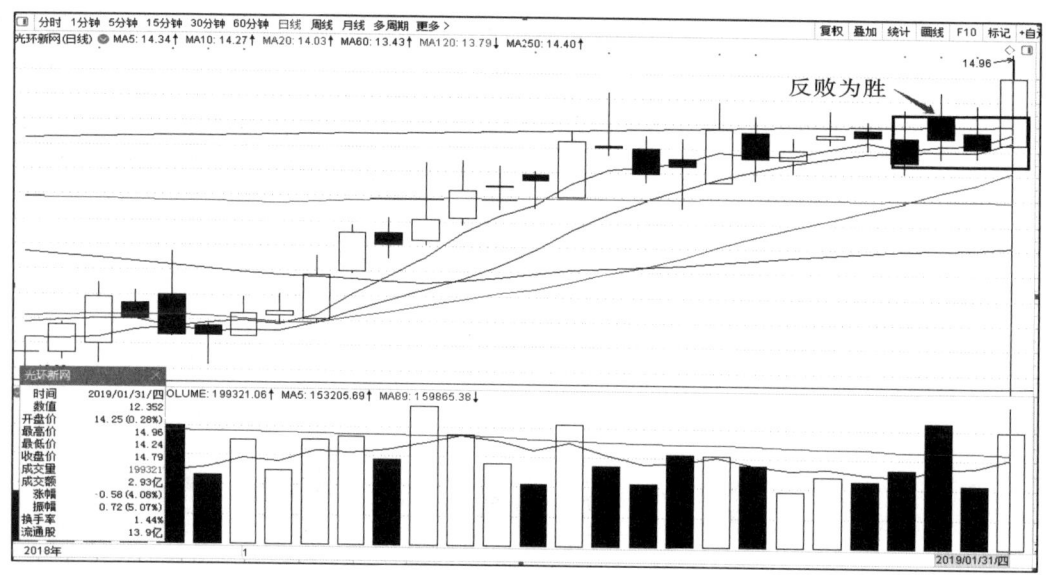

图 19-10 光环新网（股票代码 300383）

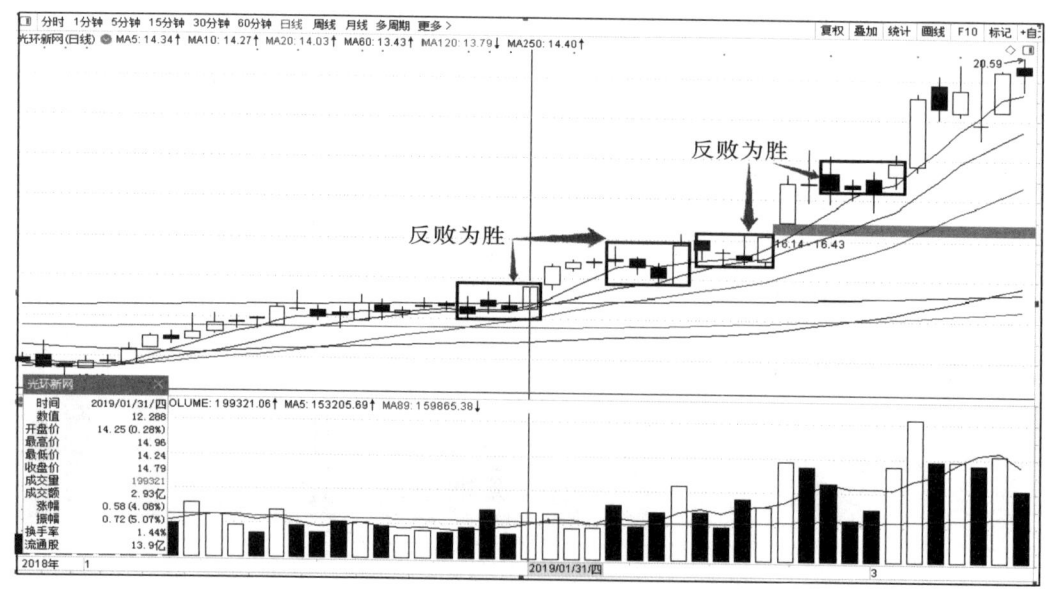

图 19-11 光环新网（股票代码 300383）

实战案例六 如图19-12所示,沃森生物(股票代码300142)2019年3月22日一改颓势,用一根涨幅为9.31%的准涨停板强势收复了前面三根阴K线,盘中超过了3月19日的开盘价21.45元,形成反败为胜暴涨形态。表明该股主力蓄势待发。果不其然,不到2周的时间,股价便走出了涨幅约40%的行情(见图19-13)。

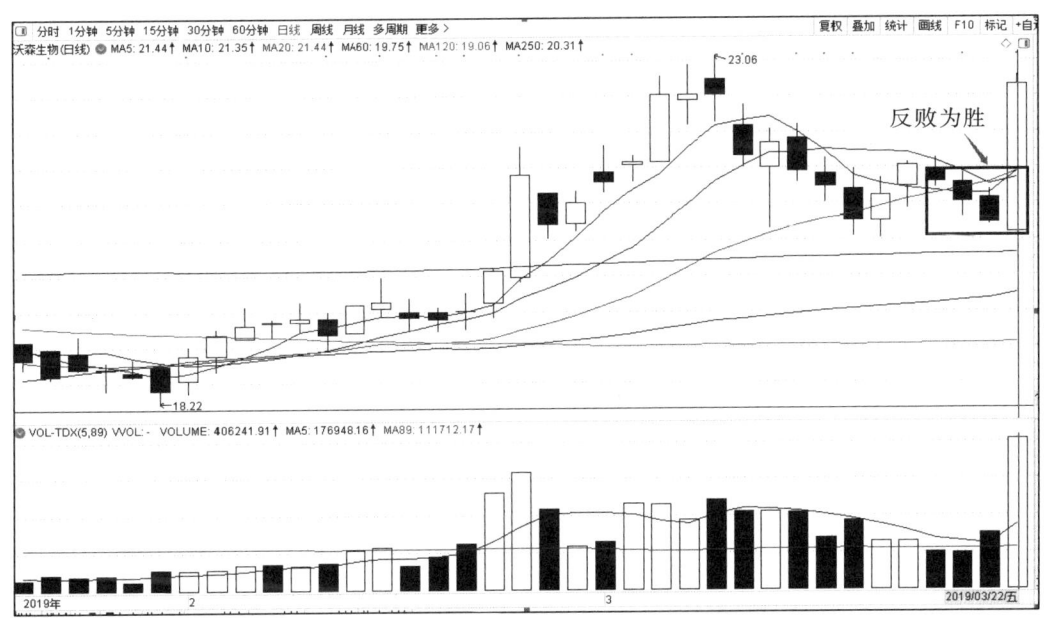

图19-12 沃森生物(股票代码300142)

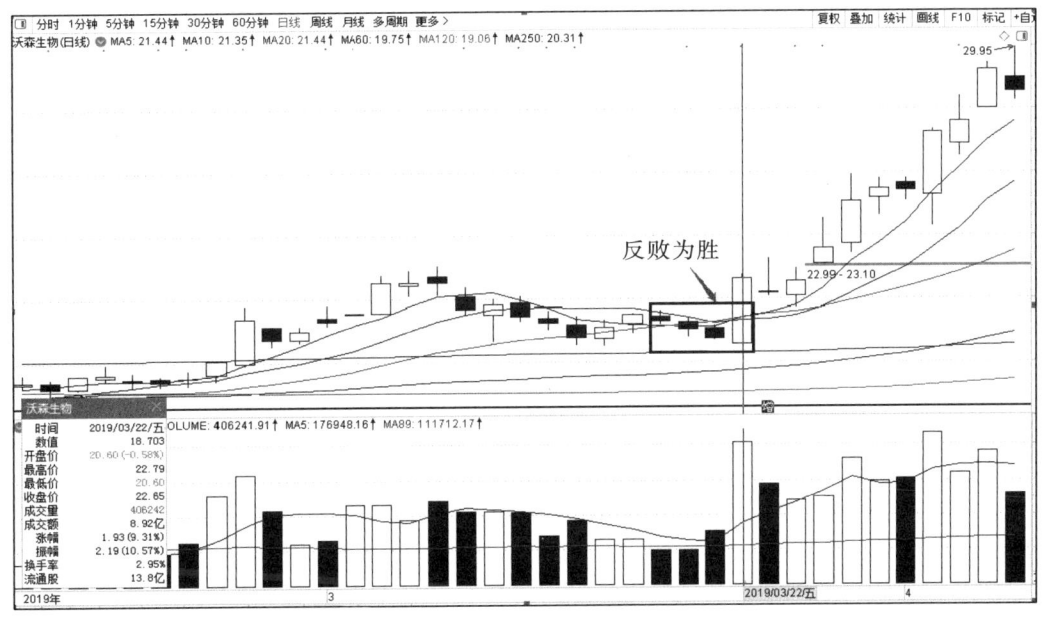

图19-13 沃森生物(股票代码300142)

实战案例七 如图 19-14 所示,华虹计通(股票代码 300330)2019 年 5 月 6 日出现 7.77 元的双零抄底信号,说明股价底部确立,随后主力开始震荡拉升,到 5 月 21 日为止,股价累计涨幅超过 20%。如果此时主力不洗盘,获利盘会继续持有,给后面的拉升带来很大阻力。于是开始了三个交易日连续收阴 K 线的洗盘。5 月 27 日,多方一改颓势,用一个涨停板强势收复了前面三根阴 K 线,盘中超过了 5 月 22 日开盘价 9.30 元,完成了金凤还巢和反败为胜的复合暴涨形态,表明该股主力蓄势待发。果不其然,5 月 28 日,主力便跳空高开,再次收获一个涨停板,随后便走出了 5 个交易日收获 4 个涨停板的惊艳行情(见图 19-15)。

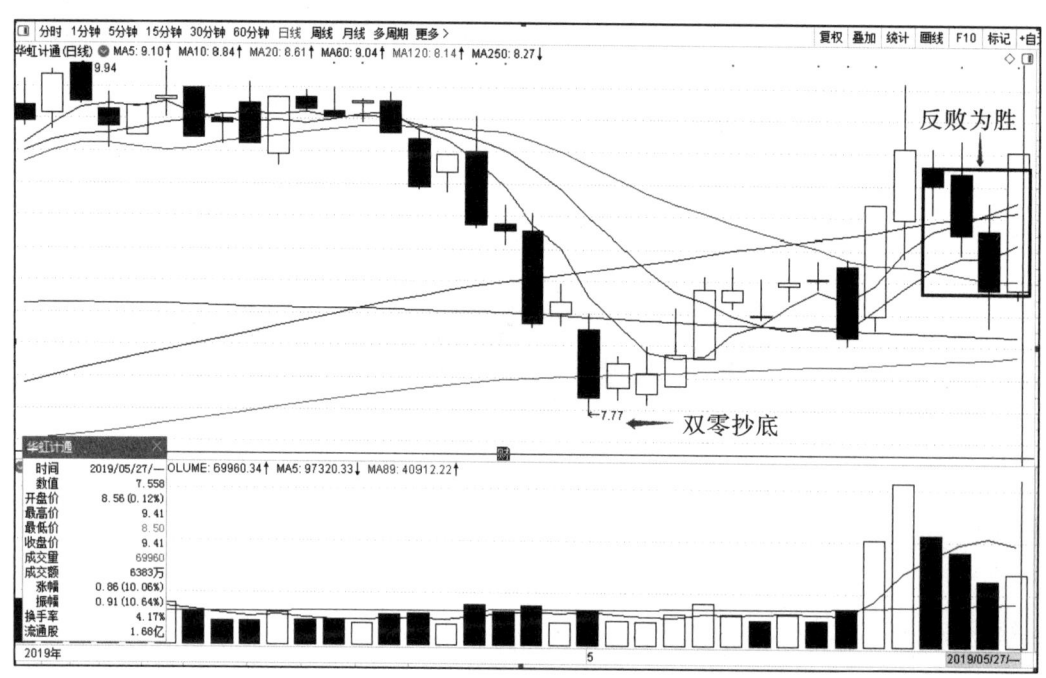

图 19-14　华虹计通(股票代码 300330)

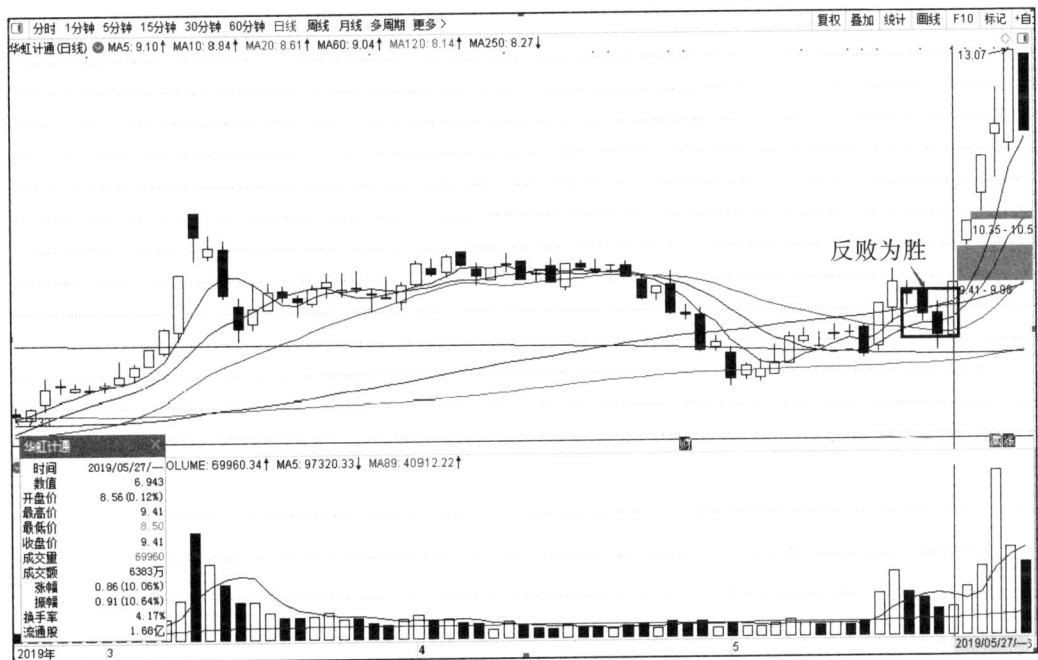

图 19-15 华虹计通（股票代码 300330）

后　记

学习交易技术，目的是为了学会从某一个维度去认知和解读市场，交易技术理论本身是死的，是没有生命的，但是认知和解读应该是灵活和排他的。"水晶苍蝇拍"说过一句很经典的话：

"资本市场里的钱是一种很骄傲的东西，它会用深入骨髓的眼光透视你灵魂深处的弱点，然后化身出最诱惑和让你恐惧的东西一次次地测试你。而且这种测试既是后天学识层面的，也有先天基因层次的。只有在通过多重的考验后，它才会接受你这个主人。而通不过测试的，往往反而被其奴役甚至剥夺一切。你的认知在哪个维度，就赚哪个维度的钱。"

"书中自有黄金屋，书中自有颜如玉"，读书并不能直接给我们带来财富，但是可以让我们从更多维度、更多视角去认识和感知世界，以便获得更有价值的获取财富的能力。

学习交易技术的过程是一个化变数为定数的过程，也是一个从繁乱到简单的过程。交易的过程，不单单是学习，更是一种经历。每一位交易者成长路上都会遇到属于自己的特定的坎，或是不会选股，抑或是不会持股，也可能是不会逃顶。不要想着靠模仿别人就可以避过去。齐白石大师说"学我者生，似我者死"，就是这个道理。

一代交易大师江恩曾经说过："我可以给你最好的技术，但你一样会因为自己的贪婪、恐惧、偏执亏掉钱财。"由于每个人的生长环境、生活经历、性格、承受能力、资金等情况不同，所以也就造就认知不同、交易方式不同，结果也就大相径庭。

终于要交稿了，心中五味杂陈，十二年的股市生涯，说长不长，说短也不短，其间经历过牛市的股价狂欢，也经历过熊市的阴雨绵绵，经历过千股跌停、千股涨停、千股跌停到涨停，也经历过千股停牌，还经历过半小时就下班的股市熔断的千年不遇场景。目睹过一字涨停板的登天云梯，也看遍了股价"飞流直下三千尺"。尝遍了股市的酸甜苦辣咸后，略有一些心得，集结成书，以飨读者。

恰逢 2019 年元旦，新年伊始，万象更新，那天开始动笔，当时还觉得心有余而力不足，但是其间得到了许许多多股友、网友、亲朋好友的鼎力支持，于是才有了"均线为王"系列丛书的面市。在此书即将出版之际，向广大支持我的朋友致以最诚挚的谢意。

感谢四川人民出版社何朝霞老师的知遇之恩。是她给了我这个素昧平生的作者以极大的信心和勇气，以及耐心指导，才使得该书得以顺利出版。

感谢四川人民出版社的张东升老师和薛玉茹老师。是他们细致入微的精心审稿和敬业精神让此书快速面市。

感谢股市前辈们提供的素材、心得以及经验，本书部分引用来源于网络、百度百科，如有侵权，欢迎作者来函联系。

感谢我的爱人，感谢她无怨无悔，默默地在后方支持，只有付出，没有抱怨。她的宽容、理解和奉献使我们一起走过黎明前的黑暗，终于"守得云开见月明"。

由于本书准备时间仓促，虽然尽力了，但本人水平有限，还是不免有瑕疵和遗漏，不能面面俱到，希望广大读者给予批评指正，本人将不胜感激。

作者唯一电子邮箱：1621354499@qq.com

作者 QQ：1621354499

作者微信：GP768109596

QQ 学习群：83396724（北京均线为王股票群）

均线上的舞者

2019 年 10 月于北京